古典文獻研究輯刊

初 編

潘美月・杜潔祥 主編

第 **37** 冊

萬寶全書：
明清時期的民間生活實錄（上冊）

吳蕙芳 著

國家圖書館出版品預行編目資料

萬寶全書：明清時期的民間生活實錄（上）／吳蕙芳著 — 初
版 — 台北縣永和市：花木蘭文化工作坊，2005〔民 94〕

序 3 + 目 2 + 208 面；19×26 公分
（古典文獻研究輯刊 初編：第 37 冊）
ISBN：986-7128-08-7（精裝）

1. 萬寶全書－研究與考訂 2. 中國－社會生活與風俗

046   94019227

ISBN 986-7128-08-7

9 789867 128089

古典文獻研究輯刊

初 編 第三七冊   ISBN：986-7128-08-7

萬寶全書：明清時期的民間生活實錄（上）

作　者 吳蕙芳
主　編 潘美月　杜潔祥
企劃出版 北京大學文化資源研究中心
出　版 花木蘭文化工作坊
發行所 花木蘭文化工作坊
發行人 高小娟
聯絡地址 台北縣永和市中正路五九五號七樓之三
　　　　 電話：02-2923-1455／傳真：02-2923-1452
電子信箱 sut81518@ms59.hinet.net
初　版 2005 年 12 月
定　價 初編 40 冊（精裝）新台幣 62,000 元　　　版權所有・請勿翻印

萬寶全書：
明清時期的民間生活實錄（上冊）

吳蕙芳　著

作者簡介

吳蕙芳，祖籍浙江省鎮海縣，1961 年生於臺北市，國立政治大學歷史學系學士、碩士、博士，曾任教於國立僑生大學、政治大學、空中大學、臺灣藝術大學、臺中護專等校，現為國立臺灣海洋大學人文社會科學院通識教育中心歷史組助理教授。著有《民初直魯豫盜匪之研究（1912～1928）》一書及其它專文十餘篇，主要研究領域為中國近代社會史、明清以來民間社會與文化，尤重於社會動亂、民間生活等課題。

提　　要

　　「萬寶全書」是一種民間日用類書，而民間日用類書就性質而言，即今日的家庭生活百科全書或家庭生活手冊。此種書籍的編輯方式係承自以往的類書而非曆書。最早的日用類書應起於南宋，然多為上層社會或文人生活所用，至明代後期才發展成士庶並用、四民生活使用的民間日用類書，且蓬勃興盛；至清代此種書籍統稱之為「萬寶全書」，今日仍有延續，為一種生命力甚強之民間史料。本論文即以「萬寶全書」為研究對象，冀透過對此類書籍之淵源、發展及各版內容演變之了解，以明明清時期民間生活的內涵與意義。

獻 給　　戴玄之教授

（1922-1990）

王　序

　　今日吳蕙芳博士新著即將出版問世，我於極端欣慰之餘，更要在道義上說明一些委婉關節，並在學術上的重要意義略作交代。

　　吳博士原曾在政大選讀我的課程，大約是在民國七十二年，不過，當時我只是一個普通的任課老師，真正一直帶領和教導她的是戴玄之教授。蕙芳在攻讀碩士學位時，是由戴教授指導撰寫論文的；多年來全是得到戴教授之諄諄施教，並帶領她進入中國社會史的研究領域。戴教授提攜門人子弟，賞識蕙芳的專志向學，進而鼓勵她更深一層地探究社會史論題。可惜中途未竟，戴教授不幸逝世，蕙芳遂失所指引，於博士班就讀時亦無所定其方針。其曾數次登門相訪，向我請益，並表達效列門牆之意。因戴教授為我河南鄉長，四十年交誼至深，且吾向承庇愛，久無寸報，故願勉力引領就道。蕙芳既已選定中國社會史為其專業，因是在此門類中令其研究明清時代的《萬寶全書》系列；一則循其向來所學舊路，二則於社會史研究作重大開拓。

　　在學術研究重點來說，中國近代學術研治方向與方法，在二十世紀承西方學術之大量輸入，全面產生新轉向，開拓新門類，充實新內容，在此無暇涉論其它部門。其在十九世紀末葉，西方 Sociology 一門學問輸入，蔡爾康譯為「大同學」，嚴復譯為「群學」，並未引致世人注意。但一入二十世紀，被我國留日學生引進日本譯名為「社會學」，至此方見一門新學問在中國學術上立足。惟於中國社會史之研究，實起步於民國建立之後，且承革命史進展，附帶而展開祕密社會史之研討；創始先驅即革命領袖陶成章，蓋就革命史之需要而擴大至於祕密社會史與太平天國史。

　　就史學門類而言，孟森先生與蕭一山先生同是清史開山大師，然孟森先生精於政治史，蕭一山先生則長於社會文化史，故蕭先生亦兼長於祕密社會史與太平天國史的研究。戴玄之教授出於蕭先生門下，因是為研治中國社會史繼承人，並特長祕密宗教與祕密會社。戴教授先後任教於國立臺灣師範大學、新加坡南洋大學、國立政治大學與香港珠海書院，專業從學者，可謂桃李滿門。蕙芳守師門之業，專志於社會史多年，吾既承接以代為領路，決當以其社會史為範圍，故而思考其就明清時代平民社會生活作研究對象，終而選定《萬寶全書》為一攻研論題。

　　我人讀書經驗所閱歷，無論前代先賢，即二十世紀以來中國學界之任何賢達，

實向來無人理會《萬寶全書》之評價，任何研究亦無干於此書之參考。直至二十年前余在香港中文大學任教，始因研究前清鄉僻之小儒翁仕朝，方始引據《萬寶全書》。而在五年前寫成拙著《明清時代庶民文化生活》，方特予展示其重要價值。至於近年日本學者坂出祥伸之引用研究民間醫學，可謂是同時代而後我十餘年。且吾亦於四年多前引領蕙芳專志從事此書之研究。

　　吾人研究《萬寶全書》，當先知此書之特殊性質，是與絕大多數書籍完全不同，作爲一項學問研究，正自有其特殊價值，亦必須確立正確認識。故願提示於此，以質証於學界同道，俾得識者之同情。

　　其一，《萬寶全書》並非高文典冊，抑且不入著作之林，大圖書館並不收藏。只是庶民間最低下之日用參考書籍，乃是隨用隨棄，無保存價值，向來不受學者重視，因是亦無人嘗試研究。

　　其二，《萬寶全書》不具著作身價，雖形制有其範式，而內容卻一直在變，如今亦可見自明代以來之版本不下六十餘種；但彼此內容不一，全無定本，始終保持其流變特色。但凡高文典冊，既成著作，即不能增減字句，而《萬寶全書》則大異於此。

　　其三，但凡著作，必出自創作，不可抄襲，而《萬寶全書》既是日用書籍，竟是百分之百抄襲他書，毫無創作；即令各具不同版本，而彼此互抄，大多雷同。在世人所譏者，當指千篇一律。吾則與門人共約，吾等之研究問題，不怕千篇一律，而實更要萬篇一律。據吾研究方志之經驗，三十年來做學問，多在努力追尋萬篇一律。吾即使研究近代思想史，亦早特重千篇一律，不畏學界之任何挑戰。此亦吾傳授門人之一門家法。

　　其四，古書典雅深奧，文辭優美，引人入勝。而《萬寶全書》則不厭粗鄙庸俗，市井讕言，喜笑怒罵，行話切口，一概蓄納。不畏高人之鄙惡，但作民眾之共識；不求文辭巧妙，但要切實應用。

　　其五，《萬寶全書》雖是普及民間，因其重在生活應用，實極少用於宗教宣揚，未嘗轉載佛道經典；即令抄襲道藏之養生保健典籍，但只用於庶民之養衛身心，並未作宗旨宣述，因是保持純正之民生日用。

　　其六，《萬寶全書》被視爲低下之小冊子，且全出自抄襲，故其作者亦俱出自市井文士之手，並非高明文家所願涉手。故作者多無學問地位，無烜赫之名；然在庶民群中，有廣大擁護者，仍被奉爲一方學宗大師，具類書界高明，亦如命理家之平子，相術家之柳莊。

　　其七，《萬寶全書》雖是雜抄而成，而在其無意中保存前代亡佚之故籍，果當

是禮失而求諸野。若其中保存古琴樂譜、投壺各樣姿式圖像、明清雙陸牌式、蹴鞠解說；多為罕見之資料，得倖存於《萬寶全書》之中，此亦民間日用類書價值所在。

　　蕙芳好學深思，承接民間日用類書研究，十分努力用功。先後走訪北京、香港，並赴日本東京、京都、大阪等地蒐集資料，於不到四載之間，充分掌握要領而完成學位論文。撰寫此一重要論著，所循仍是戴玄之教授中國社會史道路，而於庶民通用之《萬寶全書》，則是領先他人，開出學術新里程碑；將此俗鄙史料，排進高深研究殿堂。自今而後，蕙芳勢將於民間日用類書大加開拓新路，成就嚴肅專長，而於明清社會文化史研究，亦將是一個生力軍。今值其著作將出版問世，內心十分欣慰。尤其對老友戴玄之教授而言，深慶他有一位重要的繼承人。

河南淮陽　王爾敏
中華民國八十九年十一月十二日
國父誕辰寫於南港

下　冊

緒　論

　　近年來，由於法國年鑑學派影響及馬克思史學傳統之重新受到重視，新史學成為六〇年代以來歐美史學發展主流〔註1〕，而在此趨勢下的社會史研究，亦呈現與以往截然不同的風貌；大致而言，此時社會史研究對象從昔日之強調上層階級、統治者、精英分子等，轉而重視下層社會、一般民眾、乃至特種職業者；研究角度則自以往由上而下的「俯瞰」改為由下而上的「觀察」；研究內容亦偏向「還歷史以血肉」的社會生活史探討及「揭示社會精神面貌」的社會文化史研究〔註2〕；影響所及，海峽兩岸亦有倡導新社會史之研究，以擴大並豐富史學研究內涵，而研究成果，亦陸續出現〔註3〕。

　　一般說來，社會生活史的研究歐美學界早有豐碩成果，且其探討方式有二，一是截取歷史上的一段時間，一個地區，然後逐步描述所定範圍中人們生活的各式形態，屬較靜態的研究方法；另一則是以人們生活中的某一特定問題為核心，設法從此一問題在一段時間內之發展來探討其中之變化及其原因，屬較動態的研究方式；前者自十九世紀後半期已有研究成果出現，至今不絕，後者產生時間較晚，基本上

〔註1〕羅鳳禮，〈當代美國史學狀況〉，收入《八十年代的西方史學》（北京：中國社會科學出版社，1990.6），頁88～93；李孝悌，〈上層文化與民間文化——兼論中國史在這方面的研究〉，《近代中國史研究通訊》，8（1989.9），頁95～97。

〔註2〕有關新史學的特色及其影響，參見林富士，〈Peter Burke 編 New Perspectives on Historical Writing〉，《新史學》，3／2（1992.6），頁182～193；王心揚，〈美國新社會史的興起及其走向〉，《新史學》，6／3（1995.9），頁155～183；梁其姿，〈David Johnson、Andrew Nathan、Evelyn Rawski 編 *Popular Culture in Late Imperial China*〉，《新史學》，創刊號（1990.3），頁145。

〔註3〕杜正勝，〈什麼是新社會史〉，《新史學》，3／4（1992.12），頁95～115；常建華，〈中國社會史研究十年〉，《歷史研究》，1997／1（1997.2），頁164～183。

是二次世界大戰後的產物，其發展實與歐美近代思想與社會發展關係密切〔註4〕。
中文研究成果中，亦不乏社會生活史作品；其中，有以某一時間為研究斷限者，如
宋德金的《金代的社會生活》〔註5〕、馮爾康、常建華的《清人社會生活》〔註6〕、
李民主編的《殷商社會生活史》〔註7〕，乃至中國社會科學院歷史研究所於1987年
度國家社會科學基金資助下，發展的大型研究計畫「中國古代社會生活史」十卷斷
代史叢書的撰寫，包括宋鎮豪的《夏商社會生活史》〔註8〕、史衛民的《元代社會
生活史》〔註9〕、朱瑞熙等人的《遼宋西夏金社會生活史》〔註10〕、朱大渭等人的
《魏晉南北朝社會生活史》〔註11〕、李斌成的《隋唐五代社會生活史》等成果之先
後完成〔註12〕；也有以特定地區為研究範圍者，如分由黃新亞、李春棠、史衛民、
陳寶良、趙世瑜等人執筆，湖南出版的一套專述唐、宋、元、明、清時代城市生活
風貌的論著〔註13〕；亦有將時間與地域均加以限定之研究，如錢杭、承載的《十七
世紀江南社會生活》等〔註14〕。然綜觀其內容，均屬前述第一種的研究方式，即在
特定時間與空間背景下各式生活風貌的平面呈現。

再就社會文化史而言，新史學影響下的社會文化史著重對庶民思想、通俗文化

〔註4〕有關西方社會生活史之研究，參見蒲慕州，〈西方近年來的生活史研究〉，《新史學》，3
／4（1992.12），頁139～153；〈Paul Veyne編 A History of Private Life Vol. I 〉，《新
史學》，1／2（1990.6），頁167～175。

〔註5〕宋德金，《金代的社會生活》（西安：陝西人民出版社，1988.4）。

〔註6〕馮爾康、常建華，《清人社會生活》（天津：天津人民出版社，1990.7）。有關此書之
介紹可見陳支平，〈《清人社會生活》評介〉，《中國社會經濟史研究》，1991／2
（1991.4），頁99、97；鄭政誠，〈評介馮爾康等著《清人社會生活》〉，《國立臺灣師
範大學歷史學報》，21（1993.6），頁221～228。

〔註7〕李民主編，《殷商社會生活史》（鄭州：河南人民出版社，1993.8）。

〔註8〕宋鎮豪，《夏商社會生活史》（北京：中國社會科學出版社，1996.1，2 次印刷）。有
關此書之介紹可見宇都木章，〈評介宋鎮豪著《夏商社會生活史》〉，《東洋學報》，77
／1、2（1995.10），頁135～142。

〔註9〕史衛民，《元代社會生活史》（北京：中國社會科學出版社，1996.1）。

〔註10〕朱瑞熙、張邦煒、劉復生等，《遼宋西夏金社會生活史》（北京：中國社會科學出版社，
1998.8）。

〔註11〕朱大渭、劉馳、梁滿倉等，《魏晉南北朝社會生活史》（北京：中國社會科學出版社，
1998.8）。

〔註12〕李斌成，《隋唐五代社會生活史》（北京：中國社會科學出版社，1998.8）。

〔註13〕黃新亞，《消逝的太陽——唐代城市生活長卷》（長沙：湖南出版社，1996.9）；李春棠，
《坊牆倒塌以後——宋代城市生活長卷》（長沙：湖南出版社，1996.9）；史衛民，《都
市中的游牧民——元代城市生活長卷》（長沙：湖南出版社，1996.9）；陳寶良，《飄
搖的傳統——明代城市生活長卷》（長沙：湖南出版社，1996.9）；趙世瑜，《腐朽與
神奇——清代城市生活長卷》（長沙：湖南出版社，1996.9）。

〔註14〕錢杭、承載，《十七世紀江南社會生活》（杭州：浙江人民出版社，1996.3）。

的探討，而現有研究成果中其切入點往往是利用文學作品或宗教材料；前者如話本、小說、寶卷、戲曲等，後者則包括善書、經卷、陰騭文、功過格等，此不僅見諸歐美學術界，如 Chang-tai Hung，*Going to the People: Chinese Intellectuals and Folk Literature，1918～1937*〔註 15〕、Cynthia J. Brokaw 的 *The Ledgers of Merit and Demerit，Social Change and Moral Order*〔註 16〕、以及 David Johnson、Andrew J. Nathan、Evelyn S. Rawski 合編的 *Popular Culture in Late Imperial China* 論文集等〔註 17〕；亦見之於中文研究成果，如路應昆的《中國戲曲與社會諸色》〔註 18〕、郭英德的《元雜劇與元代社會》〔註 19〕、龐德新的《從話本及擬話本所見之宋代兩京市民生活》〔註 20〕。此外，宋光宇之於善書研究〔註 21〕、喻松青之於經卷探討〔註 22〕、車錫倫之於寶卷鑽研〔註 23〕、柳存仁之於小說探究等〔註 24〕；甚至，日本學界亦利用這些文學作品與宗教材料作研究，如酒井忠夫的《中國善書の研究》〔註 25〕、澤田瑞穗的《增補寶卷の研究》〔註 26〕、小川陽一的〈明代小說與善書〉等〔註 27〕。

〔註 15〕Chang-tai Hung，*Going to the People: Chinese Intellectuals and Folk Literature，1918～1937*（Harvard East Asian Monographs，1985）；此書中譯本見〔美〕洪長泰著，董曉萍譯，《到民間去──1918～1937 年的中國知識分子與民間文學運動》（上海：上海文藝出版社，1993.7）。

〔註 16〕Cynthia J. Brokaw，*The Ledgers of Merit and Demerit，Social Change and Moral Order*（Princeton University，1991）；此書中譯本見〔美〕包筠雅著，張林譯，《功過格──明清社會的道德秩序》（杭州：浙江人民出版社，1999.9）。包筠雅，〈明末清初的善書與社會意識型態變遷的關係〉，《近代中國史研究通訊》，16（1993.9），頁 30～40。

〔註 17〕David Johnson、Andrew J. Nathan、Evelyn S. Rawski ed.，*Popular Culture in Late Imperial China*（臺北：南天書局有限公司，1987.10，影印）；又有關此書之介紹可見梁其姿，〈David Johnson、Andrew Nathan、Evelyn Rawski 編 *Popular Culture in Late Imperial China*〉，頁 145～153。

〔註 18〕路應昆，《中國戲曲與社會諸色》（長春：吉林教育出版社，1992.6）。

〔註 19〕郭英德，《元雜劇與元代社會》（北京：北京師範大學出版社，1996.5）。

〔註 20〕龐德新，《從話本及擬話本所見之宋代兩京市民生活》（香港：龍門書店有限公司，1974.9）。

〔註 21〕宋光宇，〈關於善書的研究及其展望〉，《新史學》，5／4（1994.12），頁 163～191。

〔註 22〕喻松青，《民間祕密宗教經卷研究》（臺北：聯經出版事業公司，1994.9）。

〔註 23〕車錫倫，《中國寶卷研究論集》（臺北：學海出版社，1997.5）。

〔註 24〕余英時，〈明清小說與民間文化──《和風堂新文集》序〉，《聯合文學》，12／11（1996.10），頁 14～26。

〔註 25〕酒井忠夫，《中國善書の研究》（不明出版地：國書刊行會，1972.12）；此書之部分翻譯見酒井忠夫著，蔡懋棠譯，〈明朝善書之研究〉，《國立編譯館館刊》，1／2（1976.9，再版），頁 106～143；酒井忠夫，〈功過格的研究〉，收入劉俊文主編，許洋主等譯，《日本學者研究中國史論著選譯》（北京：中華書局，1993.9），卷 7，頁 497～542。

〔註 26〕澤田瑞穗，《增補寶卷の研究》，引自李孝悌，〈十七世紀以來的士大夫與民眾──研

事實上，以此二種材料爲基礎所形成的通俗文化研究成果，在學界已有其一定貢獻，但能否更貼近民間生活原貌，更完整呈現民間文化內涵，似可再加以討論。

由於新社會史的研究主題有所變化，連帶其研究方法與研究材料亦須有所突破，故筆者以爲，民間社會生活與文化之探究，似應從民間生活上眞正使用之材料──各式民間日用類書著手，透過其中之發展、演變及內容分析，或可自另一角度觀察民間生活的實際情形，並明瞭其中蘊含之深意。

民間日用類書在中國的發展頗盛且種類甚多〔註28〕，日本學界有稱之爲日用百科全書、日用百科辭書，亦有稱爲日用類書者〔註29〕。酒井忠夫曾將之分成幾大類，即總括性的類書、爲舉業而用的類書、啓箚翰墨的類書、故事關係的類書、幼學童蒙教育的類書、居家日用的類書等〔註30〕；事實上，此種分法並不完備，民間日用類書不僅上述數種，還有爲商業使用〔註31〕、爲農業生產應用的類書〔註32〕；此種書籍因民間生活普遍使用，其史料價值之高可想而知。

而利用民間日用類書爲研究材料，日本學界早開此風，此源於日本學者在戰前即大量蒐集此種通俗用書，故日本國內藏有許多這類資料，便於學者研究〔註33〕。早在廿世紀五〇年代仁井田陞即撰文介紹此種史料且運用於法制史的研究，在〈元明時代の村の規約と小作證書など〉一文中，他分兩階段介紹四十多種涉及契約文書、鄉約規範的日用類書與相關內容。這些史料部分來自專科性民間日用類書，然其中亦不乏綜合性民間日用類書中相關門類的內容採用；而在此文之前，他已運用

究回顧〉，《新史學》，4／4（1993.12），頁 103；此書之部分翻譯見澤田瑞穗著，蔡懋棠譯，〈玉曆鈔傳〉，《臺灣風物》，26／1（1976.3），頁 24、72～75。
〔註27〕小川陽一，〈明代小說與善書〉，《漢學研究》，6／1（1988.6），頁 331～340。
〔註28〕蕭東發，〈建陽余氏刻書考略（下）〉，《文獻》，1985／1（1985.1），頁 237～238。
〔註29〕如仁井田陞、寺田隆信稱之爲日用百科全書，水野正明稱之爲日用百科全書或日用百科辭書，酒井忠夫、小川陽一、坂出祥伸稱之爲日用類書；工具書中的解釋則採日用類書一詞，見野口鐵郎、坂出祥伸、福井文雅等編，《道教事典》（東京：平河出版社，1996.10，初版 2 刷），頁 478。
〔註30〕酒井忠夫，〈明代の日用類書と庶民教育〉，收入林友春編，《近世中國教育史研究》（東京：國土社，1958.3），頁 75～139。
〔註31〕陳學文，《明清時期商業書及商人書之研究》（臺北：洪葉文化事業有限公司，1997.3）。
〔註32〕王毓瑚，《中國農學書錄》（北京：農業出版社，1979.9，2 次印刷）。
〔註33〕日本學者在戰前即有計畫地蒐購明清時期的民間日用類書，但現在日本國內此種書籍明刊本多於清刊本，蓋因二次世界大戰末期東京被轟炸使清刊本大量毀損所致；見仁井田陞，〈元明時代の村の規約と小作證書など（一）──日用百科全書の類二十種の中から──〉，收入《中國法制史研究（奴隸農奴法・家族村落法）》，3 冊（東京：東京大學東洋文化研究所出版會，1962.3），頁 747。

這些資料完成若干有關元明時代公私律法的研究〔註34〕。惟此時仁井田氏並不清楚這種資料的淵源、性質及分類，僅因其內載有許多民間律法方面的珍貴內容，故特別予以重視。

　　真正對民間日用類書有較完整而全面性介紹的學者首推酒井忠夫，在〈元明時代の日用類書とその教育史的意義〉一文中，首先指出：民間日用類書的普遍出現代表此時期庶民教育的普及與庶民文化的發展；次年的〈明代の日用類書と庶民教育〉一文中，更概述民間日用類書的淵源、種類、其在明代普遍發展的原因及傳承意義。酒井氏以爲：民間日用類書應源於南宋，在明代普遍發展實與當時社會、文化思想的變遷有關，而其種類應分爲數項；爲逐一介紹他所掌握的各式民間日用類書資料，在長達一百多頁的單篇文章中，有半數篇幅即是針對數十種不同的民間日用類書資料加以說明。同時，他強調這些民間日用類書傳承了三教合一思想，與儒家、幼學傳統的持續〔註35〕。綜觀酒井氏的研究，最主要貢獻在於對民間日用類書的淵源、發展有了概括性了解，且將此種史料賦予教育史意義；但其研究仍屬初探性質，許多部分並未清楚交代；例如：明代民間日用類書的普遍發展是如何與當時的社會、文化思想變遷有關的？南宋是民間日用類書發展之源，然其與民間日用類書普遍發展的明代後期，中間的演變情形如何？且酒井氏的研究核心，主要是強調這些資料在庶民教育史上的意義，因此，引用的民間日用類書材料多屬幼學童蒙、啓箚翰墨、故事、科舉考試等類的專科性民間日用類書，文中若採用到綜合性民間日用類書，僅選擇相關部分介紹，並視之爲教育性質的專科性民間日用類書；亦即，酒井氏與仁井田氏一樣，並未將專科性民間日用類書與綜合性民間日用類書加以區分。

　　六〇、七〇年代，日本學者已將民間日用類書應用於商業史研究。寺田隆信在〈明清時代の商業書について〉一文，及《山西商人の研究》一書中的第六章〈商業書にみる商人と商業〉，介紹六種商業用的專科性民間日用類書及一種綜合性民間日用類書中的商業內容，其並利用這些資料探討山西商人的發展情形〔註36〕。而森

〔註34〕仁井田陞，〈元明時代の村の規約と小作證書など（一）─日用百科全書の類二十種の中から─〉，頁 741～789；〈元明時代の村の規約と小作證書など（二）─新たに調査した日用百科全書の類二十餘種によって─〉，頁 790～829。其中，曾言及著者引用元明時期日用類書資料而產生之其它研究成果，參見上文，頁 746，註 1 及頁 748，註 6。又見酒井忠夫，〈序言─日用類書と仁井田陞博士〉，收入坂出祥伸、小川陽一編，《中國日用類書集成 1─五車拔錦（一）》（東京：汲古書院，1999.6），頁 2。

〔註35〕酒井忠夫，〈元明時代の日用類書とその教育史的意義〉，《日本の教育史學》，1（1958），頁 67～94；〈明代の日用類書と庶民教育〉，頁 25～154。

〔註36〕寺田隆信，〈明清時代の商業書について〉，《集刊東洋學》，20（1969.10），頁 111

田明、斯波義信則有關於《商賈便覽》、《新刻客商一覽醒迷天下水陸路程》等商業書介紹的專文發表〔註37〕。

　　到了八〇、九〇年代，民間日用類書的利用除持續以往商業史研究，如水野正明的〈「新安原板士商類要」について〉一文，對明清時期幾部重要商業書間的傳承關係予以釐清；且針對《士商類要》一書的內容加以介紹說明，尤其著重闡釋當時的經營理論〔註38〕。也有學者進一步將這些經商貿易用民間日用類書內的各式地理相關資料再專門列成路程書一種，予以深入探究，如山根幸夫在〈明代の路程書について〉一文中率先提出路程書與商業書不同，兩者應予區隔使用的觀念〔註39〕；而谷井俊仁在〈路程書の時代〉一文更是運用《一統路程圖記》、《士商類要》、《士商要覽》等書中有關路程刊載之資料，描繪明代後期民間交通情形〔註40〕。同時，民間日用類書的利用還跨入文學、醫學及數學的研究領域。小川陽一的著作《日用類書による明清小說の研究》，致力以民間日用類書證實明清小說中的虛擬世界有其真實社會的內涵，並由此深入了解小說中作者之筆法技巧、構思布局及蘊含深意〔註41〕。本田精一先自童蒙書角度注意到民間用書，而有〈《兔園策》考——村書の研究〉的考證文；接著，又自幼學算術書角度運用民間日用類書資料，〈宋元明代における兒童算術教育〉一文旨在說明當時的兒童數學教育情況；其後，再以〈『三台萬用正宗』算法門と商業算術〉一文比較數種算學專門著作與《三台萬用正宗》這套綜合性民間日用類書中算法門內容的異同〔註42〕。而坂出祥伸則以〈明代「日用類書」醫學門について〉一文，

　　　　～126；〈商業書にみる商人と商業〉，《山西商人の研究：明代における商人および商業資本》（京都：京都大學文學部內東洋史研究會，1972.11），頁197～324；亦可參考中譯本，寺田隆信著，張正明等譯，《山西商人研究》（太原：山西人民出版社，1986.6）；有關此書之介紹可見楊聯陞，〈寺田隆信「山西商人の研究」評介〉，《食貨》，3／2（1973.5），頁36～43。

〔註37〕森田明，〈《商賈便覽》について——清代の商品流通に關する覺書〉，《福岡大學研究所報》，16（1972），頁1～28。斯波義信，〈「新刻客商一覽醒迷天下水陸路程」について〉，收入《東洋學論集》（京都：朋友書店，1979.12），頁903～918。

〔註38〕水野正明，〈「新安原板士商類要」について〉，《東方學》，60（1980.7），頁96～117。

〔註39〕山根幸夫，〈明代の路程書について〉，《明代史研究》，22（1994.4），頁9～24。

〔註40〕谷井俊仁，〈路程書の時代〉，收入小野和子編，《明末清初の社會と文化》（京都：京都大學人文科學研究所，1996.3），頁415～455。

〔註41〕小川陽一，《日用類書による明清小說の研究》（東京：研文出版，1995.10）；其中，曾言及著者引用明代日用類書資料而產生之其它研究成果十餘篇，頁403～405；有關此書之介紹可見吳蕙芳，〈評介小川陽一著《日用類書による明清小說の研究》〉，《中央研究院近代史研究所集刊》，28（1997.12），頁253～257。

〔註42〕本田精一，〈《兔園策》考——村書の研究〉，《九州大學東洋史論集》，21（1993.1），

專門介紹數種明代綜合性民間日用類書中醫學部分內容﹝註43﹞。

　　在日本學者持續運用民間日用類書資料作研究時，西方學界亦有人撰文利用這類資料，並肯定這些民間史料的價值與意義。廿世紀七〇年代的 Evelyn Sakakida Rawski 在研究清代中國的教育及大眾識字問題時，已使用到部分民間日用類書資料﹝註44﹞。而八〇年代的 James Hayes 在"Specialists and Written Materials in the Village World"一文中，針對香港新界地區的研究指出，要了解通俗文化的重要材料包括家譜、曆書、幼學教育書、書信指南、契約、日用全書、卜卦書等；這些書寫資料的普遍流傳、長期存在，且一再地被翻印，除了被評估是某種程度的讀寫能力在此一社會中之發展外，更可顯現中國文化的繼承性與一致性﹝註45﹞。到了九〇年代，Shang Wei 在"The Making of the Everyday World：Jin Ping Mei Cihua and the Encyclopedias for Daily Use"一文中，以小說《金瓶梅詞話》與當時流通的民間日用類書相比對，認爲小說中的人物及其生活場景，在相當程度上是民間日用類書文化活動的化身，並揭示小說的敘述話語與民間日用類書的版式設計間的對應關係﹝註46﹞。

　　中文作品中亦不乏運用民間日用類書的成果出現；如大陸學界的韓大成、楊正泰較早應用於交通史兼及商業史研究﹝註47﹞；陳學文則專注於商業史探討，在《明清時期商業書及商人書之研究》一書中，除介紹六種經商貿易用的專科性民間日用類書外，同時指出這些商業性民間日用類書在經商行爲和心態、商品流通、水運業

　　　頁 65～101；〈宋元明代における兒童算術教育〉，《九州大學東洋史論集》，22（1994.1），頁 37～72；〈『三台萬用正宗』算法門と商業算術〉，《九州大學東洋史論集》，23（1995.1），頁 87～125。

﹝註43﹞坂出祥伸，〈明代「日用類書」醫學門について〉，《文學論集》，47／3（1998），頁 1～16。

﹝註44﹞Evelyn Sakakida Rawski , *Education and Popular Literacy in Ch'ing China*（Ann Arbor , The University of Michigan Press , 1979）。

﹝註45﹞James Hayes , "Specialists and Written Materials in the Village World "收入 David Johnson、Andrew J. Nathan、Evelyn S. Rawski ed., *Popular Culture in Late Imperial China*, 頁 75～111。

﹝註46﹞Shang Wei , "The Making of the Everyday World：Jin Ping Mei Cihua and the Encyclopedias for Daily Use"，「世變與維新：晚明與晚清的文學藝術」研討會（臺北：中央研究院中國文哲研究所、美國哥倫比亞大學東亞系主辦，1999.7），32 頁。

﹝註47﹞韓大成，〈明代徽商在交通與商業史上的重要貢獻〉，《史學月刊》，4（1988.7），頁 35～43；〈明代交通運輸散論〉，《中國人民大學學報》，2（1998），頁 93～103。楊正泰，〈現存最早的商旅交通指南〉，《歷史地理》，2（1982.11），頁 158；〈略論明清時期商編路程圖記〉，《歷史地理》，5（1987.5），頁 273～277；〈明代國內交通路線初探〉，《歷史地理》，7（1990.6），頁 96～108。

發展等方面之研究成果〔註48〕。而最早將之應用於社會生活史與社會文化史領域內的學者則是臺灣的王爾敏，在《明清時代庶民文化生活》一書中，已廣泛使用香港處士翁仕朝（1874～1944）收藏之各種民間日用類書資料，尤其是涉及四禮規範、書信寫作、契約帖式等專科性民間日用類書。其後的《明清社會文化生態》一書中，更將九〇年代以來陸續發表有關明清時代的文化生態與社會生態等文章十三篇匯集成冊，其中有不少是利用民間日用類書資料討論傳統庶民的生活情節、記誦之學、文字游戲等課題。同時，其亦有專文介紹此類資料的性質與意義，如〈《酬世錦囊》之內涵及其適用之人際網絡〉一文〔註49〕。羅麗馨也注意到有關經商貿易的專科性民間日用類書之史料價值，而撰有〈十六、十七世紀的商業書〉一文，說明明代的商業發展情形，及配合商業需要而有的商用算術等內容〔註50〕。此外，黃一農用之於科學史的鑽研，〈通書——中國傳統天文與社會的交融〉一文以曆書為研究對象，將此一流傳千餘年，影響中國人日常生活作息規律的日用書之淵源、演變，以及在明清時期的發展情況予以交代〔註51〕。而劉祥光則以時文稿為目標，撰有〈時文稿——科舉時代的考生必讀〉一文，主張將這種應試用的日用書籍導入教育史範疇內加以討論，或可在以往較專注於科舉制度面本身的探究外，對此一影響中國甚為深遠的制度有另一番新的解析〔註52〕。

綜觀上述學者的研究成果，最大貢獻在於開啓學界對民間日用類書資料的注意，肯定這些資料的庶民價值與意義；同時，學者們分別在不同領域中率先運用這些資料，且因此得到許多新的研究成果。惟學者們的注意並利用民間日用類書資料，多將之置於論證地位，且為部分選取，而非全面採用；亦即，民間日用類書本身並非研究核心，僅為學者研究課題的證據，且屬部分證據而已。又學者們選取的民間日用類書種類多為專科性者，特別是為童蒙教養、書翰啓箚或科舉考試、經商貿易所用，而非綜合性民間日用類書；且多屬明代出版品，忽略清代版本。同時，學者

〔註48〕陳學文，《明清時期商業書及商人書之研究》；著者亦有其它單篇文章的發表，如〈明代一部商賈之教程、行旅之指南——陶承慶《新刻京本華夷風物商程一覽》評述〉，《中國社會經濟史研究》，1996／1（1996.3），頁86～93。

〔註49〕王爾敏，《明清時代庶民文化生活》（臺北：中央研究院近代史研究所，1996.3）；《明清社會文化生態》（臺北：臺灣商務印書館股份有限公司，1997.7）；〈《酬世錦囊》之內涵及其適用之人際網絡〉，《近代中國史研究通訊》，24（1997.9），頁97～100。

〔註50〕羅麗馨，〈十六、十七世紀的商業書〉，《興大歷史學報》，7（1997.6），頁27～40。

〔註51〕黃一農，〈通書——中國傳統天文與社會的交融〉，《漢學研究》，14／2（1996.12），頁159～186；〈趨吉避凶通書風行臺灣200年〉，《中國時報》，1997.10.24。

〔註52〕劉祥光，〈時文稿：科舉時代的考生必讀〉，《近代中國史研究通訊》，22（1996.9），頁49～68。

們在使用這些資料時，亦往往將專科性民間日用類書與綜合性民間日用類書混同運用，使綜合性民間日用類書隨著學者們之不同領域的研究需要，被偏差地歸類於個別的專科性民間日用類書範圍中。凡此種種，皆顯現民間日用類書之了解與運用仍有未盡之處，值得更進一步地投入心力。

　　事實上，由於民間日用類書的種類甚多，不同性質的民間日用類書應予區隔使用，乃能確實發揮史料價值，呈現其內涵意義。而基於經濟因素考量，一般民家生活上備用之書籍以綜合性民間日用類書為普遍；此種綜合性民間日用類書就性質而言即今日之家庭生活手冊，淵源於南宋，明代後期興盛，至清代統稱之為《萬寶全書》，今日仍有延續，為一種生命力甚強之民間史料；然此種民間資料至今尚未有人對之全面而大量地應用，殊為可惜。為使此種民間史料得受重視並發揮功效，本論文即以《萬寶全書》為研究對象，冀透過對此一綜合性民間日用類書之淵源、發展及其內容演變之了解，以明明清時期（十六世紀末至廿世紀初）民間生活之各式面貌及其意義。

　　為配合前述目的，本論文在研究架構上，除緒論與結論外，主體部分共分六章十四節。其中，第一章首將本論文的分析文本加以介紹；第一節探究民間日用類書的淵源與演變情況，第二節說明民間日用類書在明清時期興盛的原因。

　　第二章是對文本作外部的結構分析；第一節就明清時期各版《萬寶全書》的出版項目，包括書名、著者（編者、輯者、校者）、發行者、出版時間、出版地點、卷數等內容，說明此種書籍在出版方面的各式特點及其變化；第二節則將完整且具代表性的《萬寶全書》二十部，就其所含內容的類目演變情形加以分析說明；透過此二節敘述，可知此種民間日用類書之六大特性——實用性、通俗性、普遍性、雜匯性、持續性與變化性。

　　第三章至第六章係透過文本內容之介紹與解析，呈現《萬寶全書》所反映出的民間生活四大內涵——文化基礎的傳承、實用智能的學習、社交活動的歷鍊與休閒興趣的培養。其中，第三章文化基礎的傳承可分天文曆法、史地常識與官秩律令三節，分別表現出民間對其生活中自然環境與人文背景之認識與理解。

　　第四章實用智能的學習屬民間物質生活方面，可分為謀生技藝、玄理術數、養生保健與醫療衛生三節。第一節謀生技藝包含農業活動的耕作、飼畜，與商業活動的籌法、交易等內容；第二節玄理術數分命理、相法、風水、擇日、雜占五大類，說明民間生活中因術數觀念而來的種種生活限制；第三節依保養、健身、醫療、祛病四個順序，解釋民間對個人身體的保護措施，從事前的預防如注意衛生、練武強身、脩真養生等方法，到事後的治療如分婦科、產科、兒科及其它科的生理治療，及類似今日民俗方式的心理（精神）治療等均包含在內。

　　第五章社交活動的歷鍊屬民間社會生活方面，可分日常禮儀與規範、人際交往與應世規矩兩節；前者又分為屬家庭教育性質的童訓教養、四禮規範，及屬社會教育性質的勸諭三部分；後者則分為與人平時交往的束帖運用與涉及法律責任的關禁契約、呈結訴狀等部分。

　　第六章休閒興趣的培養屬民間精神生活方面，可分為怡情養性與娛樂活動兩節。前者較偏靜態休閒內容，可分書法、繪畫、音樂、詩文及戲令五部分；其中，音樂又可分為彈琴與唱歌兩種；詩文有對聯、古詩、迴文詩三種；戲令則分酒令、謎語、笑話、故事四種。後者則屬較動態的活動內容，可分棋藝、骰戲、牌術、技法及風月五部分；而棋藝又可分為圍棋與象棋兩種；骰戲含雙陸與硃窩兩種；技法則有蹴踘、投壺及戲術三種。

　　最後，在結論部分，本文欲解析民間日用類書的淵源、演變與發展情況，並就明清時期各版民間日用類書的內容，立足於兩個基準點──首先，是民間日常生活的橫切面上，即生活環境、物質生活、精神生活及社會生活的比較；其次，是時間的縱剖面上，即明清時期民間生活之變化──對晚明至清末三百多年的民間社會作一評價。

第一章 明清時期的民間日用類書

第一節 民間日用類書的淵源與演變

　　類書為一分別類項之書，係將各種知識分門別類刊載以方便查閱使用，此種編書方式，最早可溯至先秦〔註1〕，但真正的類書起自三國時曹魏的《皇覽》，係魏文帝曹丕令臣子網羅各種知識以為其參考使用而成〔註2〕；南北朝時帝王多仿效，而一般士大夫亦有編纂，以為行駢文之資〔註3〕，因而有《壽光書苑》、《類苑》、《華林遍略》、《科錄》、《修文殿御覽》等類書的產生〔註4〕；這些類書多為官修且為大部頭類書，內容動輒數十部或上百卷，唯因年代久遠，今日已無法窺見原貌，得知其詳細內容〔註5〕。

〔註1〕有關類書的淵源說法不一，有說源自姬周時治史者的抄撮之學，且對儒家思想之傳承及對統治者的獻策有關；有說源自雜家；也有說起自《爾雅》、《淮南子》或《呂氏春秋》者；參見戴克瑜、唐建華主編，《類書的沿革》（成都：四川省圖書館學會，1981），頁5～11；胡道靜，《中國古代的類書》（北京：中華書局，1986.9，1版2次印刷），頁6～8；劉葉秋，《類書簡說》（臺北：國文天地雜誌社，1990.3），頁11；戚志芬，《中國的類書、政書與叢書》（臺北：臺灣商務印書館股份有限公司，1994.9），頁7；張滌華，《類書流別》（臺北：大立出版社，1985.4），頁8～10；張滌華，〈類書源流及其體制〉，收入劉家璧編訂，《中國圖書史資料集》（香港：龍門書店，1974.1），頁643～652；段金泖，〈從類書的沿革看我國編輯史的發展〉，《河南大學學報（社會科學版）》，37／3（1997.5），頁122。

〔註2〕姜椿芳，《從類書到百科全書》（北京：中國書籍出版社，1990.12），頁13、34；張春輝，〈類書的範圍與發展〉，《文獻》，1987／1（1987.1），頁181。

〔註3〕戴克瑜、唐建華主編，《類書的沿革》，頁17。

〔註4〕以上數部類書的介紹可見胡道靜，《中國古代的類書》，頁43～54。

〔註5〕《三國志》僅提及《皇覽》的內容是「記先代墓塚之處」；見《三國志集解》（臺北：

　　隋唐時代類書持續發展，除繼承以往帝王本身參考之用或爲誇示文治，以及士大夫行文便利而有的類書外，隨著科舉制度發展，文人學士亦往往編寫類書以爲應考之用〔註6〕，且因雕版印刷出現，有利書籍印製、保存、流傳，使類書發展更爲容易〔註7〕，《北堂書鈔》、《藝文類聚》、《文思博要》、《三教珠英》等均爲當時的重要成果〔註8〕。惟値得注意的是，唐末五代已有一種流行民間的專科性類書，名爲《兔園策府》，係唐太宗子蔣王李惲命僚佐杜嗣先所作，爲一童蒙教育之書，此書頗爲流通，幾乎家藏一本，然文人雅士多賤之〔註9〕。

　　類書發展至宋代更盛，由於國內政治統一、社會安定、經濟繁榮，文化發展，再加上科舉盛行、統治者爲籠絡士人而刻意提倡〔註10〕，使得此時的類書不僅數量大增，且種類日趨複雜；除傳統式爲王公大臣服務用的類書如《太平御覽》、《太平廣記》、《文苑英華》、《冊府元龜》外；爲文人行文便利而有祝穆的《事文類聚》、潘自牧的《記纂淵海》；爲學子應付科考的類書尤其豐富，如王應麟的《玉海》、劉達可的《璧水群英待問會見選要》、徐晉卿的《春秋經傳類對賦》、晏殊的《類要》、蘇易簡的《文選雙字類要》等；還有以數爲綱，用數目分隸故實者，如王應麟的《小學紺珠》、不明編者的《數類》；附有圖譜者首見於唐仲友的《帝王經世圖譜》，及文人隨筆、不拘一格者，如洪邁的《經子法語》、葉庭珪的《海錄碎事》、趙崇絢的《雞肋》等；其中最値得注意的是，已有一些內容較通俗的類書產生，如無名氏的《錦

　　　新文豐出版股份有限公司，1975.3），魏書，卷2〈文紀〉，頁108。而《修文殿御覽》的部分內容因敦煌殘卷的出現亦可看到片斷；見《敦煌寶藏》（臺北：新文豐出版股份有限公司，1986），121冊，頁488～495，「伯2526號」；羅振玉，《羅雪堂先生全集》，4編5冊（臺北：大通書局有限公司，1972.12），頁2197～2222。

〔註6〕方厚樞，《中國出版史話》（北京：東方出版社，1996.8），頁211。

〔註7〕戴克瑜、唐建華主編，《類書的沿革》，頁21；戚志芬，《中國的類書、政書與叢書》，頁35～36。

〔註8〕以上數部類書的介紹可見胡道靜，《中國古代的類書》，頁64～87。

〔註9〕《五代史記》（臺北：新文豐出版股份有限公司，1975.8），卷54〈雜傳〉，頁737。此書亦有稱是虞世南所撰，然自敦煌殘卷發現後，已證實爲杜氏所撰；見羅振玉，《羅雪堂先生全集》，4編5冊，頁2229。又《兔園策府》一書宋代以後亡佚，今可見部分內容於敦煌殘卷；見《敦煌寶藏》，8冊，頁569～574，「斯1086號」；13冊，頁77～82，「斯1722號」；122冊，頁168～169，「伯2573號」；139冊，頁376～378，「伯2573號」；又北京中華書局圖書館中亦藏有殘存本1卷1冊，係民國2年上虞羅氏景印本；此本亦見於羅振玉，《羅雪堂先生全集》，4編5冊，頁2227～2228。又有關此書之介紹，參見方師鐸，《傳統文學與類書之關係》（天津：天津古籍出版社，1986.8），頁11。

〔註10〕張滌華，《類書流別》，頁31～33；戚志芬，《中國的類書、政書與叢書》，頁45～46；劉葉秋，《類書簡說》，頁15；戴克瑜、唐建華主編，《類書的沿革》，頁36～39。

繡萬花谷》錄各式事物、劉班的《西漢蒙求》供鄉塾誦習之用、方鳳的《野服考》記野服之制，以及任廣的《書敘指南》輯信函應酬等用語；有人以爲這些類書乃以後"日用大全"之類的書籍之源〔註11〕。然這些較通俗、與日常生活關係較接近的類書仍屬專科性類書，非綜合性生活日用的類書，眞正綜合性生活日用的類書應淵源於南宋末年陳元靚編的《事林廣記》。

　　《事林廣記》的原始版本今已不見，現存較早且較普遍版本爲元文宗至順年間（1330～1333）建安椿莊書院刻本，計前集十三卷十五類，後集十三卷十八類，續集八卷三類，別集八卷七類，共四十二卷四十三類；茲將其類目表列如下：

前集：　1卷天象類　　　　　2卷曆候類、節序類　　3卷地輿類
　　　　4卷郡邑類　　　　　5卷方國類　　　　　　6卷勝蹟類、仙境類
　　　　7卷人紀類　　　　　8卷人事類　　　　　　9卷人事類
　　　　10卷家禮類　　　　 11卷儀禮類　　　　　　12卷農桑類
　　　　13卷花果類、竹木類

後集：　1卷帝系類　　　　　2卷紀年類、歷代類　　3卷聖賢類
　　　　4卷聖賢類　　　　　5卷先賢類　　　　　　6卷宮室類、學校類
　　　　7卷文籍類、辭章類　8卷儒教類　　　　　　9卷幼學類、文房類
　　　　10卷服飾類、閨妝類　11卷器用類　　　　　 12卷音樂類、音譜類
　　　　13卷武藝類

續集：　1卷道教類　　　　　2卷道教類　　　　　　3卷禪教類
　　　　4卷文藝類　　　　　5卷文藝類　　　　　　6卷文藝類
　　　　7卷文藝類　　　　　8卷文藝類

別集：　1卷官制類　　　　　2卷官制類　　　　　　3卷刑法類
　　　　4卷公理類　　　　　5卷貨寶類　　　　　　6卷筭法類
　　　　7卷茶果類　　　　　8卷酒麴類〔註12〕

　　由上列類目可知，其內容與日常生活相關者甚多，舉凡天文、地理、人事，衣、食、住、行，物質生活、精神生活、社會生活等部分均包含在內，與以往專爲王公大臣治事用或文人雅士行文用之類書頗不相同。

〔註11〕戴克瑜、唐建華主編，《類書的沿革》，頁53～56。
〔註12〕〔宋〕陳元靚，《新編纂圖增類群書類要事林廣記》（元文宗至順年間〔1330～1333〕建安椿莊書院刻本，舊藏摛藻堂），42卷12冊，藏國立故宮博物院圖書館。

　　同時，爲便於一般人閱讀，書內尙以大量插圖補充文字說明，此種類書中的插圖形式雖在唐仲友的《帝王經世圖譜》已出現，然其書中圖示僅爲地圖、位置圖或圖譜〔註13〕；而《事林廣記》則有不同，書中除一般地圖外〔註14〕，還包括許多具體形象與動作的圖畫在內，如曆候類的律度衡圖、古制蓮漏之圖、今制蓮漏之圖，儀禮類的習跪圖，農桑類的耕穫圖、蠶織圖，聖賢類的先聖遺像、昭烈武成王，先賢類的濂溪周先生元公像、明道先生程純公像、伊川先生程公正像、橫渠先生張獻公像、康節邵先生像、涑水先生司馬溫公、晦庵先生朱文公像，宮室類的天子五學圖、天子辟雍圖、諸侯泮宮圖，文籍類的河圖、洛書，幼學類的習義手圖、習衹揖圖、習展拜圖，服飾類有各種冠冕衣服圖，器用類有度量衡具等圖、几筵俎坫等圖、車制圖、旗制圖，音樂類有各種樂器圖，文藝類有夫子杏壇之圖、各式投壺圖、北雙陸盤馬制度、圓社摸場圖等，這些均足以顯示此種類書之通俗及適用於日常生活。唯當時這種生活日用類書的使用者主要仍應偏重士人階層，因其內容仍含大量儀禮、聖賢、宮室、學校、辭章、文籍、儒教、器用、文藝、官制及茶果、酒麴等多爲上層社會參閱的部分，且書旨及書名均未標示爲四民便用或士民通用之意〔註15〕。

　　金元時期的類書發展，因外族統治者對文化的重視不若前朝，但卻頗爲關懷實際生活中的商業、手工業發展，同時，也有部分文人在總結民間生產活動之經驗，故此時實用性類書發展較多〔註16〕，而綜合性生活日用類書除《事林廣記》的持續刊印及增刪內容外〔註17〕，亦有新成果如《啓箚青錢》、《居家必用事類全集》的產生。

〔註13〕〔宋〕唐仲友，《帝王經世圖譜》（北京：書目文獻出版社，據宋刻本影印，不明出版時間），卷5，頁72～75；卷6，頁82～86；卷7，頁88～92。

〔註14〕有關《事林廣記》的地圖說明可參見黃燕生，〈宋代版刻地圖考錄〉，《文獻》，1985／2（1985.4），頁186。

〔註15〕《事林廣記》書旨云：「事林一書資於博物洽聞之士尚矣，道散天下，事無不該，物無不貫，其紀載容有能盡之者乎，是編增新補舊，觀它本特加詳焉，收書君子幸鑒」。見〔宋〕陳元靚，《新編纂圖增類群書類要事林廣記》，方形印記。

〔註16〕戴克瑜、唐建華主編，《類書的沿革》，頁57～59；段金淴，〈從類書的沿革看我國編輯史的發展〉，頁123。

〔註17〕《事林廣記》的元代版本有：
　　（1）元泰定帝泰定2年（1325）刊本，10集94卷。收入長澤規矩也編，《和刻本類書集成》（上海：上海古籍出版社，1990.7；據日元祿12年〔1699〕翻刻而成）。
　　（2）元文宗至順年間刊本，西園精舍刻，4集50卷8冊（續編缺5～9卷）。藏中央研究院歷史語言研究所，惟圖書館目錄資料有誤，紙燒本稱此版爲明萬曆年間刊本，影印本稱此版爲明弘治年間刊本。
　　（3）元文宗至順年間刊本，建安椿莊書院刻，4集42卷12冊。
　　（4）元惠宗至元6年（1340）刊本，建陽鄭氏積誠堂刻，10集20卷10冊。藏中國北京大學圖書館。

目前所知《啓劄青錢》的最早版本是元泰定帝泰定元年（1324）建安劉氏日新堂重刊本，計有前集十卷四類，後集十卷十二類，續集十卷十類，別集十卷六類，外集十一卷五類，共五十一卷三十七類；茲將其類目表列如下：

前集：　　1卷翰墨門　　　　　2卷至8卷活套門　　　9卷諸式門
　　　　　10卷通敘門

後集：　　1卷節令門　　　　　2卷慶賀門　　　　　　3卷花卉門
　　　　　4卷果木門　　　　　5卷飲食門　　　　　　6卷游觀門
　　　　　7卷文物門、器用門　8卷幣帛門、禽獸門　　9卷干委門
　　　　　10卷假貸門

續集：　　1卷榮達門　　　　　2卷仕進門　　　　　　3卷師友門
　　　　　4卷家書門　　　　　5卷釋教門　　　　　　6卷禪宗疏語
　　　　　7卷道教門　　　　　8卷道教疏語　　　　　9卷藝術門
　　　　　10卷題贈詩詞

別集：　　1卷冠禮門、笄禮門　2卷至5卷婚禮門　　　6卷慶壽門
　　　　　7卷至8卷喪禮門　　9卷至10卷祭禮門

外集：　　1卷至2卷方輿勝紀　3卷至6卷姓氏源流
　　　　　7卷至8卷翰苑新書　9卷至10卷應用新書
　　　　　11卷公私備用〔註18〕

由上述類目可明其內容涵蓋人們生活各項，實為一生活日用手冊，有人以為此書乃中國最古的日用百科全書〔註19〕，也是一部反映元代士農工商各階層人民生活的日用百科全書〔註20〕；但事實上，就時間而言，其晚於陳元靚的《事林廣記》，就內容而言，則涉及文人雅士等上層社會必須參閱的部分，如榮達、仕進、師友、禮儀、姓氏源流等內容的比重仍不少，且其書名亦未強調四民便用或士民通用之意，故應仍偏重文人的使用。

〔註18〕闕名，《新編事文類要啓劄青錢》（臺北：大化書局，1980年據日本德山毛利家藏元泰定元年〔1324〕日新書堂刊本影印），總目，頁1～4。
〔註19〕闕名，《新編事文類要啓劄青錢》，〈出版說明〉，頁1；馮燕，《近三十年國外"中國學"工具書簡介》（北京：中華書局，1981.6），頁303。
〔註20〕周迅，《二十年來日本刊印中國史籍概說》，引自方彥壽，〈建陽劉氏刻書考（下）〉，《文獻》，1988／3（1988.7），頁227。

而《居家必用事類全集》目前所知的最早版本為元世祖至元 5 年（1268）友于書堂刻本，然其為一殘本，僅存甲、乙二卷，難窺全貌〔註21〕；而目前可見完整版本之較早者為明世宗嘉靖 39 年（1560）刊本，共分十集，其類目如下：

甲集　　為學　讀書　作文　寫字　切韻　書簡　活套　饋送請召式　家書通式

乙集　　家法　家禮

丙集　　仕宦

丁集　　宅舍

戊集　　農桑類　種藝類　種藥類　種菜類　果木類　花草類　竹木類　文房適用
　　　　磨補銅鐵石類　刻漏捷法　寶貨辨疑

己集　　諸品茶　諸品湯　渴水番名攝里白　熟水類　漿水類　法製香藥　果食類
　　　　酒麴類　造諸醋法　諸醬類　諸豉類　醞造醃藏日　飲食類　醃藏魚品
　　　　造酢品

庚集　　飲食類　染作類　洗練　香譜　薰香　閨閤事宜

辛集　　吏學指南　為政九要

壬集　　衛生

癸集　　謹身　孕婦食忌〔註22〕

由各集目錄內容亦可知其性質屬生活日用的類書〔註23〕。

　　明代前期不論是《事林廣記》、《啓箚青錢》或《居家必用事類全集》等書，均配合社會需要一再翻刻，如《事林廣記》在明代即有洪武、永樂、成化、弘治、嘉靖版本〔註24〕，《啓箚青錢》則有正統、景泰版本〔註25〕，而《居家必用事類全集》

〔註21〕 不明編者，《居家必用》（元世祖至元 5 年〔1268〕友于書堂刻本），藏中國國家圖書館。

〔註22〕 不明編者，《居家必用事類》（京都：中文出版社，1984.12，據日本寬文 13 年〔1673〕松柏堂翻刻之和刻本影印），目錄。又有一元刊本，僅殘存 1 卷 1 冊，藏於國立故宮博物院圖書館，然不明其確切年代；見《居家必用事類全集》（舊藏觀海堂）。

〔註23〕 王毓瑚，《中國農學書錄》，頁 123～124；野口鐵郎、坂出祥伸、福井文雅等編，《道教事典》，頁 103；亦論及此書性質屬日用百科全書。

〔註24〕 《事林廣記》的明代版本有：
　（1）明太祖洪武 25 年（1392）刊本，梅溪書院刻，6 集 35 卷 6 冊；藏日本慶應義塾大學圖書館。
　（2）明成祖永樂 16 年（1418）刊本，建陽翠巖精舍刻，6 集 12 卷 6 冊；藏日本靜嘉堂文庫。
　（3）明憲宗成化 14 年（1478）刊本，鍾景清增訂，劉廷賓、陳巨源在福建刻，4 集 40 卷 16 冊；藏國家圖書館。

則有正德、嘉靖、隆慶、萬曆版本的流通使用〔註26〕，且各版內容因時代不同而有

（4）明孝宗弘治 5 年（1492）刊本，詹氏進德精舍刻，6 集 12 卷。見〔日〕森田憲司，〈關于在日本的《事林廣記》諸本〉，收入《國際宋史研討會論文選集》（保定：河北大學出版社，1992.8），頁 271。

（5）明孝宗弘治 9 年（1496）刊本，詹氏進德書堂刻，6 集 57 類 2 冊；藏日本內閣文庫。

（6）明世宗嘉靖 20 年（1541）刊本，余氏敬賢堂刻，存 5 卷 5 冊；藏中國瀋陽遼寧圖書館。

（7）明臨江府刻本（官刻本）：見胡道靜，〈元至順刊本《事林廣記》解題〉，收入《農書·農史論集》（北京：農業出版社，1985.6），頁 251。

其它明刊本有：

（1）《纂圖增新群書類要事林廣記》，明初刊本，殘存 4 卷。見中國古籍善本書目編輯委員會編，《中國古籍善本書目（子部）》（上海：上海古籍出版社，1996.12），頁 815。

（2）《纂圖增新群書類要事林廣記》，明刊本，6 集 12 卷 4 冊；藏日本內閣文庫。

（3）《新刊纂圖增新群書類要事林廣記》，明刊本，殘存別集卷 4；藏日本東洋文化研究所。

（4）《纂圖增新群書類要事林廣記》，明抄本，殘存 4 卷 4 冊；藏中國國家圖書館。

（5）《纂圖類聚天下至寶全補事林廣記》，明抄本，殘存卷 11；藏中國國家圖書館。

又有一手抄本僅 1 冊 10 卷，名爲《新編纂圖分門事林廣記》，但各卷刊頭有「新編纂圖增類群書類要事林廣記」、「新編群書類要事林廣記」、「重編群書類要事林廣記」、「重編群書事林廣記」、「重刊群書類要事林廣記」、「新編群書事林廣記」等不同名稱，然未能明其年代，藏中國北京中華書局圖書館。

〔註25〕《啟箚青錢》的明代版本有：

（1）明英宗正統元年（1436）刊本，務本書堂刻：見仁井田陞，〈元明時代の村の規約と小作證書など（一）──日用百科全書の類二十種の中から──〉，頁 749。

（2）明景帝景泰 6 年（1455）刊本，藏國家圖書館，殘存 5 卷 1 冊（1～5 卷）。

（3）明景帝景泰年間（1450～1456）刊本，5 卷 1 冊；見不明編者，《擬備中國書目（米國國會圖書館所藏舊北京圖書館書目）》（東京：東洋文庫，1959），頁 57。

〔註26〕《居家必用事類全集》的明代版本有：

（1）明武宗正德年間（1506～1521）刊本：見羅振常遺著，周子美編訂，《善本書所見錄》（上海：商務印書館，1958.4），頁 115。

（2）明司禮監刻本，10 卷 20 冊，藏國家圖書館。

（3）明世宗嘉靖 27 年（1548）序刊本，10 卷 10 冊，書名《日用便覽事類全集》：藏日本京都陽明文庫。

（4）明世宗嘉靖 39 年（1560）刊本，10 集。

（5）明世宗嘉靖 39 年序刊本，清聖祖康熙 12 年（1673）和刻本，10 集 20 卷：另有和刻本，10 集 20 卷 15 冊。

（6）明穆宗隆慶 2 年（1568）刊本，飛來山人刻：見續修四庫全書編纂委員會編，《續修四庫全書》（上海：上海古籍出版社，1997），子部，雜家類，1184 冊。

（7）明神宗萬曆 7 年（1579）序刊本，黃希賢序，福建寶善堂刻，8 卷 8 冊，書名《重刊校正居家必用事類》：藏日本內閣文庫。

變動〔註27〕。惟此時亦有其它綜合性生活日用類書的出現，如《多能鄙事》、《便民圖纂》、《居家必備》、《家居要覽》〔註28〕。其中，《多能鄙事》有十卷五類，內容分別爲一至四卷飲食類、五卷器用類、六卷百藥類、七卷農圃類、八至十卷陰陽類〔註29〕；《便民圖纂》有十五卷，一卷農務與女紅之圖、二卷耕穫類、三卷桑蠶類、四至五卷樹藝類、六卷雜占類、七卷月占類、八卷祈禳類、九卷治吉類、十卷起居類、十一至十二卷調攝類、十三卷牧養類、十四至十五卷製造類〔註30〕；《居家必備》有十卷八類，即家儀、懿訓、治生上、治生下、奉養、餌養、飲饌、藝學上、藝學下、清課等項〔註31〕。這些綜合性的生活日用類書在明代前期不斷因應民間需要一再翻刻，如《便民圖纂》自成化、弘治到萬曆中期的一百多年間，在蘇州、雲南、貴州、京師西北部以及其它地區至少刻版六次〔註32〕；而十二卷的《多能鄙事》

〔註27〕有關《事林廣記》各不同版本的差異可參見酒井忠夫，〈明代の日用類書と庶民教育〉，頁 69～70；〔日〕森田憲司，〈關于在日本的《事林廣記》諸本〉，頁 272；胡道靜，〈元至順刊本《事林廣記》解題〉，頁 247～251。也有學者提及明版《事林廣記》內多雜有明制內容，見羅振常遺著、周子美編訂，《善本書所見錄》，頁 123。

〔註28〕〔日〕天野元之助著，彭世獎、林廣信譯，《中國古農書考》（北京：農業出版社，1992.7），頁 165。

〔註29〕劉基，《多能鄙事》（明世宗嘉靖 19 年〔1540〕程法序群碧樓鈔本，10 冊）：又目錄爲 10 卷，但實際內容有 12 卷，其中，卷 11 爲占卜類，卷 12 爲占斷類、十神類；有關此書之介紹可見〔日〕天野元之助著，彭世獎、林廣信譯，《中國古農書考》，頁 168～169。

〔註30〕〔明〕鄺璠，《便民圖纂》（臺北：古亭書屋，1975.9，據明萬曆 21 年〔1593〕刊本影印）；鄭振鐸編，《中國古代版畫叢刊（二）——救荒本草、日記故事、忠義水滸傳插圖、便民圖纂》（上海：上海古籍出版社，1988.8），頁 889～895。

〔註31〕闕名，《居家必備》（明末刊本，12 冊），藏日本東京大學總合圖書館；也有版本類目是家懿、懿訓、治生上、治生下、奉養、趨避、飲饌、藝學上、藝學下、清課，見闕名，《居家必備》（明末讀書坊刊本，16 冊），藏中央研究院歷史語言研究所。

〔註32〕〈《便民圖纂》後記〉，見鄭振鐸編，《中國古代版畫叢刊（二）——救荒本草、日記故事、忠義水滸傳插圖、便民圖纂》，頁 997；王毓瑚，《中國農學書錄》，頁 133～134；〔日〕天野元之助著，彭世獎、林廣信譯，《中國古農書考》，頁 164～168。《便民圖纂》的不同版本見：
（1）明憲宗成化及孝宗弘治年間刊本，14 卷，書名《便民纂》。見鄭振鐸編，《中國古代版畫叢書——救荒本草、日記故事、忠義水滸傳插圖、便民圖纂》，頁 998～999。
（2）明孝宗弘治 15 年（1502）序刊本，16 卷（手抄本）。見〔日〕天野元之助著，彭世獎等譯，《中國古農書考》，頁 164、166～167。
（3）明世宗嘉靖 6 年（1527）刊本，呂經在雲南刻。見王毓瑚，《中國農學書錄》，頁 133。
（4）明世宗嘉靖 23 年（1544）刊本，王貞吉在廣西潯州刻，16 卷。見四庫全書編纂委員會編，《四庫全書存目叢書》（臺南縣：莊嚴文化事業有限公司，1995.9），

有二冊、四冊、六冊、十冊不同版本的刊行〔註33〕；十卷的《居家必備》則有十二冊、十冊、十六冊不同版本的流通〔註34〕。然發展至明代後期的萬曆年間，又有許多新的綜合性生活日用類書的產生，如《萬書萃寶》、《五車拔錦》、《博覽不求人》、《三台萬用正宗》、《文林聚寶萬卷星羅》、《萬象全編不求人》、《諸書博覽》、《學海群玉》、《萬用正宗分類學府全編》、《萬書淵海》、《萬寶全書》、《便覽全書》、《萬錦全書》、《博覽全書》、《萬事不求人博考全編》、《萬珠聚囊不求人》、《一事不求人》等。

　　這些新的綜合性生活日用類書比以往更通俗而普遍，因其內容多將文人雅士等上層社會參閱的人事、儀禮、聖賢、宮室、文藝、辭章、官制、刑法、榮達、仕進、姓氏源流，以及各式飲食等部分刪除或縮減，以更符合一般民眾的生活需求。而在書籍編排方式上亦與《事林廣記》、《居家必用事類全集》、《多能鄙事》、《便民圖纂》、《居家必備》等書的單層排印不同；這些新的綜合性生活日用類書的版面均為上、下兩層排印以節省空間，此一方面可減少成本、降低售價，另一方面則易於保存、便於攜帶，而兩者的最終結果都使書籍得普遍流通；此種上、下兩層，甚至上、中、下三層的排印方式在《啓箚青錢》中的某些門類曾出現過，如前集的翰墨門、諸式

子部，118 冊。
（5）明世宗嘉靖 31 年（1552）序刊本，貴州刻。見天野元之助，〈「便民圖纂」について〉，《書報》，1960／5，頁 11。
（6）明神宗萬曆 21 年（1593）序刊本，15 卷 4 冊。收入中華書局上海編輯所編，《中國古代版畫叢刊》（第三函）（北京：中華書局，1959.9）。
　　而《便民圖纂》各版內容的差異可見天野元之助，〈「便民圖纂」について〉，頁 11～13。
〔註33〕《多能鄙事》的不同版本見：
（1）12 卷 2 冊，乃 13 行 26 字白口四周單邊的明刊本；見北京圖書館編，《北京圖書館古籍善本書目》（北京：書目文獻出版社，1987），頁 1477。
（2）明世宗嘉靖 19 年（1540）序刊本，12 卷 4 冊，藏國家圖書館。
（3）明世宗嘉靖 19 年序刊本，12 卷 10 冊，藏中央研究院歷史語言研究所。
（4）明世宗嘉靖 42 年（1563）刊本，范惟一刻，12 卷。見四庫全書存目叢書編纂委員會編，《四庫全書存目叢書》，子部，117 冊。
（5）12 卷 6 冊，乃 12 行 24 或 23 字黑口四周單邊的明世宗嘉靖年間（1522～1566）刊本；見北京圖書館編，《北京圖書館古籍善本書目》，頁 1477。
〔註34〕《居家必備》的不同版本見：
（1）10 卷 12 冊的明刊本，藏日本東京大學總合圖書館。
（2）10 卷 10 冊的明末刊本，藏國家圖書館。
（3）10 卷 16 冊的明末刊本，杭州讀書坊刻。藏中央研究院歷史語言研究所、國家圖書館。
　　另有 8 卷的明刊本，見中國社會科學院文學研究所圖書館編，《中國社會科學院文學研究所藏古籍善本書目》（北京：中國社會科學院文學研究所，1993），頁 7。

門，後集的節序門、喜慶門、花木門、果實門、飲食門，續集的榮達門、仕進門、師友門、家書門，別集的冠禮門、婚禮門、喪禮門及外集的方輿紀勝、姓氏源流等部分；故此種上、下層的排印方式應受到《啓箚青錢》的影響。同時，書中除大量圖示外，亦採用許多民間俗體字的排印；此種俗體字的刻書方式始見於南宋，元時更為流行，然就傳本所見，官刻、家刻書籍少用俗體字，而坊刻書籍俗體字較多；若以內容區分，則經、史、文集類書籍少用俗體字，小說、類書等書籍較易出現俗體字〔註35〕。而前述宋元以至明代前期的各式生活日用類書中少見俗體字，但明代後期萬曆年間出現的生活日用類書則頗多俗體字。凡此種種均顯示：這些出現於明代後期新式的生活日用類書，與以往自南宋至明代前期流行的生活日用類書又有不同。而這些新的綜合性生活日用類書出現後，逐漸取代以往《事林廣記》、《啓箚青錢》、《居家必用事類全集》、《多能鄙事》、《便民圖纂》、《居家必備》等書的使用，成為真正專供四民生活參考利用，普遍流通民間之家庭生活手冊，即所謂的民間日用類書。

這種綜合性民間日用類書至清代統稱之為《萬寶全書》；而民國以後仍繼續發展，種類甚多，有些在名稱上即可見其遺跡，如《增補萬寶全書》〔註36〕、《日用寶鑑》〔註37〕、《國民寶庫全書》〔註38〕、《日用萬全新書》〔註39〕、《日用萬事全書》〔註40〕、《家庭萬寶新書》〔註41〕、《家庭保安全書》〔註42〕，《萬寶全書》〔註43〕、《萬寶全書補》〔註44〕、《女性生活萬寶全書》〔註45〕、《萬事不求人》〔註46〕、

〔註35〕盧賢中，《古代刻書與古籍版本》（合肥：安徽大學出版社，1995.12），頁 46。也因此有以宋元明清四代十二種小說為資料編纂而成的俗字譜，見劉復共、李家瑞編，《宋元以來俗字譜》（臺北：中央研究院歷史語言研究所，1992.12，景印 1 版）。

〔註36〕不明編者，《增補萬寶全書》（上海：天機書局，1912），引自新瀉縣立新瀉圖書館編，《新瀉縣立新瀉圖書館所藏漢籍目錄》（新瀉縣：新瀉縣立新瀉圖書館，1980.3），頁72；不明編者，《增補萬寶全書》（上海：啓新書局，民國年間刊本）。

〔註37〕共和編譯局編輯，《日用寶鑑》（上海：共和編譯局，1914.12，3 版）；《日用寶鑑》（上海：共和編譯局，1915.1）。

〔註38〕中華書局編，《國民寶庫全書》（上海：中華書局，1919）。

〔註39〕不明編者，《日用萬全新書》（上海：廣益書局，1921）。

〔註40〕國民圖書公司編，《日用萬事全書》（上海，新華書局，1922）。

〔註41〕不明編者，《家庭萬寶新書》（上海：中華新教育社，1927）。

〔註42〕張紹陵，《家庭保安全書》（不明出版地：宏文圖書館，1928）。

〔註43〕《萬寶全書》編輯委員會編，《萬寶全書》（臺北：第一文化社，1972.7）；又同一書名還有 1975.1 版及 1976.1 版。

〔註44〕不明編者，《萬寶全書補》（不明出版地：不明出版社，1991.8）。

〔註45〕金子等編，《女性生活萬寶全書》（瀋陽：春風文藝出版社，1991.9）。

〔註46〕王書良編，《萬事不求人》（北京：中國國際廣播出版社，1991.9）。

《萬寶囊》〔註47〕、《民俗萬寶全書》〔註48〕、《新編萬事不求人》等〔註49〕；有些雖在名稱上較無相似之處，但觀其內容、性質仍爲此一系統之延續，如《日用指南》〔註50〕、《國民應用便覽》〔註51〕、《日用百科全書》〔註52〕、《日用快覽》〔註53〕、《日用指明》〔註54〕、《國民日用百科全書》〔註55〕、《農村日用大全》〔註56〕、《民俗通書》〔註57〕、《通書民俗知識》等〔註58〕。

又須加以說明的是，現今流通世面的綜合性民間日用生活手冊，一般說來有三種形式：一是內容均屬家庭生活知識者，此乃類書系統發展而來，如前述各式與《萬寶全書》名稱相似或不盡相似者；二是內容主要爲當年三百六十五天的日曆，有時也加上一些擇日吉凶說明或算命、面相、手紋等術數之學者，此乃以往朝廷頒布，而民間普遍刻印的皇（黃）曆之曆書系統發展而來〔註59〕，如《陳鵬仁農民曆》〔註60〕、《鐵筆子民曆》〔註61〕、《鼠年風水運程》等〔註62〕；三則是兩者的合併，既有當年度日曆亦有各式家庭生活知識者，此種型式在清宣統年間已出現，如《遊吉便覽》即爲一例〔註63〕，民國以後流行於香港地區的《包羅萬有》〔註64〕、《萬事勝意》等均屬此類〔註65〕。而世有流傳稱「通書」〔註66〕，或爲發音似「通輸」而

〔註47〕木也等撰，《萬寶囊》（石家庄：河北人民出版社，1991.12）。
〔註48〕程斌編，《民俗萬寶全書》（彭山：西南交通大學出版社，1993.8）。
〔註49〕不明編者，《新編萬事不求人》（鄭州：中州古籍出版社，1995.1）。
〔註50〕中華書局編，《日用指南》（上海：中華書局，1913）。
〔註51〕不明編者，《國民應用便覽》（上海：會文書局，1915）。
〔註52〕王言綸編，《日用百科全書》（上海：不明出版社，1923.11，12版）。
〔註53〕世界書局編，《日用快覽》（上海：世界書局，1927.1，10版）。
〔註54〕赫顯理編，《日用指明》（不明出版地：不明出版社，1940）。
〔註55〕不明編者，《國民日用百科全書》（上海：廣益書局，1930），引自 James Hayes, "Specialists and Written Materials in the Village World", P.81。
〔註56〕貴州人民出版社編，《農村日用大全》（貴陽：貴州人民出版社，1991.11）。
〔註57〕周作明編，《民俗通書》（桂林：漓江出版社，1992.10，2次印刷）。
〔註58〕池尚英、郭宏、蒙智扉編，《通書民俗知識》（南寧：廣西教育出版社，1990.1）。
〔註59〕唐宋時書坊已普遍刊印，參見許培基，〈蘇州的刻書與藏書〉，《文獻》，1985／4（1985.10），頁211；〔法〕謝和耐著，劉東譯，《蒙元入侵前夜的中國日常生活》（南京：江蘇人民出版社，1995.6），頁135。
〔註60〕陳鵬仁編，《陳鵬仁農民曆》（編者自印，1997）。
〔註61〕鍾進添編，《鐵筆子民曆》（臺中：創譯出版社，1995.10）。
〔註62〕白鶴鳴，《鼠年風水運程》（香港：聚賢館文化有限公司，1995.10）。
〔註63〕公警、醒鐸生編，《遊吉便覽》（吉林：吉林印書局，宣統2年〔1910〕）。
〔註64〕不明編者，《包羅萬有》（香港：天寶樓，丁丑年〔1997〕）。
〔註65〕不明編者，《萬事勝意》（香港：聚經堂，己巳年〔1989〕）；不明編者，《萬事勝意》（香港：廣經堂，己未年〔1979〕）；又廣經堂出版的另有丙辰年（1976）者。
〔註66〕王爾敏以爲通書之名係「通行時憲書」之簡化而來；每年冬至日，朝廷以年曆頒行天

避諱稱「通勝」之民間日用類書者〔註67〕，雖然三種形式均有之，然因其淵源於第二種形式之性質〔註68〕，故亦有人視「通書」爲曆書〔註69〕，而直稱「通書」爲曆書、時書，或皇書、皇曆〔註70〕。

第二節　明清時期民間日用類書的盛行

明清時期民間日用類書所以普遍興盛的原因實與當時經濟繁榮、社會變遷、文化發展，以及文人心態轉變等因素密切相關，茲分述如下：

一、經濟的發展與影響

中國經濟的大幅發展自宋代已開始，此可由其在農業、手工業及商業上的成就得知。如農業方面，此時無論在耕地面積的增加、農業工具的改進、水利事業的推廣、新作物品種的引進等方面，均有顯著成果。而手工業方面，則紡織業、造紙業、印刷業、瓷器業、造船業等的質量與規模均遠邁前朝。影響所及，商業方面亦有重要表現；如當時的商業稅收已超越農業稅收，成爲政府的主要財政來源；且商業內部分工更細、行業種類更多、商業行會的普遍，以及貨幣經濟的發達等內容〔註71〕，使學者指出：國史上的第一次商業革命即發生於此時〔註72〕。

下，俾庶民仿刊發行者，見王爾敏，〈儒學世俗化及其對於民間風教之浸濡〉，收入《明清社會文化生態》，頁50。而黃一農以爲通書的命名或取「通天人之際」之意而來，見黃一農，〈通書──中國傳統天文與社會的交融〉，頁164。

〔註67〕王爾敏，〈儒學世俗化及其對於民間風教之浸濡〉、〈明清以來民間之文字游戲與庸俗詩裁〉，收入《明清社會文化生態》，頁50～51、197；楊聯陞，〈帝制中國的作息時間表〉，收入《國史探微》（臺北：聯經出版事業公司，1991.5，3次印刷），頁82；袁樹生，《爲你解通書》（臺北：禾馬文化事業有限公司，1994.11），序。

〔註68〕黃一農，〈通書──中國傳統天文與社會的交融〉，頁165～170。

〔註69〕葛兆光，〈《時憲通書》的意味〉，《讀書》，1997／1，頁43～48。

〔註70〕池尚英、郭宏、蒙智扉編，《通書民俗知識》，前言；袁開明，〈四庫失收明代類書考〉，《香港中文大學中國文化研究所學報》，2／1（1969.9），頁57；同文又見於劉家璧編訂，《中國圖書史資料集》，頁655～661。

〔註71〕有關宋代的經濟發展情形，參見全漢昇，〈略論宋代經濟的進步〉，收入《中國經濟史研究》，下冊（臺北：稻香出版社，1991.1），頁551～553；斯波義信著，莊景輝譯，《宋代商業史研究》（臺北：稻香出版社，1997.8），第3、5章；何一民，《中國城市史綱》（成都：四川大學出版社，1994.8），頁129～136。

〔註72〕郝延平，〈中國三大商業革命與海洋〉，收入《中國海洋發展史論文集》，6（臺北：中央研究院中山人文社會科學研究所，1997.3），頁9～44。

同時，隨著經濟繁榮，城市也獲得發展。兩宋京城的規模較以往唐代的長安擴增許多，且大城市數量也有增加；據美國學者費正清估計，在十二世紀初，中國有五十二個居住十多萬戶人家的城市，而在八世紀中期，中國只有二十六個這樣的大城市〔註73〕。另據大陸學者研究，唐代十萬戶以上的大城市有十幾個，到北宋則增加到四十個〔註74〕。值得注意的是：宋代已有許多在縣治之下的小型商業市鎮的興起，且迅速發展；如北宋神宗初年，全國有 1800 個鎮，到元豐年間（1078～1085）則高達 18771 個鎮〔註75〕；小市鎮的興起與發展是商品經濟繁榮下的產物，而其發展亦有利於商品經濟的更普遍。

元末明初政權更迭的戰亂過程中，經濟成果自然受到嚴重破壞，但明代政權鞏固後，一連串修養生息的政策，如獎勵開墾，實行土地再分配；打擊豪強，改善農民生存環境；編制地方管理體系，加強基層社區的穩定性等〔註76〕；長時期維持了國內社會秩序的穩定和安寧，此不僅使明代經濟恢復了宋元時期的繁榮，且獲得更進一步地發展，特別是在明代中葉以後，其具體表現即是蓬勃興盛的商品化農業與工商活動。

就前者而言，如湖州因養蠶業興旺，許多農民即專以植桑為業，經營桑業的利潤甚高，嘉靖年間湖州府人茅坤曾言及當時的桑價及桑農收入情形是：「每畝上者桑業二千斤，歲所入五六金，次者千斤，最下者歲所入亦不下一二金」〔註77〕。萬曆時人朱國禎記載其家鄉烏程時，亦提及桑業的販售情形，「價隨時高下，倏忽懸絕」，以至當時有「仙人難斷葉價」的諺語。事實上，湖州府一些養蠶不植桑或桑葉不足者，還採用向桑戶預定桑葉的辦法，俗稱「秒葉」；即預定者先繳交部分銀子作為定金，待桑葉收成取得定購數量後，再補足餘欠的數額〔註78〕。此種買賣方式實為種桑者用以填充和補償自身資金周轉不足的變通方法，且可進一步投資，提高桑葉的產量和品質，而這種農業的經營法已非傳統方式，實為商品化的農業型態。

〔註73〕〔美〕費正清（John King Fairbank）、賴蕭爾（Edwin Reischauer）著，陳仲丹等譯，《中國：傳統與變革》（南京：江蘇人民出版社，1992.5），頁 143。

〔註74〕同濟大學城市規劃教研室編，《中國城市建設史》（北京：中國建築工業出版社，1982.12），頁 40。

〔註75〕何一民，《中國城市史綱》，頁 140。

〔註76〕牛建強，《明代中後期社會變遷研究》（臺北：文津出版社有限公司，1997.8），頁 17～20。

〔註77〕《烏青文獻》，卷 9〈茅坤：與甥顧儆韋侍禦書〉，引自牛建強，《明代中後期社會變遷研究》，頁 76。

〔註78〕〔明〕朱國禎，《湧幢小品》，卷 2〈蠶報〉，收入新興書局編，《筆記小說大觀》（臺北：新興書局，1978.9），22 編 7 冊，頁 4161～4162。

　　又如福建、廣東沿海一帶在嘉靖、萬曆年間大量種植經濟作物甘蔗，資料顯示，當時福建泉州的情況是「其地為稻利薄，蔗利厚，往往有改稻田種蔗者，故稻米益乏」〔註79〕；明末廣州府東莞縣種植有白蔗、崑崙蔗、竹蔗（荻蔗）等不同種類的甘蔗，且種蔗數量之大，「蔗田幾與禾田等矣」〔註80〕。它如龍眼、荔枝的栽種，也是閩、廣地區農業生產的重要作物〔註81〕，經營方式亦屬商品化的農業型態，農家往往尚未採收，「賈人春時即入貲估計其園」〔註82〕。

　　再就工商業而論，絲織業、棉織業是當時頗具特色的手工業，而其發展極為普遍且規模甚大。如松江府「萬曆以來，用尤墩布為單暑襪，極輕美，遠方爭來購之。故郡治西郊，廣開暑襪店百餘家，合郡男婦，皆以做襪為生」〔註83〕。蘇州府長洲縣鄭灝家的絲織業，在正德時已有一定的分工，因「其家織帛工及挽絲娘各數十人」〔註84〕；到隆慶、萬曆年間，更有新的變化，時人蔣以化記載曰：

> 我吳市民罔籍田業，大戶張機為生，小戶趁機為活。每晨起，小戶百數人嗷嗷相聚玄廟口，聽大戶呼織，日取分金為饔飧計。大戶一日之機不織則束手，小戶一日不就人織則腹枵，兩者相資為生久矣〔註85〕。

萬曆29年（1601），應天巡撫曹時聘在奏疏中也反映了機織業的情況：

> （吳民）家杼軸而戶纂組，機戶出資，織工出力，相依為命久矣……（吳中）浮食奇民，朝不謀夕，得業則生，失業則死。臣所睹記：染坊罷而染工散者數千人，機戶罷而織工散者又數千人。此皆自食其力之良民也〔註86〕。

由此可知機織業與相關行業間的關係及其規模是相當可觀的。

〔註79〕〔明〕陳懋仁，《泉南雜誌》，卷上，收入新興書局編，《筆記小說大觀》（臺北：新興書局，1974.7），4編6冊，頁3561。

〔註80〕〔明〕屈大均，《廣東新語》，卷27〈草語〉，「蔗」，收入新興書局編，《筆記小說大觀》（臺北：新興書局，1979.1），24編10冊，頁6371。

〔註81〕〔明〕屈大均，《廣東新語》，卷25〈木語〉，「荔枝」、「龍眼」，收入新興書局編，《筆記小說大觀》，24編10冊，頁6303～6309。

〔註82〕〔清〕周亮工，《閩小記》（臺北：成文出版社有限公司，1975.6，據清乾隆刊龍咸秘書本），頁28。

〔註83〕〔明〕范濂，《雲間據目抄》，卷2〈記風俗〉，收入新興書局編，《筆記小說大觀》（臺北：新興書局，1978.9），22編5冊，頁2628。

〔註84〕〔明〕陸粲，《庚巳編》，卷2〈鄭灝〉，收入新興書局編，《筆記小說大觀》（臺北：新興書局，1977.3），16編5冊，頁2580。

〔註85〕〔明〕蔣以化，《西台漫記》，卷4〈紀萬賢〉，見四庫全書存目叢書編纂委員會編，《四庫全書存目叢書》（臺南縣：莊嚴文化事業有限公司，1995.9，據北京圖書館藏明萬曆刻本），子部，242冊，頁114上。

〔註86〕《明神宗實錄》（臺北：中央研究院歷史語言研究所，據國立北平圖書館紅格鈔本微捲影印），卷361，112冊，頁6741～6742。

　　商品化農業及手工業的興盛自然帶動商業的發展。萬曆年間的《鉛書》即描述了當時位於閩、浙、贛三省交通要衝的江西鉛山縣商品流通的盛況：

　　　　其貨自四方來者，東南福建則延平之鐵，大田之生布，崇安之閩筍，福州之黑白砂糖，建寧之扇，漳、海之荔枝龍眼；海外之胡椒、蘇木。廣東之錫、之紅銅、之漆器、之銅器。西北則廣信之菜油。浙江之湖絲、綾綢。鄱陽之干魚、紙錢灰。湖廣之羅田布、沙湖魚，嘉興西塘布、蘇州青、松江青、南京青、瓜州青、紅綠布、松江大梭布、小中梭布、湖廣孝感布、臨江布、信陽布、定陶布、福青生布、安海生布、吉陽布、粗麻布、書坊生布、漆布、大刷竟、小刷竟、葛布、金溪生布、棉紗、淨花、子花、棉帶褐子花、布被面、黃絲、絲線、紗羅、各色絲布、杭絹、綿綢、彭劉緞、衢絹、福絹，此皆商船往來貨物之重者〔註87〕。

這些商品也有行銷海外者，如福建地區在嘉靖、萬曆時，「凡福之紬絲，漳之紗絹，泉之藍，福延之鐵，福漳之橘，福興之荔枝，泉漳之糖，順昌之紙，無日不走分水嶺之蒲城小關，下吳越如流水。其航大海而去者，尤不可計」〔註88〕。

　　此時的城市發展也有與以往截然不同的成就。一般而言，明清時期的城市發展特徵有二；一是大城市已停止擴增，其次是商業市鎮的數目大增；亦即，此時大城市的發展未能持續宋代以來的擴增而有突破，反而是大量商業市鎮的蓬勃興盛；此實因南宋以後人口快速大量增加，人地比例惡化，使農業生產量與糧食生產量雖有增加，卻追不上人口增加的速度，致無足夠的糧食供應大城市的進一步發展〔註89〕。這些商業市鎮的發展，根據明清時期市鎮記載較完整的幾個縣份資料所列成之表，可以清楚看出其增長演變狀況〔註90〕。（表1-1）由表中可知明清時期的市鎮數量自嘉靖以後開始增長，清初因政權交替的動亂而有衰退，然康熙起又再度恢復，至乾隆時達到頂點。

〔註87〕引自傅衣凌，《明代江南市民經濟試探》（上海：上海人民出版社，1963.2，2次印刷），頁15～16。

〔註88〕〔明〕王世懋，《閩部疏》，收入新興書局編，《筆記小說大觀》（臺北：新興書局，1974.7），4編6冊，頁4062。

〔註89〕趙岡、陳鍾毅，《中國經濟制度史論》（臺北：聯經出版事業公司，1992.10，3次印刷），頁407；趙岡，《中國城市發展史論集》（臺北：聯經出版事業公司，1995.5），頁20～25、162～165。

〔註90〕此表引自巫仁恕，〈明清城市民變研究——傳統中國城市群眾集體行動之分析〉（臺北：國立臺灣大學歷史學研究所博士論文，1996.6），頁27，表1～1。

表 1-1　明清市鎮數量的增長示例

省分	城市	成化	弘治	正德	嘉靖	隆慶	萬曆	崇禎	順治	康熙	雍正	乾隆	嘉慶	道光	資料來源
江蘇	蘇州府吳江縣		7	7	14					17	23			16	劉石吉,《明清時代江南市鎮研究》（北京：中國社會科學出版社,1987.6）,頁142。
浙江	杭州府海寧縣	4			7		7	7	7			20/18			同上書,頁146。
江西	撫州府宜黃縣			20	21					10	13			27	王根權,〈明清時期一個典型農村地區墟鎮〉,《江西大學學報》1992:2,頁88。
湖南	岳州府華容縣				6	12	13					17	12		巫仁恕,〈明清湖南市鎮的經濟發展與社會變遷〉,表2-2。
湖南	長沙府瀏陽縣					4	9	5		9		37	30		同上
廣東	廣州府新會縣				16		37			44	45			69	葉顯恩、譚隸華,〈明清珠江三角洲農業商業化與墟市的發展〉,《廣東社會科學》1984:2,頁88～89。
廣東	惠州府博羅縣				7			25		20	24	31			同上；李華,〈廣東墟市研究〉,《平準月刊》第四輯（北京,1989：2）,表1,5。

　　經濟的成長與發展代表著收入的增加,此不僅使人們衣、食、住、行等物質方面的生活內容可多樣化且提高水準,也有足夠的條件發展民間精神方面的休閒活動,且消費如書籍般的文化商品；同時,繁榮興盛的經濟亦影響到社會的變遷與流動、教育的普及與文化事業的發達,以及文人心態的轉變。

二、社會的流動與變遷

　　明清時期經濟的繁榮帶動城市與鄉村的發展，不但促進城鄉交流，也加強城鄉關係。當時，城市的經濟需求使得鄉村的農業生產朝向栽種經濟作物方向發展，且普遍從事家庭手工業的生產活動；鄉村則提供城市一定的人口與勞動力，並供給充裕的糧食與生產原料。

　　特別是，城市的生活條件實較鄉村爲佳，因此吸引許多鄉村人口流向城市，從事各種可能的謀生工作；如湖廣竟陵東六十里的皂角市，乃明代後期擁有三千家人的市鎮，「其人土著十之一，自豫章徙者七之，自新都徙者二之。農十之二，賈十之八，儒百之一」〔註91〕。瓷器業的生產中心江西景德鎮，鎮上傭工甚多，其中，有不少來自鄰近地區；發展到清代中期以後，外來傭工幾乎壟斷了當地的窯戶〔註92〕。江南的許多城鎮也是「四方之人多流寓於此」，其中不僅有手工業者、商人，「亦多亡命逃法之奸，託之醫卜群術以求容焉」的三教九流之人〔註93〕。何良俊（？-1572）也指出江南的情況是：

> 昔日鄉官家人亦不甚多，今去農而爲鄉官家人者，已十倍於前矣。昔日官府之人有限，今去農而蠶食於官府者，五倍於前矣。昔日逐末之人尚少，今去農而改業爲工商者，三倍於前矣。昔日原無遊手之人，今去農而遊手趁食者，又十之二三矣。大抵以十分百姓言之，已六七分去農〔註94〕。

顧炎武（1613～1682）亦云：「紹興、金華二郡，人多壯遊在外，如山陰、會稽、餘姚，生齒繁多，本處室廬田土半不足供，其儇巧敏捷者，入都爲胥辦，自九鄉至開曹細局，無非越人，次者興販爲商賈」〔註95〕。可見鄉村人口流入城市，除少數以務農爲生外，多須適應並配合城市生活的需要從事工商技藝、官府衙役乃至鄉官奴僕等工作；倘若力未能逮或適應不良者，只得流爲醫卜相士之類，甚或挺而走險成

〔註91〕　〔明〕李維楨，《大泌山房集》，卷87〈劉處士墓誌銘〉，見四庫全書存目叢書編纂委員會編，《四庫全書存目叢書》（臺南縣：莊嚴文化事業有限公司，1997.6，據北京師範大學圖書館藏明萬曆39年〔1611〕刻本），集部，152冊，頁537上。

〔註92〕　梁淼泰，《明清景德鎮城市經濟研究》（南昌：江西人民出版社，1991.12），頁76。

〔註93〕　〔明〕黃省曾，《吳風錄》，收入新興書局編，《筆記小說大觀》（臺北：新興書局，1975.2），6編5冊，頁2877。

〔註94〕　〔明〕何良俊，《四友齋叢說》，卷13，收入新興書局編，《筆記小說大觀》（臺北：新興書局，1977.1），15編7冊，頁4342。

〔註95〕　〔明〕顧炎武，《肇域志》（明藍欄鈔本），9冊，〈浙江〉，頁82下。〔明〕王士性，《廣志繹》，卷4，亦提及紹興，金華二郡之人，其儇巧敏捷者「入都爲胥辦」，次者只好「興販爲商賈」：收入新文豐出版股份有限公司編輯部編，《叢書集成續編》（臺北：新文豐出版股份有限公司，1989.7），226冊，史地類，頁809下。

亡命之徒〔註96〕。

同時，經濟的蓬勃興盛亦促成社會風氣發生變化。明清時期的社會風氣漸由淳樸走向奢靡，此情況就地區而言，最早發生在經濟最爲發達的蘇州府、松江府爲中心的江南地區；其次是江南地區的外圍地區及南直徽州府和閩、廣沿海地區；最後則是前述兩區以外的南方和北方。就時間而言，蘇州府、松江府早在十五世紀中葉的天順年間已入漸變狀態，至十六世紀的嘉靖初年更達顯變狀態；而其它地區的變化大致較蘇州府、松江府晚六、七十年左右；然至明萬曆年間全國各地，不分南北，均普遍發生此種變化〔註97〕。至明清之際，因戰爭頻仍及天災影響，奢靡之風漸衰，但是清雍正以後，此一風氣再度興盛。這種奢靡之風的發展途徑，起初由城市傳播到城市周圍的關廂，再由關廂影響到市鎮，最後則遍染整個鄉間社會；最早由城市中衣冠之家影響到城市一般市民，再波及城郊農民〔註98〕。

社會奢靡風氣的表徵甚多，相關的研究成果已有多位學者指出〔註99〕。大致而言，最足以顯現此時社會風氣奢靡者，即是人們在服飾、飲食、居室、車輿，以及各式器用方面追求華麗美觀；尤其是服飾方面，從最初的標榜身分、炫耀財富的「僭禮逾制」行爲，逐漸演變成追求「時興新樣」的流行之風〔註100〕。

同時，隨著人們在日常生活中衣、食、住、行的踰越禮制，社會秩序也無法維持舊有的穩定性，傳統的尊卑、良賤、長幼、上下、主僕、紳民等社會關係產生顛倒現象〔註101〕。如時人所云：過去是「卑幼遇尊重，道傍拱讓先履。今冠人財主，駕車乘馬，揚揚過閭里，芻牧小奚，見仕宦輒指呼姓名無忌憚，貴賤皆越矣」〔註102〕。

〔註96〕如江西人外出，主要從事堪輿、星相、醫卜等工作；見〔明〕王士性，《廣志繹》，卷4，頁815上。
〔註97〕牛建強，《明代中後期社會變遷研究》，頁12～13；陳學文，〈明代中葉以來棄農棄儒從商風氣和重商思潮的出現〉，《九州學刊》，3／4（1990.9），頁55。
〔註98〕牛建強，《明代中後期社會變遷研究》，頁79；巫仁恕，〈明清城市民變研究——傳統中國城市群眾集體行動之分析〉，頁31～32。
〔註99〕相關的研究成果可參考林麗月及巫仁恕兩文中所列出者：林麗月，〈衣裳與風教——晚明的服飾風尚與「服妖」議論〉，《新史學》，10／3（1999.9），頁113～114，註6；巫仁恕，〈明代平民服飾的流行風尚與士大夫的反應〉，《新史學》，10／3（1999.9），頁65～66，註30。
〔註100〕林麗月，〈衣裳與風教——晚明的服飾風尚與「服妖」議論〉，頁113；巫仁恕，〈明代平民服飾的流行風尚與士大夫的反應〉，頁65～66。
〔註101〕森正夫，〈明末の社會關係における秩序の變動について〉，收入名古屋大學文學部編，《名古屋大學文學部三十周年紀念論文》（1979.3），頁135～159；〈明末における秩序變動再考〉，《中國——社會と文化》，10（1995.6），頁3～27。
〔註102〕〔明〕何喬遠，《名山藏》，〈貨殖記〉，見續修四庫全書編纂委員會編，《續修四庫全書》（上海：上海古籍出版社，據明崇禎刻本影印），史部，雜史類，427冊，頁561。

　　影響所及，善良風俗亦受波及。晚明以來騙欺之風甚盛，如謝肇淛（1567～1624）即曾言：「（蘇州）市井小人，百虛一實，舞文狙詐，不事本業。蓋視四方之人，皆以為椎魯可笑」〔註103〕。萬曆初年的文學家屠隆（1542～1605）亦形容當時的風氣是：

　　　　駭世路，羊腸太行。論人心，羅刹瞿塘，委實難防。狠戈矛，從容笑裏藏。
　　　　毒羽箭，一霎間中放。黑漆漆，裝下了陷人坑。響瑲瑲，直說出瞞天慌〔註104〕。

於是詐偽四起，紛爭頻仍，訴訟之事屢見不鮮。嘉靖《邵武府志》載曰：

　　　　正德以前，民皆畏官府。追呼依期而集，無事筆楚。城中民或不識府縣門，
　　　　村民有老死不識城市者，訟絕無而僅有，稱為民淳事簡焉。今逋負爭訟，至
　　　　習慣不畏官府矣。蓋撫之非道也，抑亦世變之趨與〔註105〕。

沈德符（1578～1642）在萬曆年間亦云：

　　　　吳俗最囂，無命輒以人命入狀，究之毫無影響。吏茲土著亦視為尋常故套，漫
　　　　然準其行，亦漫然聽其罷。然而溫飽善良罹其毒者，必至破家而後已〔註106〕。

明代松江府上海縣人朱察卿（1524～1572）也說：「今市廛之徒，言訟者十家而九，田畝之夫，言訟者十家而八」〔註107〕。而研究明清時代訟師及訴訟制度的日本學者夫馬進亦指出，以往認為明清時代基本上是農業社會，一般民眾多不以訴訟方式解決爭端，或是當有糾紛發生時，村落、宗族等組織會在付諸審判前，先作內部協調解決的觀念是值得商榷的；因其根據當時地方官府的判案資料數量，論斷當時民間社會是頗為「好訟」、「健訟」的〔註108〕。

　　上述種種，不論是城鄉交流造成的人口遷移，或是新社會風氣及新價值觀念帶

〔註103〕　〔明〕謝肇淛，《五雜俎》，卷3〈地部1〉，收入新興書局編，《筆記小說大觀》（臺北：新興書局，1975.9），8編6冊，頁3352～3353。

〔註104〕　〔明〕屠隆，《娑羅館逸稿》，卷1〈大江東〉，收入新文豐出版股份公司編輯部編，《叢書集成新編》（臺北：新文豐出版股份公司，1985.1），71冊，文學類，頁507。

〔註105〕　〔明〕邢址、陳讓纂修，《邵武府志》，卷2〈地理〉，「風俗」，見四庫全書存目叢書編輯委員會編，《四庫全書存目叢書》（臺南縣：莊嚴文化事業有限公司，1996.8，據天一閣藏明代方志選刊影印明嘉靖刻本），史部，191冊，頁573上～下。

〔註106〕　〔明〕沈德符，《萬曆野獲編》（北京：文化藝術出版社，1998.6），卷22，「縣令處分人命」，頁616。

〔註107〕　〔明〕朱察卿，《朱邦憲集》，卷14〈與潘御史〉，見四庫全書存目叢書編輯委員會編，《四庫全書存目叢書》（臺南縣：莊嚴文化事業有限公司，1997.6，據北京大學圖書館藏明萬曆6年〔1578〕朱家法刻增修本），集部，145冊，頁735下。

〔註108〕　夫馬進，〈明清時代的訟師與訴訟制度〉，收入〔日〕滋賀秀三等著，王亞新、梁治平等譯，《明清時期的民事審判與民間契約》（北京：法律出版社，1998.10），頁391～395。

來的社會生活之變化，居於城市或鄉村的人們均面臨新生活環境的變動而需要有新的學習與生活指引，於是各式民間日用類書即應實際生活需求而產生。

同時，隨著經濟繁榮發展，平民物質條件提升，其地位亦大幅抬高，人們不再只注意到王公卿相、文人雅士等上層社會的需求，亦開始顧及平民的需要。如宋代以來為滿足民間精神生活的充實而發展出的俗文學即為一例〔註109〕。如今傳統僅為上層社會所有，作為王公大臣治事參考或文人雅士行文便用之類書，亦因顧及平民的實際需要而發展出民間生活參考或指引用的民間日用類書。

三、教育的普及與文化事業的發達

中國教育的普及自宋代已顯現，當時因政府主要以科舉方式甄選官員，再配合經濟發展、印刷術普及等條件，使多人努力供其子嗣接受教育求得發展，致教育頗為普遍〔註110〕。

明代開國後，統治階級基於政府官僚機構的需要，並籠絡文人，移風易俗，便於治理等目的，遂大興學校，倡導教育。如《明史》載曰：

> 洪武二年，太祖初建國學，諭中書省臣曰：學校之教，至元其弊極矣。上下之間，波頹風靡，學校雖設，名存實亡。兵變以來，人習戰爭，惟知干戈，莫識俎豆。朕惟治國以教化為先，教化以學校為本。京師雖有太學，而天下學校未興，宜令郡縣皆立學校，延儒師授生徒講論聖道，使人日漸月化，以復先王之教。

於是，自中央至地方莫不設學；其後，隨著經濟的繁榮發展，教育更為普遍，幾至「無地而不設之學，無人而不納之教。庠聲序音，重規疊矩，無間於下邑荒徼山陬海涯。此明代學校之盛，唐宋以來，所不及也」〔註111〕。

由於教育普及，民眾識字率亦大幅提昇。據學者研究，南宋時期徽州地方的識字程度已令人注目〔註112〕。明代中葉以後，下層社會中的文化人應不在少數，因時

〔註109〕吳璧雍，〈從民俗趣味到文人意識的參與——小説（一）〉，收入劉岱總主編，蔡英俊編，《中國文化新論（文學篇二）》（臺北：聯經出版事業公司，1987.2，5次印行），頁422～424；〔法〕謝和耐著，耿昇譯，《中國社會史》（南京：江蘇人民出版社，1995.9），頁288～290。

〔註110〕劉祥光，〈中國近世地方教育的發展——徽州文人、塾師與初級教育〉，《中央研究院近代史研究所集刊》，28（1997.12），頁7。

〔註111〕國防研究院明史編纂委員會編訂，《明史》（臺北：國防研究院，1962.9），卷69，志45，選舉，學校，頁719。

〔註112〕劉祥光，〈中國近世地方教育的發展——徽州文人、塾師與初級教育〉，頁11、39。

人張岱（1597～1684）曾言及江浙一帶「後生小子無不讀書，及至二十無成，然後習爲手藝」，既能讀書至二十歲，雖因無成而須習手藝爲生，然亦具有相當程度之識字能力。且張岱亦提及其與蘇杭夜航船中「村夫俗子」們的接觸經驗是：「天下學問，惟夜航船中最難對付。蓋村夫俗子，其學問皆預先備辦，如瀛洲十八學士、雲臺二十八將之類，稍差其姓名，輒掩口笑之」〔註113〕。可見，一般民眾的識字水準並不低，凡夫俗子並非全然是目不識丁的文盲或愚夫愚婦。而清代識字率更非以往所稱的只有 1％或 2％，事實上，若以認識字數在數百至二千之間爲原則的功能水平（functional level）標準而言，則清代男性至少有 30%至 45%的識字率，女性則有 2%至 10%的識字率；當然，城市內的識字率應高於此一平均值，且城市人民的識字程度亦較鄉村民眾普遍許多〔註114〕。

文化事業亦因教育普及、經濟發展以及政府種種政策的配合而蓬勃興盛〔註115〕。唐代自民間發展出來的雕版印刷術〔註116〕，至宋代更形普遍，且進一步開創出膠泥活字印刷〔註117〕；而明代則在前人基礎上發明銅錫活字印刷，乃至兩色、三色，甚至四色的彩色套版印刷技術，這些技術的革新，至晚明達到高峰〔註118〕。影

〔註113〕〔清〕張岱，《夜航船》，序，見續修四庫全書編纂委員會編，《續修四庫全書》，頁469；商傳，〈明代文化的層間互動〉，《明史研究》，5（1997.5），頁157～158。

〔註114〕Evelyn Sakakida Rawski , *Education and Popular Literacy in Ch'ing China* , pp. 10～17、140。此書釐清了以往學者所說的中國只有 1%或 2%的識字率，見 Richard H. Solomon , Mao's *Revolution and the Chinese Political Culture*（Berkeley：University of California Press , 1971），引自呂仁偉，〈評介羅著「清代中國的教育與大眾識字」〉，《食貨》，10／4（1980.7），頁43。

〔註115〕如明初政府免除書籍稅，推行出版免稅制度，鼓勵官私雕刊書籍等措施，均有利於圖書出版事業；參見張璉，〈明代專制文化政策下的圖書出版情形〉，《漢學研究》，10／2（1992.12），頁361；蕭東發，《中國圖書》（北京：新華出版社，1993.12），頁126；方彥壽，〈建陽劉氏刻書考（上）〉，《文獻》，1988／2（1988.4），頁208；尹韻公，《中國明代新聞傳播史》（重慶：重慶出版社，1990.8），頁253～254。

〔註116〕雕版印刷究竟始於何時，以往爭論甚多，然學者從社會需求、物質基礎及技術條件三方面衡量，認爲唐代以前雕版印刷術不可能產生；見曹之，《中國印刷術的起源》（武昌：武漢大學出版社，1994.7），頁269；宿白，《唐宋時期的雕版印刷》（北京：文物出版社，1999.3），頁1～4。又根據現存唐代印刷品的文字標示均爲私坊所刻，可知雕版印刷始於民間，見蕭東發，〈中國古代的民間刻書業〉，收入上海新四軍歷史研究會印刷印鈔分會編，《歷代刻書概況》（北京：印刷工業出版社，1991.9），頁424。

〔註117〕項弋平，〈宋代杭州的刻書與畢昇的發明──活字印刷的地點〉，《文獻》，18（1983.12），頁230～232；張秀民、韓琦，《中國活字印刷史》（北京：中國書籍出版社，1998.4），頁1～4。

〔註118〕張秀民，《中國印刷術》（上海：上海人民出版社，1990），頁339、547；來新夏，《中國古代圖書事業史》（上海：上海人民出版社，1990.4），頁291～296、358～360；

響所及，圖書刊印尤爲便利迅速；學者研究認爲，不論就印刷規模或印刷數量而言，明代可說是我國古代印刷技術和印刷業發展到頂峰時期；也因此使得書籍的讀者由過去的士大夫階層擴大到了平民百姓身上〔註119〕。

宋代的圖書出版已分官刻、家刻及坊刻三種，其中，純盈利性質的坊刻書籍商品數量尤多。到明代中期以後，坊刻書籍數量已超越官刻及家刻本，躍居最重要地位〔註120〕。坊刻自唐代已出現，雕版印刷術最早即用於民間書局的印製書籍，且首先用來刊印民間普遍流通的曆書，以後及於陰陽、占夢、相宅等術數書，乃至字書、小學等童蒙書〔註121〕。宋元時代的坊刻除繼續以往的曆書、術數書及童蒙書的刊印外，還編印許多適應科舉考試需要的課本、參考書，以及民間生活用的醫書、農書〔註122〕。

明代的坊刻書籍，不論就種類或數量而言均達於極盛；當時坊刻書籍的種類主要分成三大類，即科舉應試之書、通俗文學之書，以及民間日用參考實用之書；其中，民間日用參考實用之書，如屬社會交往參考書的《往來翰墨分類》、《雅俗便用折梅箋》；屬陰陽術數學的《麻衣相法》、《雪心賦》、《古今玄相》、《通書類聚魁擇大全》；屬醫學治病用的《陳氏小兒痘疹方論》、《婦人良方》、《寶嬰全》、《藥性賦》；屬識字教育與初學入門的《天下難字》、《千家姓》、《初學繩尺》、《百家巧聯》；屬啓蒙普及讀物的《故事啓牘》、《藝林尋到源頭》、《小學日記故事》、《歷史覽要》、《全國地理歌訣概要》、《地理人子須知》；屬訴訟判案用或法律故事的《讀律瑣言》、《詳刑要覽》、《皇明諸司廉明奇判公案》；屬農技算學用的《農桑撮要》、《牛經》、《馬經》、《魯班經》、《明解算法》、《詳明算法》、《指明算法》；或是商業

尹韻公，《中國明代新聞傳播史》，頁 14～15。

〔註119〕 羅樹寶，《中國古代印刷史》（北京：印刷工業出版社，1993.3），頁 299～300。

〔註120〕 何谷理（Robert E. Hegel），〈章回小說發展中涉及到的經濟技術因素〉，《漢學研究》，6／1（1988.6），頁 192。

〔註121〕 曹之，《中國古籍版本學》（臺北：洪葉文化事業有限公司，1994.11），頁 215；蕭東發，《中國圖書》，頁 125；盧賢中，《古代刻書與古籍版本》，頁 6～7；操時杰、劉慧華，《中國古今書籍縱橫談》（北京：中國物資出版社，1995.4），頁 26；陳宏天，《古籍版本概要》（臺北：洪葉文化事業有限公司，1992.10），頁 34；許培基，〈蘇州的刻書與藏書〉，頁 211；袁逸，〈明代以前書籍交易及書價考〉，《明清史》，1993／1（1993.2），頁 40。嚴文郁，《中國書籍簡史》（臺北：臺灣商務印書館，1992.11），頁 143；陳力，《中國圖書史》（臺北：文津出版社，1996.4），頁 143；〔法〕謝和耐著，耿昇譯，《中國社會史》，頁 291。

〔註122〕 盧賢中，《古代刻書與古籍版本》，頁 26～29；張秀民，〈南宋（1127～1279 年）刻書地域考〉，《圖書館》，1961／3（1961.9），頁 56；曹之，《中國古籍版本學》，頁 249～251、278、281；蕭東發，《中國圖書》，頁 126；葉樹聲，〈明代南直隸江南地區私人刻書概述〉，《文獻》，1987／2（1987.4），頁 224。

用的《水陸路程寶貨辨疑》等〔註123〕。當時，這些日常生活應用類書籍主要是在福建建陽一帶的書坊印製，如以建陽余氏爲例，其在明代所刊印之上述各式生活應用類書籍，於今日可考者即達二十餘種〔註124〕。金陵、蘇州書坊雖亦有刊行類似書籍，但數量不及福建地區，其主要印製的是通俗文學類書籍〔註125〕。到了清代，此種醫、卜、星相、農技等日常應用之書仍持續刊印，只是製書重心已轉移至江蘇地區而非以往的福建一帶〔註126〕。

四、文人的世俗化

中國文人素來以超塵拔俗相尚，以混同市井爲羞，然宋元以來，隨著經濟發展，文人觀念漸趨世俗化；最足以反映此現象的特徵之一，即是對商人觀念的轉變。如南宋時的陸游（1125～1210），其家訓中有云「仕宦不可常，不仕則農，無可憾也，但切不可迫於衣食，爲市井小人事耳，戒之戒之」〔註127〕。然到袁采（1140～1190）時則言「如不能爲儒，則巫醫、僧道、農圃、商賈、伎術，凡可以養生而不至於辱先者，皆可爲也」〔註128〕。也有學者在論及宋代官吏的私營商業時，揭示促成唐宋間變化轉折的原因之一，即在人們對於商人觀念的轉變〔註129〕。

明代中葉以後，商品經濟的蓬勃發達，更使文人對於以往之輕商思想大不認

〔註123〕蕭東發，〈建陽余氏刻書考略（下）〉，頁237～238；張秀民，〈明代印書最多的建寧書坊〉，《文物》，1979／6（1979.6），頁77～78；曹之，《中國古籍版本學》，頁334～335；盧賢中，《古代刻書與古籍版本》，頁57～58；張秀民，〈明代的活字印刷〉，《史學史資料》，1980／1，頁34；蕭東發，〈中國古代的民間刻書業〉，頁476～477；張秀民、韓琦，《中國活字印刷史》，頁122；謝國楨，〈明清野史筆記概述〉，《史學史資料》，1980／5，頁7。

〔註124〕詳細書目參見蕭東發，〈建陽余氏刻書考略（中）〉，《文獻》，22（1984.12），頁200～211。

〔註125〕張秀民，〈明代南京的印書〉，《文物》，1980／11（1980.11），頁82；曹之，《中國古籍版本學》，頁336；盧賢中，《古代刻書與古籍版本》，頁55～56、61；葉樹聲，〈明代南直隸江南地區私人刻書概述〉，頁216。

〔註126〕蕭東發，《中國圖書》，頁127～128；盧賢中，《古代刻書與古籍版本》，頁97～99；王綱，〈清代四川的印書業〉，《中國社會經濟史研究》，1991／4（1991.11），頁66。

〔註127〕〔宋〕陸游，《放翁家訓（及其他三種）》（臺北：臺灣商務印書館，1965.12，臺1版），頁7。

〔註128〕〔宋〕袁采，《袁氏世範》（天津：天津古籍出版社，1995.12），頁105，「子弟當習儒業」。

〔註129〕全漢昇，〈宋代官吏的私營商業〉，收入《中國經濟史研究》（臺北：稻香出版社，1991.1），上冊，頁401～402；宋晞，〈宋代士大夫對商人的態度〉，收入中國文化研究所編，《宋史研究論叢》，1（臺北：華岡出版有限公司，1979.7，再版），頁2～3。

同，反將商業與其它各行均視爲本業。如龐尙鵬言：「民家常業，不出農商」〔註130〕。張又渠說：「男子要以治生爲急，於農工商賈之間，務執一業」〔註131〕；反映當時社會生活的小說《二刻拍案驚奇》也表明出「經商亦是善業，不是賤流」的普遍觀念〔註132〕。而萬曆年間任湖廣按察僉事的馮應京（1555～1606），更直接倡言：「阜財通商，所以稅國餉以利民用；行商坐賈，治生之道最重也」〔註133〕。

影響所及，文人之家從商者益眾。歸有光（1506～1571）即言：「古者四民異業，至於後世，而士與農商常相混，……雖士大夫之家，皆以商賈游於四方」〔註134〕。而徽州一般人的觀念是「以商賈爲第一等生業，科第反在次著」〔註135〕；又「古者右儒而左賈，吾郡或右賈而左儒，蓋詘者力不足於賈去而爲儒，贏者才不足於儒反而歸賈」〔註136〕，致儒商身份不分，商儒階層混淆難辨。

清人沈垚在通覽宋元明以來的商業發展及社會觀念變遷情況而論道：

古者四民分，後世四民不分。古者士之子恒爲士，後世商之子方能爲士，此宋元明以來變遷之大較也。天下之士多出于商，……天下之勢偏重在商，凡豪傑有智略之人多出焉。其業則商賈也，其人則豪傑也，爲豪傑則洞悉天下之物情，故能爲人所不爲，不忍人所忍，是故爲士者轉益織嗇，爲商者轉敦古誼。此又世道風俗之大較也〔註137〕。

此實宋元以來商品經濟發展，至明代後期達到頂盛，清代仍持續發展下的必然結果。

〔註130〕〔明〕龐尙鵬，《龐氏家訓》，《嶺南叢書》，收入新文豐出版股份公司編輯部編，《叢書集成新編》（臺北：新文豐出版股份公司，1985.1），33 冊，社會科學類，頁 193。

〔註131〕〔清〕張伯行輯，夏錫疇錄，《課子隨筆鈔》（臺北：廣文書局，1975.4），卷2，頁82。

〔註132〕〔明〕凌濛初，《二刻拍案驚奇》（臺北：世界書局，1958.12），頁 609，卷 29，「贈芝麻識破假形，擷草藥巧諧眞偶」。

〔註133〕〔明〕馮應京，《月令廣義》，卷 2〈授時〉，「商賈」，見四庫全書存目叢書編輯委員會編，《四庫全書存目叢書》（臺南縣：莊嚴文化事業有限公司，1996.8，據清華大學圖書館藏明萬曆陳邦泰刻本），史部，164 冊，頁 596 下。

〔註134〕〔明〕歸有光，《震川先生集》，卷 13〈白菴程翁八十壽序〉，收入楊家駱主編，《中國學術名著》（臺北：世界書局，1960.11），13 冊，頁 169。

〔註135〕〔明〕凌濛初，《二刻拍案驚奇》，頁 720，卷 37，「疊迭居奇程客得助，三救厄海神顯靈」。

〔註136〕〔明〕汪道昆，《太函集》，卷 54〈明故處士谿陽吳長公墓誌銘〉，見四庫全書存目叢書編輯委員會編，《四庫全書存目叢書》（臺南縣：莊嚴文化事業有限公司，1997.6，據北京大學圖書館藏明萬曆刻本），集部，118 冊，頁 650 上。

〔註137〕〔清〕沈垚，《落帆樓文集》，卷 24〈費席山先生七十雙壽序〉，收入新文豐出版股份公司編輯部編，《叢書集成續編》（臺北：新文豐出版股份公司，1989.7），195 冊，文學類，頁 346。

因而也有學者指出：明清時期社會結構變動的一大特色就是「士商相混」〔註138〕。

此外，宋代以來科舉考試競爭激烈，落第士子甚多，文人們在仕途不順下，須以他法維生，而學校教習、私人家教外，往往委身書肆投入通俗作品的創作、編著〔註139〕，或刊印工作。如前述《事林廣記》作者陳元靚的出身，即被認為係科場失意絕意仕進，而投入編寫工作之文人，其著作除《事林廣記》外，還有《歲時廣記》及《博聞錄》三編，這些書的共同點即均為取便流俗通用而編撰的〔註140〕。元代話本、戲曲、雜劇的繁榮發展亦與大批底層文人的參與及投入關係密切〔註141〕。又據學者研究顯示，明初的傳奇話本作品多出自民間藝人之手而為無名氏之作，從明中期開始進入文人參與傳奇話本創作的時代，而到明代晚期，即萬曆以後，更達到文人投身於傳奇話本創作的「黃金時期」〔註142〕。此外，明代萬曆年間，福建建陽的坊刻大家余象斗，年輕時曾往功名方向努力，因屢試不中，於萬曆19年（1591）棄學經商，專心刻書事業，時年已三十有餘〔註143〕。另一建陽書坊家族劉氏，最初亦致力功名舉業，後因仕途不順才轉以刻書為業〔註144〕。而清乾嘉時期的徽州著名坊刻書家鮑廷博，也是年輕時科舉失意，遂絕意仕進，專心致力於刻書事業的代表〔註145〕。

同時，晚明政治的黑暗腐敗，亦使不少文人厭棄污濁官場，致力通俗文學的創作，庶民文化的推動，以鞭撻社會亂象，寄托個人懷抱；如當時在民間社會頗受庶民大眾歡迎，並得書坊看重的馮夢龍（1570～？）即為一例，然其在官場及文壇上未曾有顯著聲譽〔註146〕。

由於上述種種因素促成文人的世俗化，使其生活面向趨近庶民大眾，並願投入民間通俗作品的創作、編製與刊印，以滿足庶民大眾的需求；而書商亦願與文人合作，

〔註138〕譚廷斌，〈明清「士商相混」現象探析〉，《明清史》，1990／5，頁10。又相關研究另見黃瑞卿，〈明代中後期士人棄學經商之風初探〉，《中國社會經濟史研究》，1990／2（1990.5），頁33～39、46。

〔註139〕〔法〕謝和耐著，耿昇譯，《中國社會史》，頁442；柯格睿（E. A. Kracke, Jr）著，陶晉生譯，〈宋代社會：在傳統之內的變遷〉，收入John Winthrop Heager等著，陶晉生等譯，《宋史論文選集》（臺北：國立編譯館，1995.5），頁7；任爽岳主編，《中國社會通史（宋元卷）》（太原：山西教育出版社，1996.12），頁184～185。

〔註140〕胡道靜，〈元至順刊本《事林廣記》解題〉，頁237。

〔註141〕金諍，《科舉制度與中國文化》（上海：上海人民出版社，1991.9），頁167～169。

〔註142〕商傳，〈明代文化的層間互動〉，頁160。

〔註143〕蕭東發，〈建陽余氏刻書考略（中）〉，頁214。

〔註144〕方彥壽，〈建陽劉氏刻書考（上）〉，頁208～209。

〔註145〕翟屯建，〈明清時期徽州刻書簡述〉，《文獻》，1988／4（1988.10），頁248～249。

〔註146〕容肇祖，〈明馮夢龍的生平及其著述〉，《嶺南學報》，2／2（1931.7），頁90；夏咸淳，《晚明士風與文學》（北京：中國社會科學出版社，1994.7），頁281～282。

彼此互惠，學者形容當時書商與文人的結合是達「如魚得水，各得其所」之境〔註147〕。

綜觀明清時期民間日用類書得以蓬勃發展的原因，實乃市場需求及供應配合下之必然結果。由於商品經濟的蓬勃發展，造成人們日常生活內容的多樣化，也促成城鄉人口的流動，並帶動社會風氣的變遷，爲適應新的生活環境、學習生活中的新事物，人們需要有實際的生活指引或參考資料如民間日用類書般的書籍；而經濟的發展亦促成平民地位的提昇，平民的實際生活需要受到重視並因此引發商機，令商人欲供給滿足。在如此廣大的市場需求下，蓬勃興盛的文化事業提供足夠的物質技術條件以生產書籍，且文人的世俗化亦使其願投身大眾書籍的創作、編著或出版工作，致民間日用類書的產生不虞匱乏；事實上，專科性民間生活日用書籍早於唐朝出現，後來再逐漸匯合成綜合性民間日用類書。此外，在充分供給書籍的客觀狀況下，還須配合平民有能力去享用的主觀條件；而經濟發達，使人們的收入增加，有一定的物質條件購買如民間日用類書般的文化商品；再加上教育普及，識字率提高，亦使平民有足夠的能力閱讀書籍。當然，城市人民基於主、客觀條件的優越性，是較能直接閱讀而普遍地利用此類書籍；然鄉村民眾若無法直接採用，亦可透過地方識字者或塾師的引介說明，以爲生活參考之用〔註148〕。有學者即指稱，這些在傳統中國社會較偏遠地區從事此種文化服務的讀書人爲「服務舊傳統的殘存者」〔註149〕。

值得注意的是，上述種種不論是經濟的繁榮與影響、社會的流動與變遷、教育的普及與文化事業的發達，乃至文人心態的轉變等因素作用，均在宋代即已開始，至明代後期達到鼎盛，再發展至清代。故以生活內容爲主的日用類書在宋代即已出現，主要爲士人使用；此後，隨著經濟的蓬勃發展，主、客觀條件的日益成熟，終於在明代後期產生出大量適於四民使用的民間日用類書，並持續發展到清代，乃至民國以後。

〔註147〕 袁逸，〈明後期我國私人刻書業資本主義因素的活躍與表現〉，《浙江學刊》，1989／3（1989.5），頁126。
〔註148〕 如香港新界大埔海下村老儒翁仕朝即於清末民初時在鄉間扮演中介者角色，其藏書中即有各式專科性及綜合性的民間日用類書；參見王爾敏、吳倫霓霞，〈儒學世俗化及其對於民間風教之浸濡〉，收入《明清社會文化生態》，頁47～52。
〔註149〕 James Hayes , "Specialists and Written Materials in the Village World ", p.76.

第二章　明清時期《萬寶全書》的演變

第一節　《萬寶全書》的版本發展

目前所知，《萬寶全書》之名最早可能出現於元代〔註1〕，然此一名稱在當時並未成為綜合性民間日用類書的代名詞，且明代前期未再見同一名稱、性質或排印方式相同之書籍，直到明代後期的萬曆年間才有相同性質與排印方式的書籍《萬書萃寶》之出現，以後持續有不同版本刊行〔註2〕。（參見附錄）

根據所能蒐集到的明清時期各版綜合性民間日用類書資料，可分析如下：

一、就書名而言

民間日用類書在明代萬曆年間出現後，其書名並不固定，變化甚多，如《萬書萃寶》、《五車拔錦》、《博覽不求人》、《三台萬用正宗》、《文林聚寶萬卷星羅》、《萬象全編不求人》、《諸書博覽》、《學海群玉》、《萬用正宗分類學府全編》、《萬書淵海》、《萬寶全書》、《便覽全書》、《萬錦全書》、《博覽全書》、《萬事不求人博考全編》、《萬珠聚囊不求人》、《一事不求人》、《搜奇全書》、《全書備考》、《積玉全書》、《龍頭一覽學海不求人》、《萬書萃錦》等，名稱雖多，然觀其稱呼有一共同點，即均以"萬"、

〔註1〕〔元〕許衡編，〔清〕黃朗軒續纂，《繪圖增補萬寶全書》（新竹：竹林印書局，1965.3）：此一版本最早可能為元代編成，清代經人續纂，民國時亦有增補，惟全書僅存5卷，分別為天文、地輿、人紀、外夷及文翰門；現藏於國家圖書館。

〔註2〕在《萬書萃寶》前似有另一綜合性民間日用類書版本的出現，即龍陽子輯，萬曆13年（1585）刊本的《萬用正宗》，然此版本未見原書，僅見之於目錄，見彰考館文庫編，《彰考館圖書目錄》（東京：八潮書店，1977.11，增補影印），頁1192。

"全"、"博"、"群"、"寶"等字表示此書內容甚爲豐富，故家中一旦備有此書即萬事不求人，遇任何事一查書便可迎刃而解，實家中至寶；而書中之序文亦明白顯示這種書籍之此一主旨，如《五車拔錦》言其內容乃：

> 天文地理，人紀國法，文修武備，與夫冠婚喪祭之儀，陰陽術數之學，悉皆分門定類，若網在綱，誠天下四民利用便觀，百家眾技淂正印已。……今而後，寓中君子日用間則不必堆案，五車玄覽記載，一展卷之下，若揭錦囊而探物已〔註3〕。

《三台萬用正宗》云其書，「凡人世所有日用所需，靡不搜羅而包括之，誠簡而備，精而當，可法而可傳也，故名之曰萬用正宗」〔註4〕；《文林玅錦萬寶全書》亦稱其書，「凡陰陽星數之奧，物理人事之機，交際之柬儀，壺閫之教戒，但有益於民生便用者，皆兼收而並採之」〔註5〕；《文林聚寶萬卷星羅》則言其書名，「乃星羅之編，採萬家之要，擷萬氏之英，萃爲一書，誠文林之至寶也」〔註6〕；而《學海群玉》之名源於此書，將「可貴可重之物類聚一處，若群玉滿案儘手可取者矣〔註7〕！」然至清代此種民間日用類書書名已固定，統一稱爲《萬寶全書》，蓋此名實可確切表現出這類書籍之上述特點。

明代此種民間日用類書不僅各版本書名不一，且同一書之各卷刊頭所印書名亦不同，如萬曆42年序刊本《萬寶全書》各卷刊頭書名變化如下：

卷一、五至七、十二、十三、十七、十九至廿一、廿三稱《新刻搜羅五車合併萬寶全書》

〔註3〕《五車拔錦》，萬曆25年序刊本，序；此部民間日用類書已出版，收入坂出祥伸、小川陽一編，《中國日用類書集成1、2——五車拔錦》（東京：汲古書院，1999.6、9）。

〔註4〕《三台萬用正宗》，萬曆27年刊本，引；此部民間日用類書已出版，收入坂出祥伸、小川陽一編，《中國日用類書集成3、4、5——三台萬用正宗》（東京：汲古書院，2000.7、9、11）。

〔註5〕《文林玅錦萬寶全書》，萬曆40年刊本，序。

〔註6〕《文林聚寶萬卷星羅》，萬曆28年序刊本，序；此部民間日用類書已出版，見〔明〕徐會瀛序，《新鍥燕臺校正天下通行文林聚寶萬卷星羅》（北京：書目文獻出版社，1998）。

〔註7〕《學海群玉》，萬曆35年序刊本，序。其它相關資料參見《便覽全書》，萬曆41年序刊本，序；《萬寶全書》，萬曆42年序刊本，序；此部民間日用類書已出版，收入坂出祥伸，小川陽一編，《中國日用類書集成8、9——五車萬寶全書》（東京：汲古書院，2001.6、11）；《萬寶全書》，崇禎元年刊本，序；《萬寶全書》，崇禎9年刊本，序；《全書備考》，崇禎14年序刊本，序；《萬寶全書》，崇禎年間刊本，封面內頁、敘；《積玉全書》，崇禎年間刊本，封面內頁；《萬寶全書》，康熙年間刊本，序；《萬寶全書》，乾隆11年刊本，序。

　　卷三、九至十一、十四、十五稱《新刻搜羅萬卷合併萬錦不求人》

　　卷四稱《鼎鍥龍頭一覽學海不求人》

　　卷八稱《龍頭一覽萬寶全書》

　　卷十六稱《萬海叢珠學萬寶全書》

　　卷十八稱《萬海叢珠學海全書》

　　卷廿四、廿七至卅二稱《新刊搜羅五車鄴架新裁萬寶全書》

　　卷廿五、廿六稱《新刻搜羅五車鄴架新裁萬寶全書》

　　卷卅三稱《新刻採輯天下通用便民養命全書》

　　卷卅四稱《新刊採輯四民便用》

崇禎元年刊本《萬寶全書》各卷刊頭書名亦不相同：

　　卷一至七、十、十一、十六稱《新刻艾先生天祿閣彙編採精便覽萬寶全書》

　　卷八、十二稱《新刻艾先生天祿閣精採便覽萬寶全書》

　　卷九稱《新刻眉公陳先生編輯諸書備林萬卷搜奇全書》

　　卷十三、十五稱《新刻天如張先生精選石渠萬寶全書》

　　卷十四、十七、十八、廿一、廿四、廿八、卅一、卅三至卅六稱《新刻眉公陳先生編纂諸書備採萬卷搜奇全書》

　　卷十九稱《新刻眉公陳先生編輯諸書備採萬卷搜奇全書》

　　卷廿、廿二、廿五、廿七、卅稱《新刻四民日用備覽萬花谷類編》

　　卷廿三、卅七稱《新刻陳先生編輯諸書備採萬卷搜奇全書》

　　卷廿六稱《新刻眉公陳先生編輯諸書備採萬卷搜奇全書》

　　卷廿九稱《新刻四民日用備覽萬禮谷類編》

　　卷卅二稱《新刻眉公陳先生編輯諸書採備萬卷搜奇全書》

而《萬用正宗分類學府全編》各卷刊頭名稱也不統一，其變化如下：

　　書目錄部分稱《鼎鐫崇文閣彙纂四民捷用分類萬用正宗》

　　卷一、三、四稱《鼎鐫崇文閣彙纂士民萬用正宗不求人全編》

　　卷二稱《鼎鐫崇文閣彙纂士民捷用分類萬用正宗》

　　卷五、十五、十七、卅五稱《鼎鐫崇文閣彙纂四民捷用分類學府全編》

　　卷六至十四、卷十八至卅四稱《鼎鐫崇文閣彙纂士民捷用分類學府全編》〔註8〕

〔註8〕除上舉諸例外，《文林聚寶萬卷星羅》，萬曆28年序刊本、《學海群玉》，萬曆35年
　　　序刊本、崇禎年間刊本的《萬寶全書》亦均有此種情形：可參見小川陽一，《日用類
　　　書による明清小說の研究》，頁32～33；酒井忠夫，〈明代の日用類書と庶民教育〉，
　　　頁87～91。

之所以有如此情形，實因此類書籍非專人專著，多互相因襲，彼此抄錄，雜匯諸書而成；此不僅自原始材料中抄錄，如相法門錄自《麻衣相法》，談笑門、酒令門取於《談笑酒令》、《廉明公案》(《皇明諸司廉明奇判公案》)，律法門來自《折獄明珠》、《三台明律正宗》、《法家須知》、《法家秘授知囊書》〔註9〕，民用門選自《蕭曹遺筆》〔註10〕，祈嗣門採用袁了凡的《祈嗣眞詮》〔註11〕，而風月門則源於《青樓韻語》、《萬錦情林》等〔註12〕；亦彼此抄襲已編輯成實際之民間日用類書者；且書籍需求量甚大，各家出版者只求爭食市場，迅速獲利，不重書籍品質，而快速生產之成品自未仔細校訂，故往往雜有他版書名遺留其中。然至清代，此種民間日用類書統以《萬寶全書》名之，即使抄錄他版內容，亦不會有名稱上差異，故書內各卷刊頭名稱亦均相同。

此外，明代各版民間日用類書往往在書名前加上"新鍥"、"全補"、"新刻"、"新鑴"、"新刊"、"補訂"、"選刪補"、"新板增補"、"新刻鄴架新裁"，或"天下備覽"、"四民利用便觀"、"天下全書"、"天下通行"、"天下捷用"、"四民捷用"、"士民備覽便用"、"四民要覽" "天下使用"、"天下民家便用"、"採精便覽"等字，顯現此種書籍之爲民間各個不同階層、不同職業者所適用，如《學海群玉》所言：

> 士以之仕，可大受亦可小知；農以之耕，知天時亦知地利；工之所以奏技，賈之所以市倚，凡百家眾技之流，其所以取捷目前者，一捲閱而了然心目，則其大用之不窮〔註13〕。

而此書封面內頁之上半部刊圖，四角分印有從事讀書、耕種、開礦、垂釣活動的人們，代表社會上士農工商四種不同的職業，亦可顯示此書之爲四民共同使用之性質。（圖2-1-1）同時，此類書籍汰舊換新率頗高，書中內容時有新刻、增補以應時代變遷與社會需要；故民間日用類書實具超乎社會階層，跨越時間距離之特性。

然發展到清代，除清代前期乾隆年間版本民間日用類書在刊印書名前還強調

〔註9〕小川陽一，〈日用類書──『萬用正宗』『萬寶全書』『不求人』など〉，《月刊しにか》，1998.3，頁62～63。

〔註10〕王辰重刊，《新刊校正迫釋詞家便覽蕭曹遺筆》(明刊本)，藏日本東京大學東洋文化研究所。

〔註11〕酒井忠夫，〈明代の日用類書と庶民教育〉，頁87。

〔註12〕〔明〕張夢微彙選，《青樓韻語》(上海：上海古籍出版社，1994.10)；〔明〕余象斗纂，《萬錦情林》(上海：上海古籍出版社，不明出版時間，據日本東京大學圖書館所藏萬曆原刊本影印)。

〔註13〕《學海群玉》，萬曆35年序刊本，序。

"新鐫"、"新刻"等字眼外,其餘清版民間日用類書在書名前均只有"增補"、"新增"而非"新鐫"、"新刻"等字;且清版民間日用類書亦已不在書名或書旨上強調四民便用或士民通用之意,如清代版本中普遍出現的毛煥文序曰:

> 今天下而有不求人者哉,伺候於公卿之門,奔走於形勢之途,奴顏婢膝,比比皆是;天下而有不求人者哉,雖然孟夫子不云乎,求之有道,得之有命,是求有益於我者也。⋯⋯坊刻有不求人一書,世事俱全,各色咸備,取而閱之,大槩已具,何必求於人哉〔註14〕!

也有煙水山人的序,云有此書如「人握靈蛇之珠,家抱荊玉之山」,故「萬寶之刻曷可少哉」〔註15〕。文中均僅提及此書之包羅萬象,內容豐富,一本在手,實可不求於人之實用性、重要性,卻不言此書之四民通用性及新版、再版的必要性。凡此種種均顯示出民間日用類書自明代萬曆年間出現後,持續發展至清代時,此類書籍存在的價值與目的均已爲人們普遍知悉,且其生活內容似已有某種程度的固定性。

二、就卷數而言

綜合性民間日用類書在明清時期各版的卷數不一,最多者爲《萬書萃寶》及《三台萬用正宗》,均高達四十三卷〔註16〕;最少的是《萬錦全書》,只有十卷;而在蒐集到的七十七種版本中,各時期各版本卷數統計如下:

表2-1 明清時期各版《萬寶全書》卷數表

時期／卷數	四十卷及 其以上者	三十卷及 其以上者	二十卷及 其以上者	十卷及其以上者 或不足十卷者	卷數不詳者	總　計
萬曆刊本	4	10	3	3	2	22
崇禎刊本		6	1	1	1	9
明刊本		2	2		3	7
康熙刊本			1			1
乾隆刊本		11	5		2	18
嘉慶刊本		3			1	4

〔註14〕《萬寶全書》,同治10年刊本,序。

〔註15〕《萬寶全書》,乾隆11年刊本,序。

〔註16〕以往認爲現存綜合性民間日用類書的完整版本中,卷數最多且內容最豐富者乃萬曆27年刊本的《三台萬用正宗》,然事實上,萬曆24年刊本的《萬書萃寶》也有高達43卷的豐富內容,且其類目內容與《三台萬用正宗》不盡相同;《萬書萃寶》的完整版本藏於日本大阪杏雨書屋。

					總計
道光刊本		2	2	1		5
咸豐刊本			1			1
同治刊本			2			2
光緒刊本			6		1	7
清刊本			1			1
總　　計	4	34	24	5	10	77

（若有不同卷數版本以所見版本最多卷數者計算）

　　由上表可知明代萬曆、崇禎年間版本以三十卷及其以上者爲多，也有高達四十多卷版本者；而清代前期乾隆、嘉慶、道光年間版本以三十卷及其以上者爲多，四十多卷版本已不見；清代後期的咸豐、同治、光緒年間版本則以二十卷及其以上者爲多。整體看來，此種綜合性民間日用類書的卷數有由多而少的趨勢，其發展可分三階段，即明代後期以三十多卷，乃至四十多卷版本爲主，至清代前期以三十卷版本爲主，而清代後期則以二十卷版本爲主。

　　又值得注意的是，此種書籍目錄與內容的卷數或各卷類目名稱往往不同，如崇禎元年刊本《萬寶全書》其目錄所示各卷內容及實際情形，茲列表如下：

目錄		實際內容	
卷　1 天文門	卷　2 地紀門	卷　1 天文門	卷　2 地理門
卷　3 人紀門	卷　4 文翰門	卷　3 人紀門	卷　4 文翰門
卷　5 體式門	卷　6 爵祿門	卷　5 體式門	卷　6 官品門
卷　7 諸夷門	卷　8 律法門	卷　7 外夷門	卷　8 法律門
卷　9 農桑門	卷　10 時令門	卷　9 農桑門	卷　10 時令門
卷　11 四譜門	卷　12 酒令門	卷　11 棋局門	卷　12 酒令門
卷　13 射學門	附卷　13 武學門	卷　13 笑談門	
附卷　13 笑話門	附卷　13 琴學門		
卷　14 草法門	卷　15 種子門	卷　14 字法門	卷　15 種子門
卷　16 算法門	卷　17 書學門	卷　16 算法門	卷　17 畫譜門
卷　18 勸諭門	卷　19 風月門	卷　18 勸諭門	卷　19 風月門
附卷　19 閨粧門	卷　20 相法門		卷　20 相法門

卷 21 狀式門	卷 22 夢解門	卷 21 狀法門	卷 22 夢解門
卷 23 玄教門	附卷 23 戲術門	卷 23 玄教門	
卷 24 宅經門	卷 25 醫學門	卷 24 營造門	卷 25 醫學門
卷 26 養生門	卷 27 算命門	卷 26 養生門	卷 27 命理門
卷 28 數命門	卷 29 地理門	卷 28 秤命門	卷 29 地理門
卷 30 通書門	卷 31 卜筮門	卷 30 剋擇門	卷 31 卜筮門
卷 32 法病門	卷 33 訓童門	卷 32 法病門	卷 33 訓童門
卷 34 卜筭門	卷 35 對聯門	卷 34 關王筭	卷 35 對聯門
卷 36 歌曲門	卷 37 雜覽門	卷 36 歌調門	卷 37 雜用門

又如清乾隆 23 年序刊本《萬寶全書》實際內容有三十二卷，然目錄刊載僅三十卷，茲將其目錄刊載與實際內容情形表列如下：

目錄		實際內容	
卷 1 天文門	卷 2 地理門	卷 1 天文門	卷 2 地理門
卷 3 人紀門	卷 4 養生門	卷 3 人紀門	卷 4 養生門
卷 5 諸夷門	卷 6 民用門	卷 5 外夷門	卷 6 民用門
卷 7 詩對門	卷 8 種子門	卷 7 詩對門	卷 8 種子門
卷 9 雜覽門	卷 10 侑觴門	卷 9 雜用門	卷 10 侑觴門
卷 11 相法門	卷 12 農桑門	卷 11 相法門	卷 12 農桑門
卷 13 八譜門	卷 14 笑談門	卷 13 八譜門	卷 14 仙術門
卷 15 武備門	卷 16 數命門	卷 15 談笑門	卷 16 武備門
卷 17 琴學門	卷 18 宅經門	卷 17 評命門	卷 18 琴譜門
卷 19 書柬門	卷 20 籌法門	卷 19 宅經門	卷 20 書柬門
卷 21 堪輿門	卷 22 清律門	卷 21 籌法門	卷 22 營葬門
卷 23 爵祿門	卷 24 勸諭門	卷 23 法律門	卷 24 品級門
卷 25 時分門	卷 26 畫譜門	卷 25 勸諭門	卷 26 祛病門
卷 27 字法門	卷 28 牛馬門	卷 27 時分門	卷 28 畫譜門
卷 29 狀法門	卷 30 解夢門	卷 29 字法門	卷 30 牛馬門
		卷 31 狀法門	卷 32 解夢門

它如《全書備考》、《博覽全書》〔註17〕、乾隆23年刊本《萬寶全書》及同治10年刊本《萬寶全書》等亦有相同情形發生。

同時，民間日用類書中還往往有誤印情形，如《萬用正宗分類學府全編》及《萬錦全書》的天文門均有重複刊印內容〔註18〕；《龍頭一覽學海不求人》則刊載兩次內容不同的15卷至18卷部分，其類目分別為15卷花果門、闢吉門，16卷喪服門、博奕門，17卷筭法門、遷術門，18卷律法門、解夢門。又如萬曆42年序刊本《新刻鄴架新裁萬寶全書》的牛馬門中會插入藏頭詩內容，而《萬錦全書》牛馬門中則有祭祀內容的刊登〔註19〕。凡此種種均可證明這類書籍的編輯甚為粗糙。

三、就書籍外觀而言

書籍外觀指書籍的書面、印刷等技術部分而言。

明清時期各版綜合性民間日用類書的書面大小不一，木刻本中最大的是乾隆34年刊本《萬寶全書》，長25.8公分，寬15.5公分，最小的是光緒23年序刊本《萬寶全書》，長15.5公分，寬10.7公分；而石印本則可再縮小書面，故光緒24年刊本《萬寶全書》，僅長14.2公分，寬8.9公分；大致說來，此種書籍的書面都不太大，易於放置家中，亦可隨身攜帶，使用極為便利。

在印刷方面，初多為木刻本，偶有手抄本，如《萬事不求人博考全編》即屬後者；又木刻本中亦有粗精之分，如乾隆23年序刊本《萬寶全書》，不論是紙質、刻版、墨印，乃至裝訂均甚粗糙，而《三台萬用正宗》、《學海群玉》、《萬用正宗分類學府全編》、萬曆40年刊本的《萬寶全書》、《積玉全書》等版則較為精良；治道光年間傳入西方石印技術後〔註20〕，遂有光緒24年上海六先書局及光緒32年上海龍文書局石印本《萬寶全書》的出現，而其印刷更為清晰美觀，且版面可再縮小，更為便利。

事實上，民間日用類書各版的印刷粗精品質不一，除反映其市場之廣大，不免濫竽充數，以滿足需求外；亦可證明其普遍適用於四民大眾，而非某一特定階層，

〔註17〕小川陽一，《日用類書による明清小説の研究》，頁30～33。

〔註18〕《萬用正宗分類學府全編》，萬曆35年刊本，卷1〈天文門〉，頁1下、23上，重覆「占四仲」內容；《萬錦全書》，萬曆年間刊本，卷1〈天文門〉，頁7下、12上，重覆「天星散落如雪」內容。

〔註19〕《新刻鄴架新裁萬寶全書》，萬曆42年序刊本，卷31〈牛馬門〉，頁6下，「四大部十字文」；《萬錦全書》，萬曆年間刊本，卷6〈牛馬門〉，頁7上～下，「春秋二祭」。

〔註20〕張秀民，〈石印術道光時即已傳入我國說〉，《文獻》，18（1983.12），頁237～238、245；操時杰、劉慧華編著，《中國古今書籍縱橫談》，頁218。

故不同層級者各依本身能力條件選擇適合自己使用的版本。

又書籍印刷品質好壞與內容多寡、銷售地點等原因同為影響價格之要素，故民間日用類書各版定價應有不同，且同一版本以其銷售地點的遠近亦有高低售價之差別；然書坊出版民間日用類書往往未刊載定價，而人們購買時的售價資料更難尋獲，致今人欲了解相關問題甚為不易〔註21〕。就目前所能掌握的民間日用類書版本中，明確知道價格者僅三部，且均為定價而非售價，即萬曆42年序刊本及崇禎9年刊本《萬寶全書》，每部定價銀一兩，而崇禎元年刊本《萬寶全書》則是每部定價銀一錢。對於此種相差十倍的定價資料，有學者提出懷疑〔註22〕。然事實上，基於不同成本考量，品質互異、良莠不齊的各版民間日用類書是可以有相當差距幅度之定價。值得注意的是，定價一兩，將近一個工人一年或半年的薪資〔註23〕，是否會因價格過高而限制其書籍的普及範圍和流通廣度？筆者的看法是，民間日用類書與曆書雖同為社會大眾所必備之日常用書，卻仍有其差異；曆書限於每年的時間更替，自須年年換新版本使用，而民間日用類書雖亦有配合需要變化更換版本，但時效性不若前者強，可使用若干年後再換新版本，故對一個經濟條件普通者而言，即使是定價一兩的民間日用類書，由於實際需要考量亦當購置一部，以備時時參考應用，且其內容包羅萬象，確可取代其它專科性民間日用類書，亦提供實際生活幫助。此外，有學者研究十七世紀江南社會生活時指出，當時書坊刻書大多不明碼標價，成交時隨行就市，買賣雙方可以還價〔註24〕；因此，上述定價並非一定是售價，若逢書商競爭激烈時，削價搶售的情形亦可能隨時出現，則此種書籍的實際售價會更低，一般人民應更能負擔。

排版上，此種書籍均為上、下兩層刊印，以節省空間，降低成本；同時，附有許多圖表，這些圖表除用以解說文字內容，如天文門的兩儀圖、兩曜圖、日蝕月蝕

〔註21〕 沈津曾根據經眼的明代善本書中標示有定價者，討論當時的書價問題，然其亦言相關資料非常有限；見沈津，〈明代坊刻圖書之流通與價格〉，《國家圖書館館刊》，85／1（1996.6），頁110、117。

〔註22〕 酒井忠夫的研究曾對定價銀一兩萬曆42年序刊本的《萬寶全書》，及定價銀一錢崇禎元年刊本的《萬寶全書》加以說明，然其以為兩者均值得懷疑，因第一種資料係書肆行銷手法，可信度不高，而第二種資料，又似為廉價傾銷；見酒井忠夫，〈明代の日用類書と庶民教育〉，頁88～89。

〔註23〕 方豪，〈明萬曆年間之各種價格——戰亂中所得資料簡略整理報告之一——〉，《食貨》，1／3（1971.6），頁19，曾言及一對兄弟傭工一年的薪資數目，兄為一兩九錢，弟則為一兩五錢七分。又有云萬曆年間湖州桑地之長工每人每年工錢不過貳兩貳錢；見傅衣凌，《明代江南市民經濟試探》，頁66。

〔註24〕 錢杭、承載，《十七世紀江南社會生活》，頁164。

圖、璿璣玉衡圖、太虛元化之圖、晦朔弦望之圖、十二次日月交會圖、七政之圖、分天之圖，地輿門的山河地輿總圖、二十八宿分野地輿之圖，書柬門的各式稱謂表，諸夷門的各式飛禽走獸圖、外國人民圖，農桑門的浸種圖、作梗圖、犂田圖、翻耕圖、耙田圖、壅田圖、撒秧圖、插蒔圖、穫田圖、耘田圖、割稻圖、打稻圖、礱米圖、篩米圖、上倉圖、歡飲圖、下蠶圖、餵蠶圖、蠶眼圖、採桑圖、大起圖、上簇圖、灸箔圖、窖繭圖、繰絲圖、蠶蛾圖、祀謝圖，時令門的律呂配卦圖，八譜門的各式圍棋譜圖、象棋譜圖、雙陸譜圖、硃窩譜圖、投壺圖、牙牌譜圖，相宅門的各種陰宅陽宅形勢圖，相法門的男女各式面相圖等外，還有為美化書籍而有的封面或各卷頁首的裝飾圖，如《學海群玉》封面內頁上半部即刊有圖，下半部則刊有大字書名及出版書坊名；（圖 2-1-1）《三台萬用正宗》封面內頁上半部亦刊有圖，下半部則刊大字書名及廣告語。（圖 2-1-2）而各卷首頁亦有圖，如《三台萬用正宗》卷 6 師儒門刊〈至聖孔宣尼杏壇設教〉圖、卷 9 音樂門刊〈樂奏宮商〉圖、卷 21 商旅門刊〈趙大郎打构欄〉圖、卷 23 脩真門刊〈軒轅訪廣成子求至道〉圖、卷 26 醫學門刊〈古今歷代名醫圖像〉圖、卷 29 星命門刊〈袁天罡答唐王淳風發笑〉圖、卷 39 僧道門刊〈李老君度關尹喜相迎〉圖、卷 42 閑中記刊〈虞舜敬南風治天下〉圖等；又如崇禎元年刊本《萬寶全書》的卷 1 天文門有〈盤古分天地〉圖、卷 4 文翰門有〈辭命交際〉圖、卷 7 諸夷門有〈四夷來王〉圖、卷 9 農桑門有〈虞舜耕田〉圖、卷 11 棋經門有〈橘中勝樂〉圖、卷 13 笑談門有〈射以觀德〉圖、卷 16 籌法門有〈籌無遺策〉圖、卷 27 命理門有〈覺人大夢〉圖、卷 29 地理門有〈指破靈山〉圖、卷 30 剋擇門有〈曆徵休咎〉圖等等，（圖 2-1-3）這些圖片的出現實可說明這類書籍之通俗性及大眾化特點。

　　裝訂方面，此種書籍的裝訂頗不一致；一般而言，不同出版者的版本裝訂本不相同，然此種書籍有同一出版者、同一時間版本，卻有不同的裝訂情況，如《三台萬用正宗》同為余氏雙峰堂 43 卷的刊本，即裝訂成 10 冊本與 8 冊本兩種；《文林聚寶萬卷星羅》同為書林詹氏印行，卻有 40 卷 6 冊本與 36 卷 14 冊本；《萬用正宗分類學府全編》同為余文台梓行，卻有 35 卷 12 冊及 10 冊版；《萬書淵海》同為清白堂刻印，卻有 37 卷 6 冊及 40 卷 10 冊版；萬曆 40 年刊的《萬寶全書》，同為劉氏安正堂 38 卷的刊本，卻有 9 冊與 10 冊兩種不同裝訂本；崇禎元年刊的《萬寶全書》同為陳氏存仁堂 37 卷的刊本，卻有 4 冊、5 冊、8 冊三種不同的裝訂；《全書備考》同為富沙鄭氏人瑞堂 34 卷的刊本，卻有 5 冊與 6 冊的裝訂方式；崇禎年間刊的《萬寶全書》均為三槐堂 35 卷刊本卻有 5 冊、6 冊、8 冊三種不同的裝訂；嘉慶 11 年的《萬寶全書》同為博古堂 30 卷刊本，卻有 2 冊、4 冊、6 冊三種不同的裝訂本，且

上述情況的版面大小還不一致，所以如此，除與盜刻僞印有關外，民間需求量甚大，故同一出版社在同一年中必須刻版數次以應市場需要亦爲重要原因。

圖 2-1-1《學海群玉》，萬曆 35 年序刊本，封面。

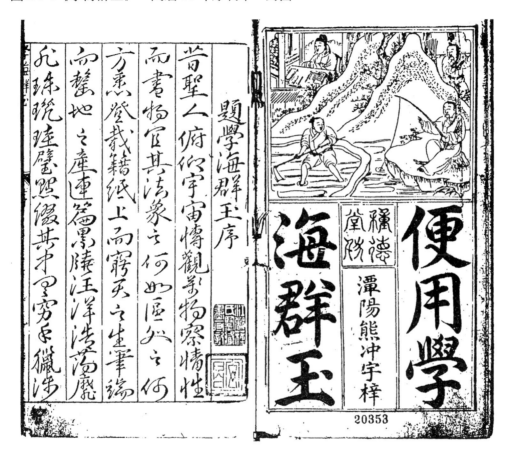

圖 2-1-2《三台萬用正宗》，萬曆 27 年刊本，封面。

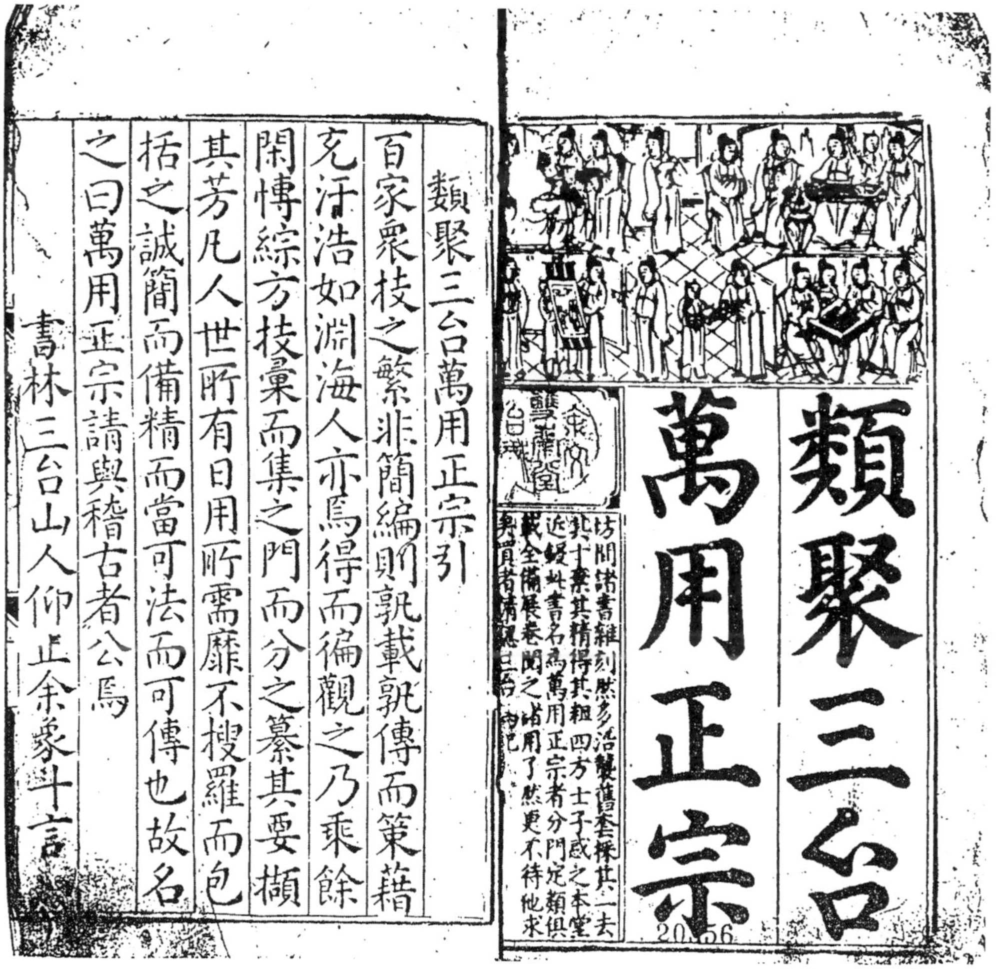

類聚三台萬用正宗引

百家衆技之繁非簡編則孰載孰傳而策藉充汗浩如淵海人亦烏得而徧覩之乃乘餘閑博綜方技彙而集之門而分之纂其要擷其芳凡人世所有日用所需靡不搜羅而包括之誠簡而備精而當可法而可傳也故名之曰萬用正宗請與稽古者公焉

書林三台山人仰止余象斗言

類聚三台

萬用正宗

坊間諸書雜刻然多沿襲舊套採其一去其十棄其精得其粗四方士子惑之本堂近鋟此書名為萬用正宗者分門定類俱載全備展卷閱之諸用了然更不待他求矣買者請認三台爲記

圖 2-1-3《萬寶全書》，崇禎元年刊本，卷 9〈農桑門〉；卷 16〈籌法門〉。

四、就出版時間而言

明清時期綜合性民間日用類書出版的時間，就蒐集到的七十七種版本中，各時期分布情形如下：

表 2-2　明清時期各版《萬寶全書》年份分佈表

年　　份	數　量	年　　份	數　量
明萬曆 24 年刊本	1	清康熙年間刊本	1
萬曆 25 年序刊本	1	乾隆 4 年序刊本	3
萬曆 26 年刊本	1	乾隆 4 年刊本	3
萬曆 27 年刊本	1	乾隆 5 年刊本	1
萬曆 28 年序刊本	2	乾隆 9 年刊本	1
萬曆 30 年刊本	1	乾隆 11 年刊本	2
萬曆 32 年刊本	1	乾隆 16 年刊本	1

萬曆 35 年序刊本	1	乾隆 23 年序刊本	1
萬曆 35 年刊本	1	乾隆 23 年刊本	1
萬曆 38 年刊本	1	乾隆 30 年刊本	1
萬曆 39 年刊本	1	乾隆 34 年刊本	1
萬曆 40 年刊本	1	乾隆 36 年刊本	2
萬曆 41 年刊本	1	乾隆 37 年刊本	1
萬曆 42 年序刊本	2	嘉慶 11 年刊本	2
萬曆年間刊本	6	嘉慶 13 年刊本	1
崇禎元年刊本	2	嘉慶 16 年刊本	1
崇禎 9 年刊本	1	道光 3 年刊本	1
崇禎 14 年序刊本	1	道光 4 年刊本	1
崇禎 14 年刊本	1	道光 8 年刊本	1
崇禎年間刊本	4	道光 21 年刊本	1
明刊本	7	道光 30 年刊本	1
		咸豐元年刊本	1
		同治 10 年刊本	1
		同治 13 年刊本	1
		光緒 12 年刊本	2
		光緒 20 年刊本	1
		光緒 21 年刊本	1
		光緒 24 年刊本	1
		光緒 27 年刊本	1
		光緒 32 年刊本	1
		清刊本	1
總　　計	38	總　　計	39

　　由上表可知，此種綜合性民間日用類書幾乎每年均有刊行，且同一年不限一種版本，而各家出版者均標榜自家產品，要採購者認清商標，故在書扉頁上往往刊有廣告語，如《三台萬用正宗》、《萬用正宗分類學府全編》均刊曰：

> 坊間諸書雜刻，然多沿襲舊套，採其一去其十，棄其精得其粗，四方士子惑之。本堂近鋟此書，名為萬用正宗者，分門定類，俱載全備，展卷閱之，諸用了然，更不待他求矣。買者請認三台為記〔註25〕。

〔註25〕《三台萬用正宗》，封面內頁；《萬用正宗分類學府全編》，封面內頁。

萬曆 40 年刊本《萬寶全書》則在書末頁上刊曰：

> 萬寶全書一冊，本堂已經編刻大行天下；……本堂因被棍徒翻刻，刪削不便，
> 假票包封，眞僞難明，於是中刻眞萬寶全書名字，首用葫蘆圖書爲記，海內
> 君子宜留心鑒焉〔註26〕。

書內目錄後左下方並有一葫蘆形圖，中刻「眞萬寶全書」戳記以爲辨識標誌。又萬
曆 42 年序刊本《萬寶全書》亦有發行告白云：「坊間萬寶全書，不啻充棟，然不一
精檢，魯魚亥豕，混雜編章者有之。本堂特請名士校讎，……。端寫繡梓，點畫不
差。應酬便用，價比南金矣」〔註27〕。

這種廣告語宋代坊刻書籍已出現〔註28〕，而明代民間日用類書更普遍，此實日
後刊書廣告之先驅；而這些廣告語不僅顯示當時此種書籍之爲社會大眾所必要，有
極大之市場需求，更可見各家在市場上競爭之激烈，乃至翻刻盜印的狀況甚爲嚴重。
然這種廣告刊語，在明版民間日用類書中屢見不鮮，卻未刊登於清版民間日用類書
內，此似顯示清版民間日用類書的市場競爭應不若明代激烈。而再發展至民國版本
民間日用類書中，又見各式廣告刊語，且刊載篇幅較以往爲多〔註29〕。

五、就出版者而言

就蒐集到的明清時期綜合性民間日用類書七十七個版本中，根據出版項目，不
論是撰者、編者、輯者、纂者、補訂者、校正者、梓行者、序者或鑒定者等，可考
證之結果如下：

（一）出版地、出版者、出版社

明代版本係出自下列諸地：

1、福建建陽
　　（1）鄭雲齋（字世魁）出版《五車拔錦》
　　（2）進賢堂出版《博覽不求人》；詹聖謨（詹茂齋、詹懋齋）的靜觀室出版《文
　　　　林聚寶萬卷星羅》；詹林我出版《新刻四民便覽萬書萃錦》

〔註26〕《萬寶全書》，萬曆 40 年刊本，冊 10 頁末。
〔註27〕《萬寶全書》，萬曆 42 年序刊本。其它相關資料參見《萬寶全書》，萬曆 42 年序刊
　　　　本，書林熊氏梓：《萬寶全書》，崇禎 9 年刊本：《博覽全書》，封面內頁。
〔註28〕姚福申，《中國編輯史》（上海：復旦大學出版社，1990.1），頁 164；袁逸，〈明代以
　　　　前書籍交易價格及書價考〉，頁 41：曹之，《中國印刷術的起源》，頁 271。
〔註29〕《萬寶全書》，民國年間版本，1～5 冊頁底均有廣告語。

（3）余獻可出版《文林聚寶萬卷星羅》；余文台（余象斗、余仰止）的三台館、雙峰堂出版《三台萬用正宗》、《萬用正宗分類學府全編》；余氏存慶堂出版《考實全書》；余氏雙桂堂出版萬曆年間刊本《萬寶全書》

（4）劉少崗的喬山堂出版《萬用正宗分類學府全編》；劉太華出版《萬用正宗分類學府全編》；劉子明（劉雙松）的安正堂出版萬曆40年刊本《萬寶全書》；劉興我的忠賢堂出版《積玉全書》

（5）陳耀吾出版《萬象全編不求人》；陳懷軒的存仁堂出版萬曆42年序刊本《萬寶全書》、崇禎元年刊本《萬寶全書》、《搜奇全書》、崇禎9年刊本《萬寶全書》

（6）楊欽齋的清白堂出版《諸書博覽》、《萬書淵海》

（7）熊沖宇的種德堂出版《學海群玉》、《一事不求人》；熊前溪出版萬曆年間刊本《博覽全書》、明刊本《學海不求人》；熊對山出版萬曆42年序刊本《萬寶全書》

（8）王泰源的三槐堂出版崇禎年間刊本與明刊本《萬寶全書》

（9）蕭世熙（字少渠）的師儉堂出版《萬事不求人博考全編》

（10）朱仁齋興耕堂出版《萬珠聚囊不求人》、《諸書博覽》

（11）黃耀宇餘慶堂出版《便覽全書》

2、福建

樹德堂出版萬曆42年序刊本《萬寶全書》、立正堂出版崇禎年間刊本《萬寶全書》

3、江蘇金陵

周如泉的萬卷樓出版萬曆年間刊本《萬寶全書》；人瑞堂出版《全書備考》

而清代版本係出自下列諸地：

1、江蘇吳縣

文會堂出版康熙年間刊本《萬寶全書》；金閶書業堂出版乾隆11年刊本《萬寶全書》；三元堂出版乾隆23年序刊本《萬寶全書》；寶翰樓出版乾隆36年刊本《萬寶全書》；金閶經義堂出版道光3年刊本《萬寶全書》；席鑑（玉照）的常熟掃葉山房出版光緒12年刊本《萬寶全書》

2、江蘇金陵

唐氏的世德堂出版乾隆4年刊本《萬寶全書》、乾隆5年刊本《萬寶全書》；唐際雲的積秀堂出版乾隆4年序刊本《萬寶全書》；聚錦堂出版乾隆34年刊本《萬寶

全書》；周時泰（字敬竹）的博古堂出版嘉慶 11 年刊本《萬寶全書》

3、江蘇上海

六先書局出版光緒 24 年刊本《萬寶全書》；龍文書局出版光緒 32 年刊本《萬寶全書》；上海書局出版光緒 20 年刊本《萬寶全書》

4、江蘇揚州

愛日堂出版同治 13 年刊本《萬寶全書》

5、福建建陽

劉鴻鏞出版嘉慶 13 年刊本《萬寶全書》

6、北京

錦文堂出版光緒 27 年刊本《萬寶全書》〔註 30〕

　　由上可知明版民間日用類書主要在福建建陽出版，且集中於幾個大家族書坊如余氏、劉氏、陳氏、熊氏等；清版民間日用類書則除原有的福建建陽外，還分散至江蘇的吳縣、金陵、上海、揚州，甚至北京等地出版，且江蘇一地的出版情況實較福建、北京普遍，然出版者亦均屬書坊性質，故書籍頗具書坊刻書之一般特色，如校勘不精、紙版俱差、抄襲他書等〔註 31〕。又福建建陽與江蘇金陵的坊刻在明清時期的行銷網路遍及全國〔註 32〕，因此，這種民間日用類書的使用亦具超地域性之特點。

〔註 30〕上列考證源自下列資料：毛春翔，《古書版本常談》（香港：中華書局，1985.9，重印），頁 54～57；陳彬龢、查猛濟，《中國書史》（臺北：文史哲出版社，1977），頁 156、159～160、161、162、166；葉德輝，《書林清話》（臺北：文史哲出版社，1973.12），頁 265、271～273、275、276、281、284～285、290；陳宏天，《古籍版本概要》，頁 90；陳昭珍，〈明代書坊之研究〉（臺北：國立臺灣大學圖書館學研究所碩士論文，1984.7），頁 10～42；麥杰安，〈明代蘇常地區出版事業之研究〉（臺北：國立臺灣大學圖書館學研究所碩士論文，1996.8），頁 101～103、106、109～110、116；謝灼華主編，《中國圖書和圖書館史》（武昌：武漢大學出版社，1987.9），頁 185；張秀民，〈明代印書最多的建寧書坊〉，頁 76～80；張秀民，〈明代南京的印書〉，頁 80～82；羅錦堂，《歷代圖書板本志要》（臺北：國立編譯館中華叢書編纂委員會，1984.10，再版），頁 70；江澄波、杜信孚、杜永康編，《江蘇刻書》（南京：江蘇人民出版社，1993.12），頁 253。此外，經元堂、漁古山房、致和堂、光霽堂、積慶堂、學庫山房僅可知其為清代書坊，未能明其位置所在，見楊繩信編，《中國版刻綜錄》（西安：陝西人民出版社，1987.6），頁 231、253、265、266、365、363。

〔註 31〕陳宏天，《古籍版本概要》，頁 93～95。

〔註 32〕福建建陽的坊刻情形參見羅樹寶，《中國古代印刷史》，頁 334～335；又此地書籍早在宋元時即已暢銷全國，見 Lucille Chia，"The Development of the Jianyang Book Trade, Song-Yuan ", *Late Imperial China*, June 1996，pp.10～48。江蘇金陵坊刻情形參見吉少甫主編，《中國出版簡史》（上海：學林出版社，1991.11），頁 154。

　　值得注意的是，不論明版或清版民間日用類書均有書版轉移情形，此種書版轉移情形有二，一是轉移至本地的其它堂號刊行，如《天下捷用諸書博覽》為潭邑楊欽齋繡梓，又有書林興耕堂的出版，而不論潭邑或書林均指福建建陽；又如《萬用正宗分類學府全編》為潭陽余文台梓行，亦為同地之喬山堂劉少崗刊印、崇禎年間刊本《萬寶全書》為三槐堂王泰源梓行，亦為立正堂刊刻；另一種則是轉移至外省，如明萬曆年間刊本《萬寶全書》本福建建陽余氏雙桂堂刊行，後亦為萬卷樓所刻印，而萬卷樓屬金陵周氏之書坊；此種書版轉移現象有可能是兩家書坊彼此間之合法轉移，如建陽熊氏與金陵世德堂間即存有某些書籍的翻刻與被翻刻之關係〔註33〕；又如福建建陽余氏與金陵本有聯繫，彼此書版可互相交流〔註34〕；而余氏亦與同地的劉氏有姻親關係，故劉氏將所刻的《書法叢珠》書版轉給余氏，使余氏用之於《萬用正宗不求人》一書中〔註35〕；然不合法的書版轉移亦頗為普遍。

（二）編者（撰者、輯者、補者、校者、識者）

　　明清時期綜合性民間日用類書七十七個版本中，根據編者資料可知明版有徐三友、余象斗、徐會瀛、承明甫、武緯子、龍陽子、徐企龍、劉子明、江三汲、饒順卿、葆和子、陳允中、朱鼎臣（沖懷）、周文煥、周文煒、博覽子、艾南英（1583～1646）、陳繼儒（1558～1639）、鄭尚玄、李光裕、古潭山人、張溥（1602～1641）、余興國、徐九一、趙植吾等人，清版則有陳繼儒、張溥、李光裕、煙水山人、毛煥文、蕭大勳、蕭魁宇、陳淏子等人；可見明代比清代有較多人投入此類書籍的編著工作。其中，余象斗、劉子明與鄭尚玄為出版者兼輯編者，其餘多出版者請人編輯出書；而編輯者非限籍當地，如徐會瀛來自江蘇華亭，武緯子是京南，朱鼎臣來自廣東羊城，余興國來自杭州，而徐企龍、艾南英、饒順卿則為江西人；至於這些編者身分，由於多非達官貴人，故所知有限，除陳繼儒、張溥為知名文人外，能考者僅下列數人：

　　余象斗，又名余文台、余仰止、余象烏、余世騰、余君召、余元素，號三台館主人；出身福建刻書世家，先世於北宋時遷居建陽，以刻書為業〔註36〕。余氏曾讀

〔註33〕方彥壽，〈熊雲濱與世德堂本《西遊記》〉，《文獻》，1988／4（1988.10），頁285。
〔註34〕蕭東發，〈建陽余氏刻書考略（中）〉，頁214～215；陳昭珍，〈明代書坊之研究〉，頁16、53～54。
〔註35〕方彥壽，〈建陽劉氏刻書考（下）〉，頁220。然有人以為此乃屬偽作，見蕭東發，〈建陽余氏刻書考略（下）〉，頁242。又建陽書坊中余氏、劉氏、熊氏三家有密切的姻親關係，見方彥壽，〈明代刻書家熊宗立述考〉，《文獻》，1987／1（1987.1），頁234。
〔註36〕蕭東發，〈建陽余氏刻書考略（上）〉，頁231～233；梁子涵，〈建安余氏刻書考〉，《福

書欲取功名，然屢試不中，於萬曆 19 年棄學從商，專營祖傳刻書事業，時年三十有餘〔註37〕；亦自己編寫書籍，如《南游記》、《北游記》、《列國前編十二朝》、《皇明諸司公案傳》〔註38〕、《西漢志傳》、《新刊京本編集二十四帝通俗演義兩漢志傳》〔註39〕，並評有《列國志傳評林》〔註40〕。

劉子明，名朝瑨，號雙松，出身福建刻書世家，先世於宋代以刻書為業，傳至明代〔註41〕。

朱鼎臣，明代從事編輯工作的底層文人，編有小說、醫書、字書之類的書籍，如《新鍥全相南海觀世音菩薩出身修行傳》、《鼎鍥全相唐三藏西遊傳》、《三國志史傳》、《新鍥鰲頭復明眼方外科神驗全書》、《新鍥閣老台山葉先生訂釋龍頭切韻海篇星鏡》等〔註42〕。

李光裕，明末編書家，編有許多日常生活用書，尤其是有關啟箚翰墨類的民間日用類書，如《增補捷用雲箋》一書〔註43〕。

徐企龍，原名徐奮鵬，字筆峒，江西臨川人，年輕時曾得湯顯祖賞識，但以布衣而終。以其為名之著作有《徐筆峒先生批點西廂記》、《重刻四書續補便蒙解注》、

建文獻》，創刊號（1968.3），頁 54。

〔註37〕蕭東發，〈建陽余氏刻書考略（中）〉，頁 213～216；陳昭珍，〈明代書坊之研究〉，頁 34；其它相關資料參見蕭東發，〈建陽余氏刻書考略（下）〉；梁子涵，〈建安余氏刻書考〉；酒井忠夫，〈明代の日用類書と庶民教育〉，頁 144。

〔註38〕余象斗，《南遊記》、《北遊記》，收入楊家駱主編，《中國通俗小說名著》，1（臺北：世界書局，1962.12）；余象斗編，《列國前編十二朝》（上海：上海古籍出版社，不明出版時間）；余象斗編，《皇明諸司公案傳》，收入劉世德等主編，《古本小說叢刊》，6 輯 4 冊（北京：中華書局，1990.8）。

〔註39〕盧賢中，《古代刻書與古籍版本》，頁 57；羅樹寶，《中國古代印刷史》，頁 338；謝水順，〈略談福建的刻書〉，收入上海新四軍歷史研究會印刷印鈔分會編，《歷代刻書概況》，頁 481。

〔註40〕余邵魚編，《列國志傳評林》，收入劉世德等編，《古本小說叢刊》，6 輯 1～3 冊（北京：中華書局，1990.8）。

〔註41〕方彥壽，〈建陽劉氏刻書考（上）〉，頁 197；〈建陽劉氏刻書考（下）〉，頁 223。

〔註42〕朱鼎臣，《新鍥全相南海觀世音菩薩出身修行傳》（臺北：天一出版社，1985.5）；朱鼎臣，《全像觀世音出身南遊記傳》，收入劉世德、陳慶浩、石昌渝主編，《古本小說叢刊》（北京：中華書局，1991.6），16 輯 1 冊；朱鼎臣，《鼎鍥全相唐三藏西遊傳》，收入《古本小說叢刊》編輯委員會編，《古本小說叢刊》（北京：中華書局，1987.6），1 輯；三國志演義古版叢刊編輯委員會主編，《朱鼎臣輯本三國志史傳》（北京：北京圖書館，不明出版時間）；金文京，〈朱鼎臣輯本新刻音釋旁訓評林演義三國志史傳前言〉，見三國志演義古版叢刊編輯委員會主編，《朱鼎臣輯本三國志史傳》，頁 5。

〔註43〕酒井忠夫，〈明代の日用類書と庶民教育〉，頁 116。

《筆洞生新悟》、《筆洞山房新著知新錄》、《纂定古今大全》等，其亦可能爲晚明文人名士湯賓尹旳門生〔註44〕。

艾南英，明末清初人，字千子，江西撫州東鄉人，好學，七歲即作竹林七賢論，長爲諸生，萬曆末年爲改革場屋之文而與同郡章世純、羅萬藻、陳際泰等人聯合。曾應科考七試七挫，至天啓 4 年（1624）始中舉，時年已四十一，又因譏刺魏忠賢被罰停科三年。艾氏曾編有許多時文，頗受當時應考士子之歡迎〔註45〕。

陳淏子，一名扶搖，別署西湖花隱翁，約生於明萬曆 40 年代（1612），明亡後不欲作官，退歸田園，從事栽培工作，並兼授徒爲業的書生；著有《花鏡》一書〔註46〕。

由於明代刻書作僞頗多〔註47〕，故這些編者有可能是書坊爲提高書籍身價而冒用知名文人之名，如陳繼儒、張溥是否眞有編過民間日用類書值得懷疑，然其名所以被冒用亦與其接近民間社會之背景有關，故書坊掛其名以吸引買者。而其它可考的編者，有出身刻書世家頗通文墨者，有以編書爲生之底層文人，有科舉仕途不順、官場失意的士子，也有前朝遺老高士，不願再仕宦爲吏者，這些人的共同特點是：與上層社會較爲疏遠，而與民間關係密切，故能配合民間生活需要編出符合社會大眾的綜合性民間日用類書，並隨著實際生活變化而增刪其內容。

第二節　《萬寶全書》的類目變化

《萬寶全書》屬綜合性民間日用類書，內容琳瑯滿目，以符合大眾居家必用原則，亦隨時增減內容，以應時代的新需求，故分析明清時期各版《萬寶全書》之類目變化，實可明瞭民間生活之發展及演變情形。

〔註44〕金文京，〈湯賓尹與晚明商業出版〉，收入胡曉眞主編，《世變與維新──晚明與晚清的文學藝術》（台北：中央研究院中國文哲研究所，2001.6），頁 91。

〔註45〕國防研究院明史編纂委員會編訂，《明史》，卷 288，列傳 176，文苑 4，頁 3241；〔明〕艾南英，《艾千子先生全稿》（臺北：偉文出版社有限公司，1977.9），〈歷試卷自敘〉，頁 39～58；劉祥光，〈時文稿：科舉時代的考生必讀〉，頁 64；錢杭、承載，《十七世紀江南社會生活》，頁 147；鄭邦鎮，〈明末艾南英的八股文論〉，收入《第二屆清代學術研討會──思想·文學·語文──論文集》（高雄：國立中山大學中國文學系，1991.11），頁 319～358。

〔註46〕〔清〕陳淏子，《花鏡》（北京：農業出版社，1985.12，2 版 6 次印刷）；伊欽恒，〈校詮桂花鏡引言〉，見陳淏子，《花鏡》，頁 1～2。

〔註47〕曹之，《中國古籍版本學》，頁 346；陳昭珍，〈明代書坊之研究〉，頁 57。然金文京以爲明末商業出版書籍種類甚多，並非書上題之作者爲文人達官者則必爲僞託；其以湯賓尹爲例，說明此有功名之文人即編著過許多商業性之出版品；見金文京，〈湯賓尹與晚明商業出版〉，頁 83～84、100。

　　茲將明清時期完整版本的《萬寶全書》二十部，其各式類目之卷數及類目名表列如下：

表2-3　明清時期各版《萬寶全書》類目表

書名	刊行年	卷數	類目一	類目二	類目三	類目四
五車拔錦	萬曆25年（1597）序刊本	33卷	1 天文	3 時令	2 地輿	3 人紀
三台萬用正宗	萬曆27年（1599）刊本	43卷	1 天文	4 時令	2 地輿	4 人紀
文林聚寶萬卷星羅	萬曆28年（1600）序刊本	39卷	1 天文	4 時令	2 地輿	3 人紀
萬用止宗分類學府全編	萬曆35年（1607）刊本	35卷	1 天文	5 時令	2 地輿	3 人紀
萬寶全書	萬曆42年（1614）序刊本	34卷	1 天文	10 時令	2 地輿	3 人紀
萬寶全書	崇禎元年（1628）刊本	37卷	1 天文	3 時令	21 地理	3 人紀
積玉全書	崇禎年間刊本	32卷	1 天文	時令	2 地理	3 人紀
萬寶全書	崇禎年間刊本	35卷	1 天文	時令	2 地理	3 人紀
萬寶全書	乾隆4年（1739）刊本	30卷	1 天文	11 時令	2 地理	3 人紀
萬寶全書	乾隆23年（1758）序刊本	32卷	1 天文	27 時令	2 地理	3 人紀
萬寶全書	乾隆23年（1758）刊本	32卷	1 天文	27 時令	2 地理	3 人紀
萬寶全書	乾隆34年（1769）刊本	30卷	1 天文	11 時令	2 地理	3 人紀
萬寶全書	乾隆37年（1772）刊本	30卷	1 天文	11 時令	2 地理	3 人紀
萬寶全書	嘉慶11年（1806）刊本	30卷	1 天文	11 時令	2 地理	3 人紀
萬寶全書	咸豐元年（1851）刊本	20卷	1 天文	10 時令	2 地理	3 人紀
萬寶全書	同治10年（1871）刊本	20卷	1 天文	10 時令	2 地理	3 人紀
萬寶全書	光緒12年（1886）刊本	20卷	1 天文	10 時令	2 地理	3 人紀
萬寶全書	光緒21年（1895）刊本	20卷	1 天文	10 時令	2 地理	3 人紀
萬寶全書	光緒24年（1898）刊本	20卷＋5卷	1 天文	10 時令	2 地理	3 人紀
萬寶全書	光緒32年（1906）刊本	20卷＋6卷	1 天文	10 時令	2 地理	3 人紀

4諸夷	5諸夷	10諸夷	13諸夷	4諸夷	7諸夷	9外夷	4諸夷	4諸夷	5外夷	5外夷	4諸夷	4諸夷	4外夷	4外夷	4外夷	4外夷	4外夷	4諸夷	4外夷
5官職	7官品	11官職	10官爵	6官品	6官品	11官品	5官品	10品級	24品級	24品級	10爵祿	10爵祿	10品級	9品級	9品級	9品級	9品級	9爵祿	9品級
6律例	8律例	12律例	12律法		8律法	4法律	15律例	23法律	23法律										
8啓箚	17民用	7啓箚		9民用	5體式		31關約	6民用	6民用										
24體式	25體式	5體式	16詞狀	21狀式	10狀法		16狀式	31狀式	31狀式										
7文翰	15文翰	6文翰	6書啓	8束札	4文翰	6文翰	12書啓	5文翰	20書束	20書束	5文翰	5文翰	5文翰	5文翰	5文翰	5文翰	5文翰	5文翰	5文翰
	39僧道																		
9婚娶	16四禮	8婚娶	7婚娶	7四禮		7冠婚	13冠婚												
10喪祭		9喪祭	8喪祭				14喪禮												
	6師儒		33訓童	30童蒙															
	42閑中記		18勸諭	19勸諭				18勸諭	25勸諭	25勸諭	17勸諭	17勸諭	18勸諭	15勸諭	15勸諭	15勸諭	15勸諭	15勸諭	15勸諭
11琴學	9音樂	13琴學	36歌曲	8琴譜				18琴譜	18琴譜										

13書法	11書法	15書法	16書法	34筆法	14字法	12字法	10書法	8字法 7滿漢合書	29字法	29字法	8字體 7清字	8字體 7清字	8字法 7滿漢合書	7字法 6滿漢合書	7草法 6滿漢合書	7字法 6滿漢合書	7字法 6滿漢合書	7字學 6篆書	7字法 6滿漢合書
14畫譜	12畫譜	16畫譜	17畫譜	11書畫 25翎毛	17畫譜	16畫譜	11畫譜	12畫譜	28畫譜	28畫譜	12畫譜	12畫譜	12畫譜	11畫譜	11畫譜	11畫譜	11畫譜	11畫譜	11畫譜
23詩對	28詩對	34詩聯		35對聯	5對聯	17對類		28對聯	7詩對	7詩對	28對聯	28對聯	28對聯						
29侑觴	19侑觴	29侑觴	26酒令		12酒令	18酒令		15酒令	10侑觴	10侑觴	15酒令	15酒令	15酒令						
43笑謔	30談笑	24笑談	21笑談	13笑談	14笑談	28笑談酒令	23談笑	15談笑	15談笑	23笑話	23笑話	23笑談	18笑談	18談笑	18笑談	18笑談		18笑話	18笑談
		35記巧 32奇策	22謎令		32詩謎														
20博戲	39雜覽	35雜覽	23雜覽	37雜用		32雜覽		9雜用	9雜用									六雜用	
15八譜	10五譜	17八譜	15八譜	12八譜	15八譜	7牙牌	13四譜	13八譜	13八譜	13博奕	13博奕	13四譜	12四譜	12四譜	12四譜	12四譜		12博奕	12四譜

	13 蹴踘																	
12 棋譜		14 棋譜			11 棋局		9 棋譜											
31 玄教	40 玄教		37 戲術	30 戲術	18 戲術	23 玄術	27 春方戲術	14 仙術	14 仙術						五戲法	五戲法		
30 風月	18 子弟		31 風月	23 風月	10 風月	19 風月												
	35 地理		20 塋葬	29 地理	24 地理		26 堪輿	22 營葬	22 營葬	26 堪輿	26 堪輿	26 堪輿						
16 塋宅	34 營宅	18 塋宅	31 塋宅	30 陽宅	24 營造	26 營造	25 宅經	19 宅經	19 宅經	25 宅經	25 宅經	25 營造						
17 剋擇	36 剋擇	19 剋擇	19 剋擇	26 剋擇	30 通書	30 剋擇	20 剋擇	19 通書		19 通書	19 通書	19 剋擇						
	32 數課	22 占課		34 卜筮	17 關王筶					20 鐵筶	20 鐵筶							
20 卜筮	31 卜筮	22 卜筮	11 卜員	27 筮譜	31 卜筮	29 卜筮	21 卜筮	27 卜筮		27 筮卜	27 筮卜	27 卜筮						
33 夢珍	38 釋夢		14 夢員	22 夢解	23 夢解	26 解夢	16 解夢	32 夢解	32 夢解	16 夢解	16 夢解	16 解夢	13 夢解	13 解夢	13 夢解	13 夢解	13 夢解	13 夢解
			32 斷易	28 秤命	28 秤命		22 評命	17 秤命	17 秤命	22 數命	22 數命	22 秤命	17 秤命	17 評命	17 秤命	17 秤命	17 數命	17 秤命

21 星命	29 星命	23 星命	25 星命	29 星命	27 命理	27 命理	18 星命	20 命書					20 命理						
22 相法	30 相法	24 相法	21 相法	15 相法	20 相法	20 相法	19 相法	21 相法	11 相法	11 相法	21 風鑑	21 風鑑	21 相法	16 相法	16 相法	16 相法	16 相法	16 風鑑	16 相法
25 算法	22 算法	26 算法	14 算法	17 算法	16 算法	13 算法	29 算法	9 算法	21 算法	21 算法	9 算法	9 算法	9 算法	8 算法	8 算法	8 算法	8 算法	8 算法	8 算法
																		一 看銀	一 看銀
																		二 各條約	二 各條約
	21 商旅																	三 貿易	三 貿易
28 農桑	38 農桑	5 農桑	9 耕佈	28 耕佈	9 農桑	22 農桑		6 農桑	12 農桑	12 農桑	6 農桑	6 農桑	6 農桑					四 花草鳥獸	四 花草鳥獸
						35 茶論		14 採茶		14 茶經	14 茶經	14 採茶							
	37 牧養		24 馬經			31 牛馬		17 牛馬	30 牛馬	30 牛馬	18 馬牛	18 馬牛	17 牛馬	14 牛馬	14 牛馬	14 牛馬	14 牛馬	14 馬牛	14 牛馬
18 醫學	26 醫學	20 醫學	33 醫林	13 醫學	25 醫學	25 醫學	22 醫學	29 醫學			29 醫學	29 醫學	29 醫學						
32 法病	41 法病	36 法病	27 法病		32 法病	33 祛病		30 祛病	26 祛病	26 祛病	30 祛病	30 祛病	30 祛病	20 祛病	20 祛病	20 祛病	20 祛病	20 祛病	20 祛病

19 保嬰	27 護幼	21 保嬰	18 種子	32 種子	15 種子	8 種子	24 全嬰	24 種子	8 種子	8 種子	24 種子	24 種子	24 種子	19 種子	19 種子	19 種子	19 種子	19 種子	19 種子
	28 胎產			31 祈嗣			23 婦人												
26 武備	14 武備	27 武備	20 武備	19 武備			6 兵法	16 武備	16 武備										
27 養生	25 養生	33 養生	28 養生		26 養生	34 養生	25 衛生	4 養生	4 養生										
33 修眞	23 眞修	34 脩眞	29 脩眞	33 脩眞															
	24 金丹																		

　　由上表可知，明清時期民間日用類書內容實涵蓋民間生活四大領域，即生活環境、社會生活、精神生活與物質生活。

　　生活環境包括屬時間觀念的天文門、時令（時分）門，史地常識的人紀門、地輿（地理）門、諸夷（外夷）門，及官秩律令的官職（官品、官爵、品級、爵祿）門、律法（律例、法律）門。

　　社會生活包括屬家庭教育的童訓（童蒙、師儒）門、四禮（婚娶、冠婚、喪祭、喪禮）門、社會教育的勸諭（閒中記）門，與人平時交往的書柬（書啟、柬札、文翰）門、僧道門，以及涉及法律責任的關約（民用、狀式、啟劄、體式、狀法）門。

　　精神生活包括怡情養性與娛樂活動兩部分，前者有屬寫字的書法（筆法、字法、字體、字學、篆書）門、滿漢合書（清字）門，畫圖的繪畫（畫譜、書畫）門、翎毛門，音樂的琴學（琴譜、音樂）門、歌曲門，文字游戲的詩對（詩聯、對聯）門、侑觴（酒令、時令）門、笑談（笑謔、談笑、笑話）門、記巧（謎令、詩謎）門、奇策門、雜覽（雜用）門等；後者有屬棋藝的棋譜（棋局）門，骰戲與牌術的八譜（五譜、四譜、牙牌）門、博奕（博戲）門，技法的戲術（玄術、玄教、仙術）門、蹴踘門，嫖妓的風月（子弟）門。

　　物質生活包括謀生技藝、玄理術數及養生保健與醫療衛生三部分〔註48〕，其中，謀生技藝有屬農業活動的農桑（耕佈）門、茶經（採茶、茶論）門、牧養（馬牛、牛馬、馬經）門，屬計算能力與商業活動的籌法門、商旅（貿易、看銀、條約）門；玄理術數有屬看風水的營葬（塋葬、地理、堪輿）門、陽宅（營造、宅經）門，擇吉避凶的剋擇（通書）門，占卜用的卜筮（卜員）門、占課（筶譜、關王筶、六壬課、數課）門、解夢（夢珍、釋夢、夢員、夢解）門，算命的星命（命理、命書、評命、數命、秤命、斷易）門，看相的相法（風鑑）門；養生保健與醫療衛生有屬於事前預防用的養生（衛生）門、武備（兵法）門、修身（脩真、真修）門、金丹門，還有事後治療用的醫學門、種子（保嬰、護幼、胎產）門、祈嗣門、婦人門、袪病（法病）門。

　　若將上表各類目分成四大領域觀之，可知其變化情形如下：

一、就生活環境而言：

　　1、天文門、地理門、人紀門、外夷門，自明代至清代各版本均有，從未中斷；而時令門除《五車拔錦》、《積玉全書》外，自明代至清代各版本亦均有，未曾中斷，且這些門類依天、地、人、事、物的傳統類書內容順序排列之，顯示民間日用類書淵源與傳統類書間的關係，其編纂仍保有傳統類書的痕跡。

　　2、品級門自明代至清代各版本均有，此門類主要是為做官準備之用，明清時期的持續刊布應與科舉制度關係密切；且對一般百姓而言，亦為對官府的基本認識，以為涉及法律或訴訟事件時的必備知識。

二、就社會生活而言：

　　1、文翰門自明代至清代各版本均有，未曾中斷，明代版本中甚至列有專與出家人交往參考用的僧道門，可見當時民間社會交往仍以書束運用最普遍。

　　2、四禮門、訓童門明代版本時有時無，清代版本則無；而勸諭門明代版本亦

〔註48〕筆者將玄理術數歸類於物質生活係考量其應用及影響層面主要在物質生活領域。事實上，玄理術數甚難歸類，其理論內涵涉及思想，而思想屬精神層面，其實際應用涉及物質生活與社會生活兩方面，如人們透過命理與相法研判此人善惡好壞決定是否交往或婚配、透過陽宅風水決定如何建築自家住宅求得吉運、透過陰宅風水以求子孫後代福祉、透過各式擇日與雜占決定何時修造遷移、買賣立契、製作生產、耕種漁獵、出行求學仕宦，乃至求醫服藥以保身治病，而能否受孕生子亦涉及擇日之事等等；總括明清時期各版民間日用類書中提及玄理術數的實際應用及其影響，確含物質生活與社會生活兩方面，而尤以物質生活為主，故筆者將玄理術數納入物質生活範疇中討論。

時有時無，清代版本則均有。

3、關約門、狀式門、律法門明代版本有，清代前期三十二卷版本亦有，但清代前期三十卷版本及清代後期二十卷版本則無。

三、就精神生活而言：

1、書法門自明代至清代各版本均有，未曾中斷，且清代爲適應異族政權統治下新社會的需要，甚至立有滿漢合書門，方便人們學習滿文以爲日常生活之用。然此發展至光緒末年因滿漢融合已久，不符實際社會需要，而將滿漢合書門改成篆體門。繪畫門自明代至清代亦各版本均有，未曾中斷，且明代版本甚有另設翎毛門，專述花鳥畫者，蓋書法與繪畫二者應爲明清時期民間最普遍的怡情養性方式。

2、琴學門明代版本時有時無，清代前期三十二卷版本列有，但清代前期三十卷版本及清代後期二十卷版本則無。

3、屬文字游戲的詩對門自明代至清代前期版本多列有，但清代後期二十卷版本則無；雜覽門明代版本多列有，清代前期三十二卷版本亦有，但清代前期三十卷版本及清代後期二十卷版本則無；酒令門自明代至清代前期版本均有，但清代後期二十卷版本則無；談笑門除《五車拔錦》外，自明代至清代各版本均有，未曾中斷；若將上述四者合併觀之，可見文字游戲的發展，不論是詩文、對聯、酒令等項，自明至清代版本的內容有逐漸縮減趨勢，僅說笑話一項持續不衰，始終在民間日用類書中占有一定篇幅。

4、屬棋藝游戲的棋譜門在明代版本有專設一門者，但清代版本則將其內容併入八譜門、四譜門或博奕門中，可見此項娛樂雖持續力甚強，但清代亦不若明代所占篇幅之大；而八譜門則除崇禎元年刊本《萬寶全書》外，自明代至清代各版本均有，顯示此門類中所載之骰戲、牌術、技法等娛樂活動始終爲民間所需要，尤其是屬技法游戲的蹴踘一項，在明代版本還自成一門類者。

5、戲術門除《積玉全書》及崇禎年間刊本《萬寶全書》外，自明代至清代前期三十二卷版本均有，但清代前期三十卷版本及清代後期二十卷版本則無，而到光緒末年續卷本中又出現，此種游戲能在清代末再度興起應與當時環境的新刺激有關。

6、風月門在明代萬曆年間版本均有，崇禎年間僅一個版本列有，而清代各版本均無，似顯示風月這種娛樂活動在明代較清代來得公開。

四、就物質生活而言：

1、營葬門除《積玉全書》外，自明代至清代前期三十卷版本均有，且後來將之區分為陽宅與陰宅兩個門類；但清代後期二十卷版本則不再刊載。剋擇門自明代至清代前期三十二卷版本均有，但清代前期三十卷版本及清代後期二十卷版本則無；而卜筮門或卜筶門自明代至清代前期三十卷版本均有，但清代前期三十二卷版本及清代後期二十卷版本則無。

2、解夢門除《五車拔錦》、《萬用正宗分類學府全編》外，自明代至清代版本均有；秤命門自明代至清代各版本亦均有，在某些明代及清代前期三十卷版本中，還分為秤命及命理兩個門類；而相法門自明代至清代各版本中亦不曾間斷；綜合觀之則解夢、秤命、相法三者可說是明清時期民間最普遍而受重視的玄理術數項目。

3、筭法門自明代至清代各版本中不曾間斷，可見基本計算能力在民間社會之重要性。而《三台萬用正宗》還另設商旅門以說明經商之道，至清末續卷版本更增加看銀、條約、貿易等項以適應五口通商後新的經商環境，可見商業的相關訊息愈受重視。

4、農桑門除《積玉全書》外，自明代至清代前期版本均有，其中，崇禎年間刊本及清代前期三十卷版本中還另設有茶經門；但清代後期二十卷版本則無，至清末續卷本又出現花草鳥獸門。而牛馬門在明代版本中時有時無，但至清代各時期版本中則均有；蓋中國以農立國，四民之中亦以農民占大多數，故民間日用類書中刊載關於農業方面的知識以利人們使用。

5、醫學門除清代前期三十二卷版本外，自明代至清代前期版本均有，但清代後期二十卷版本則無；然祛病門除萬曆42年序刊本《萬寶全書》及《積玉全書》外，自明代至清代各版本均有，不曾中斷，顯示此種民俗（精神）治療方式在民間之普遍。

6、種子門自明代至清代各版本均有，未有中斷，且《三台萬用正宗》、萬曆42年序刊本《萬寶全書》及《積玉全書》均另設有護幼、祈嗣、婦人門以加強說明，可見明清時期民間特別注重傳宗接代之事。

7、武備門除崇禎元年刊本及崇禎年間刊本《萬寶全書》、《全書備考》外，自明代至清代前期三十二卷版本均有，但清代前期三十卷版本及清代後期二十卷版本則無；養生門除萬曆42年序刊本《萬寶全書》外，自明代至清代前期三十二卷版本均有，但清代前期三十卷版本及清代後期二十卷版本則無；而脩眞門僅見於明代萬曆年間各版本，自崇禎年間版本以迄清代各時

期版本均不見。

綜觀明清時期各版《萬寶全書》的類目變化，若以生活環境、社會生活、精神
生活及物質生活四大領域區隔之，則四部分中，有關生活環境的類目幾無任何變化，
社會生活的類目雖有變化，但變化較小，而精神生活與物質生活的類目不但有變化，
且變化幅度甚大。而其變化情形是，自明代至清代民間日用類書版本的卷數及類目
均逐漸減少；大致而言，自明代至清代前期版本中，主要減少的是社會生活方面內
容，包括童訓教養、四禮規範，及部分關禁契約、呈結訴訟，精神生活方面則是部
分文字游戲及風月娛樂，還有物質生活方面的養生部分等門類；至於清代前期至清
代後期版本中，則將社會生活方面的關禁契約、呈結訴訟，精神生活方面的琴學、
技法及文字游戲，物質生活方面的養生、醫學及玄理術數部分等門類大量刪除。值
得注意的是，明代各版民間日用類書的卷數及類目不僅多，且各類目的排列順序並
不一致，差距性甚大；然發展至清代前期，不論是三十二卷或三十卷版本均已漸呈
固定排列，再至清代後期二十卷版本中，不但類目排列固定，連卷數都是一定的，
亦即清代後期民間日用類書似乎只有一種版本，而由各個不同出版社刊印。到了清
末版本雖有續卷，然均在原來二十卷版本的基礎上增印若干新內容，以適應時代需
要；然其並非全新排版或全然不同內容，直至民國以後才另見不同排版、內容，乃
至名稱的民間日用類書之出現。

由上述民間日用類書類目的演變情形，可知綜合性民間日用類書的發展在明代
是頗為活潑而多樣化的，到清代前期開始朝簡化、定型化方向發展，此一發展趨勢
在清代後期尤為明顯，已達制式化階段；而清末因應新環境變遷的刺激影響，必須
有新內容的增補以應需要，然此時基本上仍處於傳統與新式並立階段，故民間日用
類書的類目內容亦呈現新舊雜陳特色；再到民國以後綜合性民間日用類書的刊印出
版又恢復其活潑及多樣化特點。

第三章　文化基礎的傳承

　　文化基礎的傳承指得是人們日常生活中對生存環境的了解與適應，此包括自然環境中時間觀念之認識，以及人文背景中歷史與地理常識、官府與律令的了解。本章擬就明清時期民間日用類書之相關內容，說明此時期民間對其生活環境的掌握及其特點。

第一節　天文曆法

　　中國古代科學發展中，天文學的成就甚大，因其涉及農業活動之需要。而民間對於天候常識的掌握尤關緊要，故明清時期民間日用類書均有天文門或時令門設立以供參考使用。而其內容大致分為天文、氣象及曆法三部分。

　　天文方面，包括有天運循環論以使人明白天、地、人之生成，及其周而復始情況；如：

　　　　夫自有天地至于窮盡，謂之一元。一元有十二會，會有一萬八百年；子會生天，丑會生地，寅會生人，至戌會則閉物而消天，亥會消天而消地，至子會則又生天，而循環無窮矣。天地未分之始，謂之盤古；既分之後，以天皇氏謂之子會，地皇氏謂之丑會，人皇氏謂之寅會，共二萬二千四百年，而後歷卯辰巳之會；至堯之時，正當十二萬九千六百年之半，夏禹八年得甲子，入午會之初運，自此以後，可遞而推之〔註1〕。

　　也有分別解釋各種天文現象的內容，如太極、兩儀、兩曜、晦朔弦望、日蝕、月蝕、十二次日月交會、七政、璿璣玉衡、分天等，並有相應之天文星象圖，如太

〔註 1〕《學海群玉》，萬曆 35 年序刊本，卷 1〈天文門〉，頁 1 上～下，「天運循環論」。

虛元化之圖、兩儀之圖（兩儀生四象圖、四象生八卦圖）、兩曜之圖、晦朔弦望之圖、日蝕月蝕之圖、十二次日月交會圖、七政之圖、璇璣玉衡之圖、分天之圖、秋分及冬至傳度圖、五辰四行圖、北斗七政樞機圖、二十八宿星數圖等以幫助人們了解。

這些天文現象內容多取材相關古書記載，如太極的解釋是：

〔漢律曆誌云〕太極元氣函三爲一。〔三五曆紀云〕未有天地之時，混沌如雞子，溟滓始芽，鴻濛滋萌。〔易係疏云〕太極謂天地未分之前，元氣混而爲一，是太初太一也，老子道生一，即此太極也。〔莊子云〕無極而太極，太極動而生陽，動極而靜，靜而生陰，靜極復動，一動一靜，互爲其根，分陰分陽，兩儀立焉。陽變陰合而生水火木金土，五氣順布，四時生焉。五行一陰陽也，陰陽一太極也，太極本無極也，五行之生也，各一其性，無極之貞，二五之精妙，合而凝乾道成男，坤道成女，二氣交感，化生萬物，萬物生生而變化無窮焉。惟人也得其秀而最靈，形既生矣，神智發矣；五性感動而善惡分，萬事出矣。聖人定之以中正仁義，而主靜立人極焉，故聖人與天地合其德，與日月合其明，與四時合其序，與鬼神合其吉凶。君子修之吉，小人悖之凶，故曰，立天之道，曰陰與陽；立地之道，曰柔與剛；立人之道，曰仁與義。〔周子通書云〕太極只是天地萬物之理，在天地則天地中有太極；在萬物則萬物中各有太極；未有天地之先，畢竟先有此理〔註2〕。

而兩儀的說明則爲：

〔易云〕太極生兩儀。〔易係疏云〕太極謂天地未分之前，元氣混而爲一，二氣既分之後，陽氣居上爲天，陰氣居下爲地，謂之兩儀。〔玉海云〕太極未判，天地人混沌；太極既判，輕清者爲天，重濁者爲地，清濁混者爲人。輕清者氣也，重濁者形也，形氣合者人也。故凡氣之發見於天者，皆太極中自然之理，運而爲日月，分而爲五星，列而爲二十八舍，會而爲斗極，莫不皆有常理。天地元氣所生，天謂之乾，地謂之坤；天員而色玄，地方而色黃；天者乾之形，乾者天之用，天之形望之，其色蒼然，南樞入地下，北樞出地上，狀如倚杆，此天形也。〔晉天文志云〕天員如倚蓋，地方如棋局，天旁轉，半在地上，半在地下。〔朱子云〕天行健，天周圍三百六十五度，四分度之一，繞地左旋，常一日一周，而過一度，非至健而不能也〔註3〕。

其它如兩曜說採自《周髀》、《山海經》、《淮南子》、《論衡》、《雜俎》、《萬花谷》，晦朔弦望說源於《律曆志》，七政說引用《漢天文志》、《晉志》，璇璣玉衡說選取《書

〔註2〕《三台萬用正宗》，萬曆27年刊本，卷1〈天文門〉，頁2上～下，「太極說」。
〔註3〕《三台萬用正宗》，萬曆27年刊本，卷1〈天文門〉，頁3上～下，「兩儀說」。

經》，而分天說則採用《呂氏春秋》等〔註4〕。

　　除引用古書中學者們的相關學說解釋天文現象外，民間日用類書亦不乏大量篇幅刊載涉及陰陽五行思想的天文祥異內容，亦即觀察天象變化而相信人世間有相應之天災人禍；如天類部分有云：

　　所謂天衝者，如人赤首青衣，凡見之主天下太平，四方寧謐之瑞也。

　　天開者，人見之主富，老者主壽，或廣十餘丈，或長三十餘丈，其內或青黃雜色，或紅光炳耀，或上帝晃旒拱立，或雲霞傾洞樓閣參差，光明下照。

　　所謂天裂者，陽不足也，而地動者，陰有餘也，凡天裂者主地欲分裂，溝渠涸竭也〔註5〕。

太陽部分有云：

　　日暈五色，一重或兩三重，皆主黑風大發大旱，不出三年應。

　　日一重向月，鄰國有大兵，又有人入國之事。

　　日畫昏人無影，主有刑罰急切事，又主大水。

　　日色無雲自暗，二三日不見者，主有大喪事〔註6〕。

其它還有太陰、星宿等部分，每則內容均以上圖下文方式呈現，方便人們了解。

　　同時，為證明天文祥異觀念有其可信度，書中還刊載歷代實例以為佐證〔註7〕。如：

　　漢武帝建元二年四月，有星如日夜出元光中，天星盡搖；上問候星者，對曰，星搖者民勞也，后伐四夷，百姓皆勞于兵革〔註8〕。

又如：

　　唐玄宗時內亂淫佚，天有憂色，天寶十四年五月五日午時，烈日當懸乎空中，天鳴若雷，如風水相激，鵠立群臣莫不震恐，未知天意何如。其年內變生，而安祿山叛，搖撼海內，黎民塗炭。大凡天鳴者，謂之天怒，王國憂驚〔註9〕。

實例說明外，亦往往佐以圖示輔助了解。

〔註4〕《三台萬用正宗》，萬曆27年刊本，卷1〈天文門〉，頁3下～5下，「兩曜說」、「晦朔弦望說」；頁6下～7下，「七政說」、「璿璣玉衡說」、「分天說」。

〔註5〕《五車拔錦》，萬曆25年序刊本，卷1〈天文門〉，頁1上～下，「天類」。

〔註6〕《五車拔錦》，萬曆25年序刊本，卷1〈天文門〉，頁4上～下，「太陽類」。

〔註7〕《萬錦全書》，萬曆年間刊本，卷1〈天文門〉，頁1上，「天象吉凶」曰：「凡載書立言，無微不信。天文之事，幾誰知之：……特稽古可考究，若帝王之嘉瑞，士民之兆慶，錄七八以為鑑，知天者莫以為略」。

〔註8〕《萬錦全書》，萬曆年間刊本，卷1〈天文門〉，頁7下～8上，「建元星變」。

〔註9〕《萬錦全書》，萬曆年間刊本，卷1〈天文門〉，頁5上～下，「占天鳴」。

　　氣象方面也有徵引古書內容將各式天氣形成原因加以解說者，如風是「天地之氣虛而成風〔稗雅〕。巽爲風〔易係〕。飛廉風伯也，風師箕星也〔風俗通〕」；雲是「山氣也〔說文〕。雲之爲言運也，觸石而起謂之雲〔春秋說題〕。雲師謂之豐隆〔廣雅〕」；而霧則是「騰水溢故爲霧〔莊子〕。霧冒也，氣濛覆物也〔釋名〕」〔註10〕。其它還有雷、電、虹、霜、露、雪、水、雨、霰、雹等亦依據各不同古書說明其現象；如以《淮南子》、《抱朴子》、《月令》之釋雷；以《五經通義》、《公羊》、《太平廣記》、《神仙傳》之釋電；以《釋名》、《論衡》、《列仙傳》、《神異記》、《五行志》之釋雨；以《大戴禮》、《晉中興書》、《本紀》之釋露等〔註11〕。

　　但同時，民間亦相信配合種種天氣變化而來的氣候雜占，如占雲是：

> 雲氣如帶，或白或黑，在寅卯時或寅卯方見者，甲乙日必雨也。若辰巳時或辰巳夜上見者，丙丁日雨也。若陰晴雲帶潤色，隨便雨也。雲氣如帶，於寅卯時在日上下，或縱或橫，青色掩日多者，名陰精蔽日，當丙丁日有雨也。如午未方上，或午未時見掩日，則戊巳日雨也。若坤申時或坤申方上夾掩日者，庚辛日必雨。若酉戌方上或酉戌時見，壬丙日雨。

> 凡雲氣五色交雜，或赤或黑或青或白或黃者，乃天威之震，主有雹凍之災害。雲者陰黯色，主有災害。雲濃不雨，稻麥不收也。凡旺相之日降雨者，長生滋潤；萬物休囚之日降雨者，殺萬物焦枯也。過可驗。

> 諺云，雲行東雨無蹤，雲行西馬濺泥，雲行南水漲潭，雲行北雨便足〔註12〕。

而占霜是「初一朝謂之孤霜，主來年歉；連得兩朝以上者，主熟；上有蒼芒者吉，平者凶，春多主旱」；占雪則有「諺云，臘月見三白，來歲主成熟。又云，若要麥見三白，冬無雪麥不結」；此實言「雪降多主豐年之兆也」〔註13〕。其它還有占風、占雷、占霞、占雨、占露、占電、占水、占地等，以利人們農耕時參考。

　　農事活動最重要的是曆日部分，若曆日不準則無法掌握天時，以有效從事農耕；且曆日亦涉及民間之算命、擇日等活動，實不可不慎重〔註14〕。（參閱第四章第二節）爲使社會大眾明其緣由，民間日用類書首先指出：曆日源於黃帝命伶倫作

〔註10〕《萬用正宗分類學府全編》，萬曆35年刊本，卷1〈天文門〉，頁14下～15上。

〔註11〕《三台萬用正宗》，萬曆27年刊本，卷1〈天文門〉，頁13下～14上，「雷說」、「附電說」、「雨說」、「附露說」。

〔註12〕《學海群玉》，萬曆35年序刊本，卷1〈天文門〉，頁16下～17上，「占雲」。

〔註13〕《學海群玉》，萬曆35年序刊本，卷1〈天文門〉，頁18上，「占霜」、「占雪」。

〔註14〕民間日用類書因此而在此門類首頁中言：「此卷宜與星命、尅擇門參看」；見《三台萬用正宗》，萬曆27年刊本，卷3〈時令門〉，頁1上。

黃鐘之宮制，再以之成六陽律、六陰呂互配爲十二月〔註15〕。並介紹古代計時的刻漏制度，及其自黃帝時期到唐代定制的演變情形，且以〈銅壺滴漏圖〉、〈今制蓮漏圖〉等圖示說明今制計時器與古制之差異〔註16〕。

　　而有關時間週期的了解及時間刻度的訂定，實需透過對太陽及月亮的長期觀察乃可得出；如〈定太陽出沒歌〉、〈定太陽行度詩〉、〈定太陰行度詩〉、〈定月大小法〉之定年與月，〈晝夜百刻日永日短圖說〉、〈定寅時歌〉、〈二十四時姓名〉之定時，〈四時訓釋〉之明四季，〈太陽出沒定局〉、〈定節氣日辰法〉、〈定節氣時刻法〉、〈二十四氣節候〉之明節氣，乃至〈六十甲子歌〉、〈太歲秘號〉之明一甲子，以及定閏時的〈置閏本原〉、〈定閏月法〉等〔註17〕。這些內容，有屬較複雜繁瑣者，亦有淺顯易明的部分；如以定月之時間週期而言，〈定太陽行度詩〉即屬前者，其內容以口訣表示如下：

> 太陽躔度不虛行，大寒五月子相迎，雨水四日居亥上；春分初六戌分明，谷雨九辰臨酉上；小滿九日便過申，夏至八辰歸未上；大暑八日午運行，處暑當家九日巳；秋分十一始來辰，霜降十一烏出兔；小雪十二始歸寅，冬至八日來丑位；十二宮中不暫停〔註18〕。

此係將太陽位置配合二十四節氣之分別，予以確切定位，使人明白各月起訖時間。〈定太陽出沒歌〉則屬後者，其內容曰：「正九出巳入庚方，二八出兔入雞場；三七癸甲入辛位，四六生寅入大藏；五月生艮歸乾上，仲冬出巽沒坤方；惟有十與十二月，出辰入申仔細詳」〔註19〕。此乃直接指出一年十二月中各月太陽之位置所在，以使人清楚了解此時間週期。大致而言，較複雜繁瑣者所定出之時間刻度較精確，反之則偏概略而粗糙。

　　事實上，民間還有以更通俗之經驗累積法掌握時間之觀念，如以貓眼形狀明十二時辰者，其口訣爲：「子午卯酉一條線，辰戌丑未棗兒形；寅申巳亥員如鏡，十二時辰爲鐵定」〔註20〕。此法雖不科學，卻爲人們所認同；可見，民間對時間觀念的掌握未必完全需要絕對地客觀而精準。

〔註15〕《三台萬用正宗》，萬曆27年刊本，卷3〈時令門〉，頁2上，「曆法本原」。
〔註16〕《新刻鄴架新裁萬寶全書》，萬曆42年序刊本，卷5〈時令門〉，頁5下～7下，「刻漏制度」、「漢時刻漏制度」、「梁時刻漏制度」、「銅壺滴漏圖」、「今制蓮漏圖」。
〔註17〕《三台萬用正宗》，萬曆27年刊本，卷3〈時令門〉，頁1上～8上；《萬用正宗分類學府全編》，萬曆35年刊本，卷4〈時令門〉，頁4上～5下。
〔註18〕《學海群玉》，萬曆35年序刊本，卷4〈時令門〉，頁1上～下，「定太陽行度詩」。
〔註19〕《學海群玉》，萬曆35年序刊本，卷4〈時令門〉，頁1上，「定太陽出沒歌」。
〔註20〕《三台萬用正宗》，萬曆27年刊本，卷3〈時令門〉，頁3上，「看貓眼定時法」。

　　除上述年、月、日、時、季節、節氣等時間週期的推算及相關了解外，民間另有爲配合農業活動而需推算出的其它重要時間週期；這些重要農耕日期的推算，大致以前述時間週期爲基礎，加上較經驗性而制式的計算方式而成；如梅雨的算法是「立夏後庚日入，芒種後壬日出；芒種後丙日進，小暑之後未宮。芒種後壬日入，夏至後庚日去無踪；江南以三月爲梅雨，五月爲送梅雨」；定三伏日法是「夏至後三庚爲初伏，第四庚爲中伏，立秋後逢庚爲末伏」〔註21〕。其它還有〈求龍治水〉、〈求牛耕地〉、〈求淂幸〉、〈求二社日〉、〈求臘日法〉、〈求姑把蠶〉等〔註22〕，以供民間參考使用。

　　上述這些時間週期，隨著農家長期使用及經驗累積，民間往往以之作爲占天候，甚至卜吉凶之依據，且由此產生許多天時瑣占及口訣。如以日爲準者，凡元旦日：

　　　　值甲，米賤人疫；值乙，米貴人疫；值丙，四十日旱；值丁，絲綿並貴；值戊，麥粟魚鹽；值己，米貴多風雨；值庚，禾熟人病；值辛，麻貴麥貴禾大熟；值壬，米賤大豆貴；值癸，禾災人疫〔註23〕。

又「元旦日，四方有黃雲氣，五穀大熟；有青氣雜黃，主蝗；赤色，主旱；黑氣，大水；白色，主災」〔註24〕。若以月爲準者，如：

　　　　正月，歲朝霧黑四邊天，大雪紛紛是旱年；若淂立春晴一日，農夫不用力耕田。

　　　　二月，驚蟄雷狂未足奇，春分有雨病人稀；月中但淂逢三卯，豆果棉花處處肥。

　　　　三月，風雨相逢初一頭，鄉村瘟疾萬人憂；清明風發南上起，定主農家更有收。

　　　　四月，立夏東風小滿痾，晴逢初八果生多；雷鳴甲子庚辰日，必主蝗蟲侵稻禾〔註25〕。

也有以季節爲準者，如「春丙寅晴，無水撒秧；夏丙寅晴，乾死禾娘；秋丙寅晴，乾曬入倉；冬丙寅晴，無霜無雪」〔註26〕。或以節氣爲準者，如立春時：

　　　　東方青雲小麥熟，南離赤色小豆多，西方白雲糯谷好，北坎黑霧麥苗少；若

〔註21〕《學海群玉》，萬曆35年序刊本，卷4〈時令門〉，頁4上，「定梅雨」、「定三伏日」。
〔註22〕《萬用正宗分類學府全編》，萬曆35年刊本，卷4〈時令門〉，頁1上～2下。
〔註23〕《萬用正宗分類學府全編》，萬曆35年刊本，卷4〈時令門〉，頁1上，「值日吉凶」。
〔註24〕《萬寶全書》，崇禎元年刊本，卷10〈時令門〉，頁1下～2上，「預占八節雲氣」。
〔註25〕《學海群玉》，萬曆35年序刊本，卷4〈時令門〉，頁8上～下，「年月豐稔歌」。
〔註26〕《三台萬用正宗》，萬曆27年刊本，卷3〈時令門〉，頁5上，「四時丙寅晴」。

　　　　見黃色禾豐盛，中央黃霞黍米浮。一年雲色在春看，至晚不見日色現，一歲
　　　　大熟民歡慶，有風一日禾半收，風雲聚會人多疾。

立冬「屬火來年旱，逢水來春水必多；遇金來夏豆麥好，遇木次夏水旱災；值土來
年五谷盛，處處田禾足豐盈」〔註27〕。而「立夏日巳時，東南方有青氣，年豐；如
青氣不現，歲多災」、「立秋日申時，西北方有雲氣，宜粟；如無，萬物不成、地震、
牛羊死，在來年正月見」〔註28〕。

　　亦有以地支日為準者，如：

　　　　子日、丑日雷，六畜多瘴災；寅日鳴雷震，民安米粟高；巳日雷震動，田收
　　　　虫蛇會；午日雷聲響，一年旱多遭；未日雷電掣，民疾女沈痾；申雷春多旱，
　　　　戌包損田皋；酉亥風雷起，人民苦勞憎〔註29〕。

或「甲子豐年丙子旱，戊子蝗蟲庚子亂；惟有壬子水滔滔，只在正月上旬看」〔註30〕。

　　還有以各種特殊時日來占候者，如：

　　　　上元日出晴明秀，萬花茂盛百草就；社日下雨年時美，樹枝無花果凋萎；三
　　　　月三日若下雨，蠶娘抽絲樂栩栩；清明午前一日晴，早蠶大旺不須驚；午後
　　　　清明晚蠶好，夜雨麥爛蠶胥稿（槁）；四月四日雲霧雨，米谷貴來人嘆息；
　　　　四月八日大雨施，一年豐熟花果稀；四月十二雨紛紛，大小麥苗收四門。

又「端陽日色來年盛」、「秋社雨艱來年豐」、「重陽雨大熟盈光」等〔註31〕。

　　甚至，有以廟會日占天候者，即認為龍神朝會乃大殺逢合之日，皆有惡風，無
風則雨乘，故船宜忌之〔註32〕。或各月有諸神逢會日亦有惡風，如：

　　　　正月初十、二十，乃大將軍下降逢太后之日，午後三刻有惡風。

　　　　二月初九、十二、十四、十七，乃諸神交會，酉三刻有惡風。

　　　　三月初二、十七、二十七日，乃神朝上界逢星君之日，午後有大風。

　　　　四月初八、十九、二十三日，乃諸神逢會之日，午后三刻有惡風。

　　　　五月初五、十二、十九，天王朝上帝之日，申酉有惡風。

〔註27〕《三台萬用正宗》，萬曆27年刊本，卷3〈時令門〉，頁5上，「立春雲色歌」、「立
　　　　冬荒熟歌」。
〔註28〕《萬寶全書》，崇禎元年刊本，卷10〈時令門〉，頁2上，「預占八節雲氣」。
〔註29〕《三台萬用正宗》，萬曆27年刊本，卷3〈時令門〉，頁5上～下，「年歲占雷」。
〔註30〕《三台萬用正宗》，萬曆27年刊本，卷3〈時令門〉，頁4下，「甲子荒熟歌」。
〔註31〕《三台萬用正宗》，萬曆27年刊本，卷3〈時令門〉，頁5下～6上，「歲節晴雨
　　　　歌」。
〔註32〕《三台萬用正宗》，萬曆27年刊本，卷3〈時令門〉，頁6上～下，「定龍神行度風
　　　　颶日」。

六月十九、廿七，地合日，卯辰時有惡風〔註33〕。

有時無惡風即有雨，如「正月初十日，晦日，大將軍下界逢大煞星，午時三刻主惡風，無風即雨」、「三月初三、十七、二十七，諸靈祇朝上界逢星，午時后大風，無風即雨」、「四月初七、十九、二十三日，諸神會逢太白，辰時五刻有風，無風即雨」等〔註34〕。

　　窺諸明清時期民間的天文曆法知識，可知有科學理論層次部分，如各式天文、氣象及曆法理論；亦不乏涉及陰陽五行之迷信色彩者，如種種天文祥異、氣候雜占，及天時瑣占等。有解釋天文、氣候、曆法理論之屬學理性之艱澀內容，亦有相當多較偏記憶性質之口訣，或經驗累積式之推算時間、農耕日方式。所以如此，實因民間社會對其生活自然環境之成因仍不甚了解，而對其日常生活中經常接觸者則頗為熟悉，故可累積具體之經驗所致。同時，對民間而言，自然環境中天地日月的成因實非其關懷主體；如何有效掌握天時，順利進行農耕活動，並因經驗累積，明白各種天時含義，以避害防災，才是生活中最重要的部分。

　　又綜觀民間日用類書有關天文曆法內容之刊載，自明代至清代版本從未間斷，可見民間對此類知識需求之殷，然即使如此，各版本內容亦有差異。大體而言，不論是明代或清代版本，其刊載內容主要均有屬較具學理性質，內容解釋頗為複雜、艱澀之理論者，及較偏實際應用，且以簡易文句或口訣等方式呈現以利大眾使用者兩部分；但明代版本中，兩種內容比重相當，而清代版本，不論是前期三十卷版本或後期二十卷版本，均刪減許多天文、氣象、曆法的理論，特別是有關淵源解說或學理性質較高部分，如解釋天文理論的〈天運循環〉、闡述曆日由來的〈曆法本原〉、說明計時器淵源及其演變的〈刻漏制度〉及古今圖示，還有其它多種定年、月、日、時，乃至四季、節氣、甲子等時間週期之方法；保留較多的是各種天文祥異、氣候雜占、天時瑣占，以及求龍治水、求牛耕地、求得幸日、求二社日等重要耕種日之簡易推算法而已。

第二節　史地常識

　　明清時期民間的歷史常識主要有二，一是對歷代政權演變及發展的了解，使人明其歷史根源；一是對各朝功臣、名將、文人、武士事蹟的知曉，以為個人立身行

〔註33〕《三台萬用正宗》，萬曆 27 年刊本，卷 3〈時令門〉，頁 6 下～7 上，「逐月惡風日」。又《新刻鄴架新裁萬寶全書》，萬曆 42 年序刊本，卷 5〈時令門〉，頁 3 下，稱「逐日惡氣」。
〔註34〕《三台萬用正宗》，萬曆 27 年刊本，卷 3〈時令門〉，頁 7 上～下，「定無風即雨訣」。

事的典範；而事實上，兩者主要均是爲意圖朝仕宦之途發展者預作準備。

就前者而言，爲方便民間快速記憶各朝政權演變情況，民間日用類書往往將其以詩句或歌訣形式呈現，如最簡單的是七言律詩：

> 三王五帝夏商周，戰國歸秦及漢劉；吳魏晉終南北宋（朝），隋唐五代宋元休。大明卓立乾坤曉，洪武開來日月秋；四海八荒咸納慶，黎民千古頌皇猷〔註35〕。

較複雜的是七言歌訣：

> 伏羲神農與黃帝，是謂三皇掌天地；少昊顓頊及高辛，兼以唐虞號五帝。夏商周分曰三代，戰國七雄侯十二；秦惟二世有楚王，西漢後爲莽篡位。東漢誅莽復中興，三國魏蜀吳繼至；西晉承魏都洛陽，東晉起於司馬極。南朝宋齊及梁陳，北號後魏東西魏；北齊後周同一隅，隋帝興分乃楊氏。李唐之後有五代，梁唐晉漢周相繼；繼周者宋天下平，迫宋南遷是胡金。元滅胡金取宋繼，南北混一九十歲；自堯迄元幾春秋，二千七百二十四。帝王神器已有歸，大明接統萬萬歲〔註36〕。

也有更繁瑣的說明是：

> 伏羲之後有神農，神農之後有黃帝，是故三皇傳統也。三皇之後有少昊，少昊之後有顓頊，顓頊之後有高辛，高辛之後有唐堯，唐堯之後有虞舜，是古五帝傳統也。五帝之後有大禹，是爲夏后氏，傳十七君歷四百餘年，而敗亡於桀；故湯承之是謂商王，傳三十君歷六百餘年，而敗亡於紂；故武王承之是謂周王，傳三十七君歷八百餘年，而陵夷於赧；由夏而商，由商而周，是爲三代。自平王東遷之後，雖春秋戰國之爭強，而皆宗主於周也；周衰秦昭主承之，至始皇遂滅六國，併一天下傳二世，至子嬰而亡；故高祖繼之是爲西漢，傳十二帝歷二百餘年，而敗亡於孺子；故王莽得以篡之，莽酷烈天下思漢，光武中興而誅莽，是爲東漢，傳十二帝歷一百九十餘年，而失於獻帝；兩漢之君前後二十四帝，而所稱者七制之主也。漢之後三國承之，以鼎足立有曹丕之魏、劉備之蜀、孫權之吳，而天下三分矣。三國之後有司馬炎立爲西晉，西晉之後繼而爲東晉；晉自惠帝以來，五胡亂華群雄並起，而有五涼、四燕、三秦、二趙、一夏、一蜀共十六國，迭滅於兩晉之間。王劉裕取晉而爲宋，蕭道成取宋而爲齊，蕭衍取齊而爲梁，霸先滅梁而爲陳，是爲南朝。

〔註35〕《新刻鄴架新裁萬寶全書》，萬曆 42 年序刊本，卷 3〈人紀門〉，頁 14 上～下，「歷代帝王總目詩」。

〔註36〕《三台萬用正宗》，萬曆 27 年刊本，卷 4〈人紀門〉，頁 1 上～下，「歷代帝王歌」。

在東晉孝武之際，而拓拔珪立，而爲後魏；魏後有寶煙記而爲西魏，善見繼而爲東魏；東魏禪位故高洋起而爲北齊，西魏禪位故宇文覺起而爲後周；其後北齊乃爲周所併，在西魏恭帝之際，又有蕭詧附庸立而爲後梁，是爲北朝。周後禪位，故楊堅繼而爲隋，而南朝陳，是北朝後梁亦從，而滅天下一統矣。隋後禪位，故李淵起而爲唐，傳二十一君，而所稱者三宗，歷二百九十年而衰於哀帝，故朱全忠繼之而爲後梁；梁敗後，故李存勗繼之而爲後唐；唐敗後，故石敬唐（塘）繼之而爲晉；晉敗後，故劉智（知）遠繼之而爲後漢；漢敗後，故郭威繼之而爲後周，是爲五代。唐末之亂，諸節度有兵力者，各據土僭號，若吳楚燕秦閩殿，吳越南唐南平三漢三蜀，十有餘國承襲，十五代之季而後滅；周敗後，故趙太祖繼之，是爲大宋，傳一十六君，歷三百一十六年而滅，女眞繼之，是爲大元，傳一十四君，歷一百六十三年而終順帝，而天下歸於大明。

文末還言自三代至五季，上下共八千八百餘年，而三代居其半，實因其有道；故爲政者若能「以三代之心爲心」，則必如三代一般，「國祚固如太山，天下安如磐石，億萬斯年以承天」〔註37〕。

亦有歌訣中內附解釋者，如：

粵惟盤古初開世，天地人皇巢遂氏，下及三皇曆數明，伏羲神農與黃帝〔天皇、地皇、人皇、有巢氏、燧人氏，年代無考；伏羲至黃帝，共二十五世，歷八百八十五年〕。運臨五帝迭相承，少昊顓頊帝嚳興，七十二年堯禪舜，舜年六一享昇平〔少昊八十四年，顓頊七十八年，帝嚳七十年；堯國號唐起甲辰，舜國號虞起丙辰〕。夏禹紹舜君十七，四百五十八年訖，商湯繼夏廿八君，六百四十四年滅〔夏朝禹王，姒姓起丁巳；商朝湯王，子姓起乙未；夏商及周稱三代〕。周朝三十七位殘，歷年八百七十三，強秦併吞惟四主，四十三年漢入關〔周武王姬姓起己卯，秦莊襄王嬴楚起壬子，漢高祖起乙未，西漢至東漢〕〔註38〕。

也有以表顯示者〔註39〕。（圖 3-2-1）

接著，是自三皇至當代，歷朝之各別介紹，包括傳君之數、傳位之年、各君在位時間、重要事蹟，甚至有相應歌訣；如夏朝「傳一十七主，禹起丁巳，止桀甲午，

〔註37〕《萬錦全書》，萬曆年間刊本，卷 3〈人紀門〉，頁 1 下～3 下，「歷代統系」。
〔註38〕《新刻鄴架新裁萬寶全書》，萬曆 42 年序刊本，卷 3〈人紀門〉，頁 1 下～2 上，「帝王源流」。
〔註39〕《萬錦全書》，萬曆年間刊本，卷 3〈人紀門〉，頁 1 上～下，「歷代帝系圖」。

共四百五十八年」；歌訣曰：

　　禹啓太康與仲康，帝相少康杼槐芒，泄不降扃歷孔甲，帝皇帝發履癸亡，家
　　天下者始夏禹，取天下者始成湯。

圖 3-2-1《萬錦全書》，萬曆年間刊本，卷 3〈人紀門〉，頁 1 上～下。

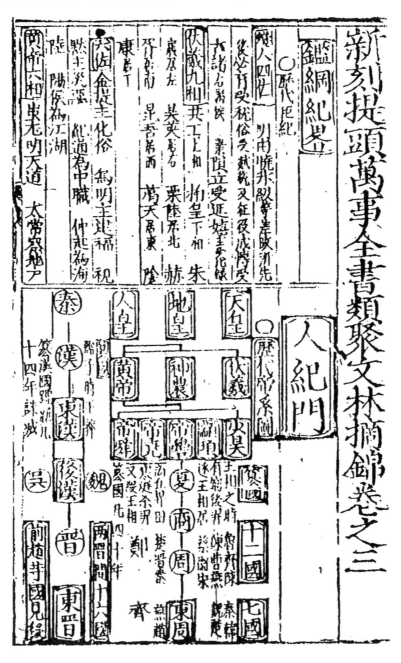

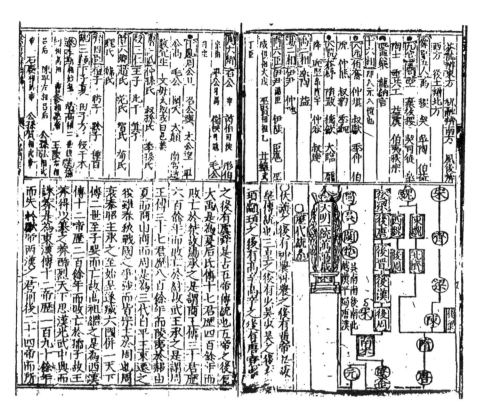

此實將夏朝世系及政權演變特色點出。而夏朝十七君——夏禹、啓、太康、仲康、帝相、少康、帝杼、帝槐、帝芒、帝泄、帝不降、帝扃、帝廑、帝孔甲、帝皋、帝發、帝桀——各有不同功績。其中，功績最著者乃禹，其說明爲：

> 夏之先，黃帝之後，高陽氏孫曰鯀，堯用治水，無功殛之。舜舉其子，以成
> 父績，而抑洪水天下平。堯以其功賜姒氏，舜爲天子，薦禹爲嗣。舜崩三年
> 喪畢，踐天子位，都安邑，今蒲州禹都縣，國號夏。元年丁巳，在位二十七
> 年。其德指金，其正建寅，色尚黑，別五服，敘五疇，薦益於天，朝覲訟嶽，
> 謳歌者不和益而知啓，遂踐天子位，能繼禹之道。

啓則是「元年甲申，在位九年，傳子自此始」；發展至最後的帝桀時「帝發之子，元年癸卯，在位五十二年，民怨其虐，指日而誓，湯奉天命，而放於南巢，天下歸商焉」〔註40〕。

又如唐朝「受隋禪，凡一十八帝，起唐高祖戊寅，止昭宣帝，共二百八十餘年」；歌訣曰：「高大高武中睿玄，肅代德順憲穆傳，敬宗文武宣宗續，懿僖昭帝與昭宣，高宗以後多女亂，肅宗以後多強藩」。亦將唐代各帝王承續，及政權發展中最具關鍵

〔註40〕《三台萬用正宗》，萬曆27年刊本，卷4〈人紀門〉，頁4上～下，「夏紀」。

性的問題指出。至於重要帝王功績,如開國皇帝高祖是「姓李名淵字叔德,仕隋爲太原留守,佐周封唐國公,進封唐王,與子起兵取天下;元年戊寅,在位九年;改元者一,武德九」;而有貞觀之治成就的太宗是「名世民,高祖次子;有龍鳳之姿,天日之表,稟聰明之性,文武之才,除隋之亂,比跡湯武,致治之美,庶幾平康;元年丁亥,在位二十三年;改元者一,貞觀二十三」。至於被篡位的中宗乃「名顯,高宗第七子;元年甲申即位,二月武后廢之,改元曰嗣聖」;而篡位成功的武后則是「名曌,高宗之后,受遺詔輔中宗,決政;后因廢中宗自立,革命稱周,僭號稱制;元年甲申,在位二十一年;改元者八,垂拱六、天授二、長壽四、通天一、神功一、聖曆二、久視二、長安四」〔註41〕。

　　然記載到現存政權時,則有不同內容;如萬曆版民間日用類書中載至明朝時曰:
　　　　大明太祖至正十五年,乙未六月起兵和州,渡江取太平,由是一征而取荊襄,
　　　　再征而清江湖,三征而閩海率從,四征而席捲全齊,五征而定周及梁,遂取
　　　　秦晉舉燕趙,南蠻北貊東夷西羌,天下賓服一統,咸來朝貢矣。
而個別介紹的皇帝也只載至萬曆止〔註42〕。

　　同時,對於歷代重要領袖或開國皇帝亦有四言詩句頌其事功,如伏羲氏是:「天主伏羲,首出御世,始畫八卦,更造書契,萬七千年,凡十五代,世上鴻荒,經史不載」;神農氏爲:「繼字炎帝,號曰神農,播種五穀,教負耒耜,八帝相承,四十三紀」;夏禹則是:「帝降而王,首稱夏禹,舜授以位,功由水土,啓與少康,能嗣厥緒,四百餘載,共七十主,夏桀不道」〔註43〕。

　　再就後者而論,爲使人們緬懷前人努力,並以之作爲個人立身行事典範,民間日用類書以大量篇幅刊載歷朝偉人。包括輔佐國君、治理國事的各代卿相與名臣,如伏羲九相六佐、黃帝六相六術七輔、羲和四子、高陽二正、舜臣五人七友九官八元八愷、禹二相、湯二相、商六臣四皓、晉五雋八公八伯、周六卿六后、齊四臣、魏三師二十相、晉二太傅五相一司徒、唐二十相五王四傑四夔十八俊、宋一百一十七相、麒麟閣功臣十二人、新室四輔四將三公、宋五臣、凌煙閣功臣二十四人、嘉祐四眞等;有因文才受重者,如漢五經博士十五人、建安七子、竹林七賢、含象亭十八學士、飲中八仙、天曆十才子、唐十八學士、翰林五鳳等;也有以武功出名者,如秦三刺客、雲臺二十八將、孫吳四將、中興四將等;有因學識取勝者,如十一聖

〔註41〕《三台萬用正宗》,萬曆27年刊本,卷4〈人紀門〉,頁13下〜14上,「唐紀」。
〔註42〕《三台萬用正宗》,萬曆27年刊本,卷4〈人紀門〉,頁17下、18下,「明朝紀」。
〔註43〕《萬寶全書》,崇禎元年刊本,卷3〈人紀門〉,頁2上〜3上,「伏羲氏章」、「神農氏章」;頁3上〜下,「夏禹紀」。

－79－

師、孔門十哲七十二賢、孟門十七弟子、八顧等；也有以品德稱道者，如殷三仁、文王四鄰、秦三良、二十四孝、五處士等〔註44〕；可謂將各種人才羅列殆盡，人們實可有多樣懿行嘉言、模式典範之參考選擇。

而清代乾隆年間版本民間日用類書中，甚至刊出明代洪武時期至清代乾隆時期的歷科狀元名單，以使人效法當時人之求取功名，成就仕途；並附載自正一品從一品至正九品從九品的朝帽頂式，以明官品差異〔註45〕；唯較完整的仕宦相關訊息仍置於官品門或律令門中。（參見第一章第三節）

事實上，民間日用類書之刊載這些史實、人物、事蹟不僅爲一般民眾之歷史常識，亦可當作童蒙教材的一部分，故也有民間日用類書版本將之再增加各種以數字爲綱，配合歷史、地理、天文、倫理道德、名物等內容，如兩儀、兩曜、二氣、二親、二極、二相、二典、三才、三光、三月、三教、三皇、三部、三友、三牲、三國、三清、三台、三略、四方、四瀆、四關、四時生意、四民、四象、四維、四端、四箴、四器、四行、五行、五臟、五味、五色、五氣、五音、五爵、五常、五事、五德等，形成完整教材，以供民間採用。（參見第五章第一節）

至於明清時期民間的地理常識，可分本國地理與外國地理兩部分。本國地理方面，除有歷代國都所在及歷代疆域範圍的介紹〔註46〕，特別是當代的疆域大小及各行政區（時爲兩京十三省）的文字說明，包括其管轄範圍、歷史沿革、戶口、錢糧、軍馬、土產，以及大幅地圖顯示外〔註47〕；（圖 3-2-2）更重要的是，爲方便人們經商、行旅、應考、仕宦或其它目的之外出而需要的全國交通路線之掌握。

當時的交通路線主要有二系統；一以兩京爲中心到各省，再以各省爲中心往各府屬，並配上其它重要水陸線共四十四條；另一則以各省爲主，往北京出發的路線共十五條〔註48〕。由於兩大路線系統均以兩京，尤其是京師所在的北京爲核心，故有關兩京狀況亦需配合了解，而民間日用類書中有〈兩京路程歌〉、〈北京城門歌〉、〈南京城門歌〉等內容以爲說明〔註49〕。

〔註44〕《學海群玉》，萬曆35年序刊本，卷3〈人紀門〉，頁1下～5上，「歷朝臣紀」。
〔註45〕《萬寶全書》，乾隆4年刊本，卷3〈人紀門〉，頁57上～61下，「歷科狀元」。
〔註46〕《學海群玉》，萬曆35年序刊本，卷2〈地輿門〉，頁1下～2上，「歷代國都」、「地輿紀原」。
〔註47〕《學海群玉》，萬曆35年序刊本，卷2〈地輿門〉，頁1下～2上，「二十八宿分野皇明各省地輿總圖」。
〔註48〕《三台萬用正宗》，萬曆27年刊本，卷2〈地輿門〉，頁3下～40上，「兩京十三省路程」；《新刻鄴架新裁萬寶全書》，萬曆42年序刊本，卷2〈地輿門〉，頁4下～24上，「天下路程玉鏡」。
〔註49〕《學海群玉》，萬曆35年序刊本，卷2〈地輿門〉，頁38上～下，「兩京路程歌」、「北

圖 3-2-2《學海群玉》，萬曆 35 年序刊本，卷 2〈地輿門〉，頁 1 下～2 上。

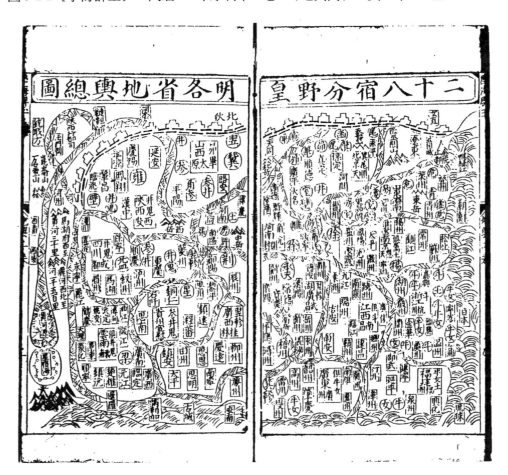

　　又相形之下，兩大路線系統的規劃，較完整而詳細的應是以中央為主的全國交通網路。然不論是哪一系統，除將兩地路途中各驛站、里程數詳細記載外，還有許多其它資訊。包括：各路程屬陸路或水路？如自南京至常山縣皆水；自常山縣至水口驛，水馬並應。江西至廣東，自南安府橫圃驛起至橫石磯驛止，水馬並應〔註50〕。福建往北京路上，至鵝湖驛有水路，無紅船只雇民船，亦有陸路；而廣信府葛陽驛水路，有紅船亦有民船；廣濟驛水路無紅船，只有民船〔註51〕。

　　若為陸路，是平路或是須翻山越嶺？如北京往陝西路上至黃沙驛時路始平。北京往貴州路上，至安南衛要過土坡〔註52〕。

　　京城門歌」、「南京城門歌」。
〔註50〕《三台萬用正宗》，萬曆 27 年刊本，卷 2〈地輿門〉，頁 5 上～下、7 上～下。
〔註51〕《萬錦全書》，萬曆年間刊本，卷 2〈地輿門〉，頁 14 下、15 上。
〔註52〕《三台萬用正宗》，萬曆 27 年刊本，卷 2〈地輿門〉，頁 10 上、11 下。

路途上是否安寧，亦各有別。如自北京至徐州響馬賊時出，必須防禦。新店驛須防虎。而宿遷縣由劉家間遠十五里有賊。由廣西平樂府至梧州等府猺賊惡甚。廣西往柳州府慶遠府路，至宜陽驛亦徭賊惡甚，水路往來皆難〔註53〕。

一路上有無投宿地？如福建往北京路上，至南平縣管之大橫驛有鋪店可歇；至潭梁之處，船戶登岸討柴，入山三里有人家；再二里至九羌灘，左岸亦有人家。行至小湖灘，豆腐酒肉俱有，兩岸人家出絲絹綾紬。至水吉廟有人家賣酒肉，一錢銀五斤。至龔埠有人家，再三里至白沙灘，左岸有撐船人家。至畫橋有店可歇，五里至漁陽亦有店〔註54〕。

驛站是否有變？如南京應天府的呂城驛、蘇州府的松陵驛今均已革；而泉林驛遷崇德縣。浙江衢州府的草平驛，及往所屬府路上的錢清驛、曹娥驛均已革〔註55〕。

地名有無新、舊差異或正名、俗稱？如大庚嶺即梅嶺。安南即交趾〔註56〕。福建往北京路上有紙崎地，一名祖崎。大通橋亭俗呼蓼橋〔註57〕。

若為水路，則水道情形如何？有無橋梁洞穴？如北京往廣西路上，至衡州之南湘水漸少，百石船由湘灘二江可入兩廣。北京往貴州府至裕州時，水由唐縣入漢江至湖廣城出；而便溪驛與清浪衛均有浮橋。由廣西平樂府至梧州等府，水船惟撐不能牽。崇安縣至福州府路岐區，水路多灘，船小灘洪緩急，求夢九鯉湖在興化府西七十里，秋冬可往，春夏澗水難行。大江源下水由夏港至無錫縣，行至瀘州府時大船止〔註58〕。

有無其它選擇路線？如江蘇直河往邳州路，冬由柳湖三十里至邳州，夏可由小官路四十五里至邳州，若水大則改由大官路六十里至邳州〔註59〕。

不論是陸路或水路，各路程中是否有貨物集散地或交易處？如江西南昌府的樟樹鎮聚南北藥。大江上水由洞庭湖東路至雲貴時，至上新河有牙行聚此〔註60〕。

各地風土民情如何？如福建往北京路上，行至玉鋪可見打魚者盡用鸕鷀。而浦城河渡處白米筍乾俱賤。至仙霞巡檢司截所，過關嶺須防行李，及總甲弓兵托以授

〔註53〕《三台萬用正宗》，萬曆27年刊本，卷2〈地輿門〉，頁5下、11上、16下、19下、30上。

〔註54〕《萬錦全書》，萬曆年間刊本，卷2〈地輿門〉，頁13上、15上、15下、16下。

〔註55〕《三台萬用正宗》，萬曆27年刊本，卷2〈地輿門〉，頁4上～下、5上、30下。

〔註56〕《三台萬用正宗》，萬曆27年刊本，卷2〈地輿門〉，頁7上、38下。

〔註57〕《萬錦全書》，萬曆年間刊本，卷2〈地輿門〉，頁16上、17上。

〔註58〕《三台萬用正宗》，萬曆27年刊本，卷2〈地輿門〉，頁9上、11上～下、19下、32上、34上～下。

〔註59〕《三台萬用正宗》，萬曆27年刊本，卷2〈地輿門〉，頁16下。

〔註60〕《三台萬用正宗》，萬曆27年刊本，卷2〈地輿門〉，頁6下、35上。

檢爲由，索取財物。至石門街，有市鎮清湖，人多在此□客，俱是不善之家，雇夫、挑夫、挑行李，客人千萬趕作一夥，行爲多有扭開鎖偷衣服者，宜謹愼。至金華府蘭溪縣穀水驛處，油燭一錢銀買十斤，但多有作假，若有買可折一枝將火點起，明亮即可買；又京中油貴可在此買好帶去使用。至籠無風，此地網魚者甚多，專爲賊盜，官兵須防之。而嚴州府桐廬縣桐江驛遞運所小人亦多，須提防〔註61〕。

各地特產如何？如南京至貴州路上，至水西驛有水銀硃砂產於西溪。雲南大理府洱西驛產屛石，金齒衛則產寶石。廣東往崖州路，崧臺驛產端硯。大江上水由洞庭湖東路至雲貴路上，在龍坑出棉花。徽州府至崇安縣路，至毬里出棉紙〔註62〕。福建往北京路上，廣濟驛出好鎖頭、硯石〔註63〕。

有無名勝古蹟或遊玩地？如河南全州城南驛，有無量壽佛涅盤湘山寺。南京由東平州往北京路上，至和州有陰陵山，乃項羽失道之地，烏江即此處。成都至會川衛路上，孔明擒孟獲在瀘沽西百里，今寧番衛乃孟獲巢穴。西安府至河州衛路上，至秦州有伏羲劃卦臺。湖口縣由袁州府至衛州府路，至昌山鋪有昌田洞，深十里秉燭可遊；再十里至濱江，有石乳洞深五里，亦可遊〔註64〕。福建往北京路上，至鉛山縣管的鵝湖驛有鵝湖書院，乃昔日朱子與陸子靜辯太極處。而至懷玉水馬驛有端明書院，乃胡文定公弟子呂東萊處。至水吉廟，廟中有碑言，此地乃紀念唐人兄弟破走黃巢之事。富陽春縣會江驛有錢塘潮可觀，浪潮最大爲每月初三、十七，有所謂三潮是也〔註65〕。

甚至各地天候狀況，如大江上水由洞庭湖東路至雲貴路，至馬當山須防風〔註66〕。乃至地名的發音等內容〔註67〕，均有清楚交代。

值得注意的是，自各省往京師去的路線中，由福建出發者一路上的路況說明最爲詳盡；茲摘錄一段以爲範例：

自省城起（大義江頭）過渡一流水，至洪塘起二十五里。至（西洋浦）五里。

〔註61〕《萬錦全書》，萬曆年間刊本，卷2〈地輿門〉，頁15上、16上～下、17下、18下、18下～19上、19上。

〔註62〕《三台萬用正宗》，萬曆27年刊本，卷2〈地輿門〉，頁19上、23下、24上、27下、35下、38下。

〔註63〕《萬錦全書》，萬曆年間刊本，卷2〈地輿門〉，頁15上。

〔註64〕《三台萬用正宗》，萬曆27年刊本，卷2〈地輿門〉，頁9上、13上、25下、26上、37上。

〔註65〕《萬錦全書》，萬曆年間刊本，卷2〈地輿門〉，頁14下、15下、19上。

〔註66〕《三台萬用正宗》，萬曆27年刊本，卷2〈地輿門〉，頁35下。

〔註67〕《三台萬用正宗》，萬曆27年刊本，卷2〈地輿門〉，頁8下曰：「彤關驛，屬長沙縣，彤音同」；又頁15上曰：「汜水，汜音似」。

至（三山驛）三十里。至（芋源驛）四十里。至竹崎所巡檢司，此處盤詰批引；對面即（橄欖州），出橄欖。二十里至（白沙驛），侯官縣管。下八十里至（小筶驛），閩縣管，自此白沙至；此夜有小人，可一日趕到，要謹慎。五十里至（大筶驛），有人家。三十里至（水口驛），屬古田縣管，夜間有小人謹慎；上面有米可買。五十里至遞運所。三十里至（黃田）巡檢司，今革了。十五里至（黃田驛）。二十里至（嶮峽）巡檢司，係南平縣管；店上有峰橋，橋畔有龍會庵，庵前有一亭，山前有九龍書院，故址在焉。十里至（醬湖板），有人家。十里至（羅漢閣），左岸有廟。二十里至（茶陽驛），有旋灘。五十里至（延平府）（劍浦驛）遞運所，城外有二水交會，左往浦城、崇安，右往光澤、汀州，有李延平書院，今移于福州，即雷煥躍劍之所，今有閣曰飛劍閣，又名其津曰交劍津也；其米價比之建寧，又更貴些，若不用小錢，只用元豐、元通大錢。五十里至黯淡灘，其灘甚險；盤纏可帶隨身，上岸舟人在此獻幣；羅隱有讖云：黯淡灘頭險，無風也作威，若比於大海，不若小鬼濡。……四十里至建寧府城中，有行都司左右又二衛及府縣，此處出棕薦、𥰭被、食筒、雨傘，元豐、元通、聖元、紹元，四樣大錢，用銀成色高。城兩驛及遞運所，城外水西橋有九座門，下有浮橋，水急，人皆登岸；有朱文公廟一座，詩云：建寧西望驛樓高，萬石龍泉水湧濤，聞道葉坊風景好，扁舟今日已經過〔註68〕。

此一路線之相關刊載在民間日用類書中洋洋灑灑占篇幅十餘面，與其它路線僅各占數面的情況相較，實有相當差距，而其內容之詳盡完整，由此亦可得知。所以如此，應與民間日用類書在明末即以福建建陽爲出版中心，且由此行銷全國各地之因素密切相關。

本國地理常識除上述的自中央到地方，或地方往中央之各條不同路線外，還有各地重要名山大澤的認識；包括海上三島、五湖、四海、四瀆、三河、九江、海中四山、海上十洲、十大洞天等，不僅說明這些專有名詞所指爲何，且有簡單介紹。如四瀆是江、淮、河、濟四水，分別源於益州建寧縣馬池、唐州湘江山、河南龍門縣崑崙之墟及濟源縣五聖山〔註69〕。而十大洞天則是第一王屋山在洛來、第二委羽山在台州、第三西咸山在成都府、第四西華玄山在華山、第五青城山在青城縣、第六天台山在台州、第七羅浮山在博羅縣、第八句曲山在句容縣、第九林屋山同度湖

〔註68〕《萬錦全書》，萬曆年間刊本，卷2〈地輿門〉，頁12上～13下，「福建布政司往北京路程」。

〔註69〕《萬寶全書》，乾隆4年刊本，卷2〈地輿門〉，頁38上，「四瀆」。

山、第十枯蒼山在處州〔註 70〕。

外國地理方面，明清時期民間日用類書對外面世界的介紹可分兩部分：一是對奇珍異獸的認識，一是對諸外國的基本了解，而兩者均以圖文並茂形式呈現，且圖例比重甚至超過文字說明。

就對奇珍異獸的認識而言，書中介紹了（神）鳥、獸、魚三大類的奇特生物，包括：

（神）鳥　類　天吳、相抑氏、燭陰、蓐收、奢尸、鵕、帝江、俞兒、驕蟲、強良，䑏泰、神陸、鵸神、蠻蠻、比翼鳥、畢方鳥、玄鶴、樂鳥、踈斯、鴖鴒、長尾雞、駝雞、馬雞、白雉、梟溪、麐斯、蚩鼠、瞿如、鸞、鸑鷟、鷂鴒、鵜、絜鉤、精衛、鵃、鶺鴒、玄豽、龍馬

獸　類　天犬、白澤、貘、渥洼、獬豸、旄馬、比肩獸、貕、兕、夔、騶虞、辣、狡犬、狒狒、白猿、猩猩、玄豹、諸犍、赤豹、三角獸、羬羊、黑狐、山猙、獙、鴞、角獸、鹿蜀、蠪蛭、土螻、九尾狐、梁渠、膽踈、猛豹、蔥聾、旄牛、猙、青熊、天狗、當庚、類、朱獳、馬腸、猛槐、駮、飛鼠、嚻、蠱雕、赤貍、長彘、天馬、黑人、羚羊、鼩大、大尾羊、耳鼠、福祿、靈羊、吼、猴、角端、䍧、白鹿、厭火獸、乘黃、猾裹

魚蟲類　比目魚、鮭、應龍、鱧魚、鰼鰼魚、巴蛇、玳瑁、鮯魚、玄龜、阿羅魚、儵魚、長蛇、建同魚、人魚、牛魚、蠵龜、蚌魚、飛魚、鯖魚、鰠魚、珠鱉

甚至還有鳥鼠同穴奇特現象之介紹〔註 71〕。而觀其說明內容可知此實引自《山海經》一書〔註 72〕，故許多奇形異獸僅為想像非真有其物。

至於諸外國之基本了解，則是介紹許多不同國家，其中，有眞實存於世者，亦不乏虛構杜撰者；前者如位於朝鮮半島的高麗國，及與其一海之隔的日本國；靠近中國北方、西方及西北、西南一帶的匈奴韃靼國、回鶻國、烏孫國、吐番國、西番國、波斯國、紅夷國、西南夷、龜茲國、撒馬兒罕、哈蜜國；屬於中國東北方的女眞國、黑契丹；位於中南半島的交趾國、占城國；屬於南洋及其以西的眞臘國、爪哇國、三佛齊國、東印度國、大琉球國、小琉球國、暹羅國、天竺國、婆羅國、大

〔註 70〕《萬寶全書》，乾隆 4 年刊本，卷 2〈地輿門〉，頁 39 下，「十大洞天」。
〔註 71〕《五車拔錦》，萬曆 25 年序刊本，卷 4〈諸夷門〉，頁 1 上～26 上，「山海異物」。
〔註 72〕《萬錦全書》，萬曆年間刊本，卷 8〈諸夷門〉，頁 1 上，「山海異類」。

闍婆國；以及離中國頗遠的歐洲國家大秦國等。後者包括特殊長相的長人國、無臂
國、長毛國、羽民國、後眼國、三首國、無腹國、三身國、聶耳國、交脛國、穿心
國、一臂國、長臂國、長腳國、一目國，瓠犬國、狗國、猴猻國、氐人國、繳濮國、
丁靈國、柔利國；特殊體質的不死國、乾陀國；以孝道治國的孝臆國；終年黑衣大
袖披身的烏衣國；國境內僅女子或小孩的女人國、小兒國；全身飾以花紋的紋身國。
還有不知所指究爲何國者，如木蘭波國、瑞國、悄國、巴赤吉、沙弼茶國、斯伽里
野國、頓遜國、白達國、默伽國、眉路骨國、奇肱國、勿斯里國、吉茲厄國、蜒三
蠻、都播國、懸渡國、烏萇國、野人國、歇祭、擺里荒、波利、訛魯、鐵東、黑蒙
國、女暮樂、巢魯果訛、阿黑驕、道明國等〔註73〕。其中，杜撰虛構及未明所指者
實居多數。

　　屬眞實存世之國家，其地理位置、歷史發展、風土民情、特產等均有清楚說明；
如地理上靠近中國，又與中國關係密切的高麗國乃〔註74〕：

　　東西二千里，南北千五百里；王居開州，號曰開城府，倚山爲宮室，其山曰
　　神窩。至北京城三千五里，產石燈盞、好蒲花蓆、白硾紙、摺扇、狼尾筆。
　　古名鮮卑，周名朝鮮，武王封箕子于其國，族人皆稱君，化外四夷，獨高麗
　　爲最。衙門官制，詩書禮樂，醫卜官服，悉隨中國制度，但禮貌有差。如見
　　王親貴戚，則扯嗉膝地；小見大則蹲身俛首。國多遊女，夜則群眾爲戲，婚
　　爲財聘，死者經三年而葬，以死者服，玩其車馬至墓側，會葬者合爭而去。
　　世俗尚儒，柔仁惡殺，刑無慘酷；罵父母者斬其者，輕重治之。國君皆以強
　　抑弱以爲常焉。三年一試，有進士諸科；屋無砥皆茅茨〔註75〕。

也有更詳細地介紹其特產種類爲：

　　石燈盞（有紅白兩色）、白硾紙、狼尾筆、蒲花蓆（此蒲花草性柔軟，拆屈
　　不損）、摺扇（編竹爲骨，以多爲貴）、黃漆（樹似棕，六月取汁，漆物如金）、
　　泉下馬（高三尺，果〔馬〕下可乘）、長尾雞（尾長三尺）、海豹皮、八稍魚、
　　獐鹿皮、松（有一種惟玉葉者，有子結）、貂豿、龜腳、竹蛤、海藻、昆布、
　　硫黃、白附子〔註76〕。

〔註73〕《三台萬用正宗》，萬曆27年刊本，卷5〈諸夷門〉，頁1上～16上，「北京校正嬴
　　　　蟲錄」；《五車拔錦》，萬曆25年序刊本，卷4〈諸夷門〉，「諸夷雜誌」，頁1上～30
　　　　下。。

〔註74〕民間日用類書中對高麗國亦有稱之爲朝鮮國；見《萬錦全書》，萬曆年間刊本，卷8
　　　　〈諸夷門〉，頁1上，「朝鮮國」。

〔註75〕《三台萬用正宗》，萬曆27年刊本，卷5〈諸夷門〉，頁1上，「高麗國」。

〔註76〕《萬用正宗分類學府全編》，萬曆35年刊本，卷13〈諸夷門〉，頁38下～39上，「諸

又如位於中南半島、漢化頗深的交趾國則是：

> 東接欽廉茶蘆，南接占城蘇茂，北接邕管，東西皆大海，西有陸路通白木蠻，
> 自欽西南船行一日。一名交趾，又名安南，乃山狙獱犬遺種，其性奸狡，剪髮
> 跣足，窅目昂啄，極醜惡；廣人稱曰夷鬼，有貌者乃漢馬援兵遺種。國俗父子
> 不共爨，凡嫁娶不通媒，男女自相鳥合，以檳榔爲信，然後歸家；若妻與他人
> 相通，即休前夫，令別娶。其國乃占城之屬，郡民爲占城之役歲供租稅。男子
> 出外爲寇，女子淫亂。占城王遣少子治其國，好讀中國大明書；蹈襲風化後，
> 累相噬叛。中國治爲郡縣，立交州刺史；後漢馬援平之，至五代節度使吳昌文
> 始僭王號，後皆稱王，異姓篡奪〔註77〕。

而其特產包括猩猩、狒狒、玟瑁、珊瑚、金珠、沈香、安息香、蘇合油、胡椒、羚
羊角、白雉等〔註78〕。

對於某些與中國關係密切，國人對之有較清楚了解的國家，書中在介紹時往往
在圖上還以標題式文字指出此國之特色，如高麗國是「冠隨中國寬衣」，日本國是「貫
頭披髮跣足」，女眞國是「衣皮好射」，大琉球國則是「羽冠毛衣」〔註79〕。由這些
標題式文字內容可得知中國對這些國家的觀感。然事實上，當時人對外夷早已心存
輕視，在介紹諸夷之〈嬴蟲錄序〉即言：「嬴者，四方化外之夷也」，而「生居中國，
故得天地之正氣者爲人；生居化外，不得天地之正氣者爲禽爲獸」；「原其無倫理綱
常，尚戰鬥輕生樂，多虎狼之性也；貪貨利好淫僻，鹿鹿之行也，故與人之情性實
相遠矣」〔註80〕，中人自視甚高，對外夷不屑的普遍觀感亦由此可見。

又杜撰虛構者或不明何國者亦有相關介紹，如狗國是：

> 人身狗首，長毛不衣，語若犬噑；妻類人能言，穿衣貂鼠皮穴居，生女自相嫁
> 娶。昔中國人至其國，妻使至者逃歸，與筋十餘隻，教之每走十餘里，遺一筋，
> 狗見其家物必啣歸，其人方逃，則追不及；至應天府行二年二個月〔註81〕。

而無臀國是：

> 即二國蠻，在北海，無臀無肚腸，食土穴居，男女死即埋；其心不朽，百年復

　　夷土產異物」。
〔註77〕《三台萬用正宗》，萬曆27年刊本，卷5〈諸夷門〉，頁2上，「交趾國」。
〔註78〕《學海群玉》，萬曆35年序刊本，卷10〈諸夷門〉，頁3上，「土產」。
〔註79〕《萬錦全書》，萬曆年間刊本，卷8〈諸夷門〉，頁1上〜4上，「朝鮮國」、「日本
　　　　國」、「大琉球」、「女眞國」。
〔註80〕《新刻鄴架新裁萬寶全書》，萬曆42年序刊本，卷4〈西夷門〉，頁1上，「嬴蟲錄
　　　　序」。
〔註81〕《三台萬用正宗》，萬曆27年刊本，卷5〈諸夷門〉，頁9下，「狗國」。

化爲人，肺不朽，百二十年化爲人，肝不朽，八十年復化爲人，與三蠻國相類〔註82〕。

其它如瑞國是「產牛羊，種田，有房舍，至應天府行五個月」；巴赤吉是「在林木內居，種田出馬，至應天府馬行一年」；不死國是「在穿眉國東，其人黑色，有壽不死，居野丘園，有不死樹，食之有壽，赤泉食之不吉」；羽民國是「在海南東，有良頰鳥啄，赤目白首，生羽毛能飛，不能遠人，卵生」；而丁靈國則是「在海內居，膝下生毛，馬蹄善走，自鞭其腳，一日行三百里，至應天馬行二年」〔註83〕。

綜觀明清時期民間日用類書有關史地常識的刊載，在歷史方面，均爲歷朝國名、帝號的政權更替發展與相關重要史實說明，及各種名相功臣、文才武士，乃至歷科狀元等典範介紹，以使人明白人類歷史淵源，並選擇學習對象，甚或作爲童蒙教育之絕佳教材；就其形式而言，頗似今日編年體及記傳體史書，而此二種體裁之書籍是較簡單而易使人明瞭的。惟由其內容觀之，可知此些內容的吸引者應仍以立志仕宦之途者爲主，而非一般升斗小民。在地理方面，有關本國地理情況多爲文字說明，內容切實可用，且資訊甚爲豐富；不論是歷代疆域開展與國都設立，當朝地輿總圖與各行政區統轄範圍、戶口、土產、民情風俗的詳細說明，以及重要名山大澤的介紹等，實有助人們對所居環境的了解與適應；尤其是兩大系統全國交通網的刊載，更方便人們經商、應考、行旅、仕宦或爲其它種種目的必須外出的路況掌握。而外國地理常識由於一般人對外所知有限，爲使人們易於了解，書中內容多採圖文並茂形式呈現，且圖例重於文字說明；惟其內容多屬虛構不眞。所以如此，實因當時人對外國情勢甚不明瞭，手中持有之相關資料有限，又囿於自視甚高之傳統觀念；而一般人民之出遠門亦僅止於國內，少有機會放洋出國，故其對外國之有錯誤觀念或各式奇特聯想，亦可想而知。

至於歷史及地理常識在民間日用類書的發展情形，大致而言，自明代至清代版本，不論是清代前期三十卷版本或清代後期二十卷版本，均有相關門類刊載，但內容有若干變化。在歷史常識方面，清代前期三十卷版本中雖仍保留明代版本所有的上古時代至當代的政權更迭情況，及敘述各朝代發展的簡易詩訣與歷代帝王歌訣，但各朝重要帝王事蹟內容則有縮減，大多僅述及開國君王而已。又因應政權變化，新政權之出現在此一門類中亦有新的介紹說明；同時，增載明代以來至當朝的歷科狀元名單及朝帽頂式，而此一變化持續發展到清代後期二十卷版本中亦同。至於地

〔註82〕《三台萬用正宗》，萬曆 27 年刊本，卷 5〈諸夷門〉，頁 10 上，「無臂國」。
〔註83〕《三台萬用正宗》，萬曆 27 年刊本，卷 5〈諸夷門〉，頁 5 下，「瑞國」；頁 6 下，「巴赤吉」；頁 12 下，「不死國」、「羽民國」；頁 13 下，「丁靈國」。

理常識部分，本國地理的歷代疆域發展與國都設立、當朝地輿總圖與各行政區的介紹，以及全國交通路線的刊載等內容，自明代版本至清代版本均有，但有若干差別，如明代版本中的全國交通網，有以兩京為中心往各省及以各省為中心向京師出行的兩種不同路線系統，端視個人需要選用；發展至清代前期三十卷版本中，則只有以京師為中心往各省出發的路線，且內容大幅萎縮，僅刊載八條路線。惟此時新增明代版本所無之重要名山大澤的介紹，以後持續到清代後期二十卷版本中亦同。同時，因應政治演變，行政區也有調整變動，此亦反映在清版民間日用類書中，如清代後期版本刊出自舊郡中分出之新縣部分，包括蘇州府分四縣，即元和長洲分、新陽崑山分、昭文常熟分、震澤吳江分；太倉州分二縣、即鎮洋太倉分、寶山嘉定分；松江府分四縣，即奉賢華亭分、金山婁縣分、南匯上海分、福泉青分；常州府分三縣，即陽湖武進分、金遺無錫分、荊溪宜興分等〔註84〕。又清末行政區劃亦有更動，如臺灣從福建分出自成一省，而設有不同的府、縣、廳、州等地方行政單位，此亦刊載於續編本民間日用類書中〔註85〕。由此可知此一門類與前述人紀門一樣，均因配合政治變動與需要而在內容上有增加。而外國地理的兩大內容——山海異物及外夷諸國，在明代版本中敘述種類較多亦較詳細，發展至清代前期三十卷版本中，不論是山海異物或外夷諸國的內容，其數量均已縮減為原來的一半，說明亦較簡略；此後持續到清代後期二十卷版本中亦同。

第三節　官秩律令

對生活環境的了解，除前述天文曆法及史地常識等內容外，還須對當前官府行政部門有基本認識，以為日後仕宦任官或涉及法律訴訟與各式糾紛時作準備；因此，明清時期民間日用類書均設有官品門，專門介紹與行政部門相關之事項。於今而言，此部分如同當代民眾應具備之基礎政治知識，且為避免違犯王法，自須對政府、法律等相關內容略有了解。

事實上，官品門內容一開始即表明，官吏設置目的是為民，而為使民易於了解官府，自當對官府詳加介紹〔註86〕。故書中分別列出文武職官員、南北兩京衙門官

〔註84〕《萬寶全書》，光緒21年刊本，卷2〈地理門〉，頁23下，「新開四郡各分縣」。
〔註85〕《萬寶全書》，光緒32年刊本，卷2〈地理門〉，頁19下，「分縣」。
〔註86〕《三台萬用正宗》，萬曆27年刊本，卷7〈官品門〉，頁1上，「俸儀便覽」曰：「夫
　　　朝廷設官分職，所以為民，而樹職等儀，將辦（辨）品級，故官吏之多寡，有職分
　　　之高低，……今將官員品級、月俸節儀、服飾規格，類次而成一帙，庶精思君子亦

員、在外衙門官員、王府官員、土官官員的名稱、品級、俸祿、職掌，及南北兩京衙門與各省所屬各機構、領轄範圍、人員配置，乃至賦稅額度等詳細內容。如京師衙門組織中有吏部設置，編制上含尚書、侍郎及司務各一人；其中，尚書屬正二品官，每月支米六十一石，每歲該米七百三十二石；左右侍郎屬正三品官，每月支米三十五石，每歲該米四百二十石。而文職官員正二品初授資善大夫，陞授資政大夫，加授贈資德大夫治上卿；正三品則初授嘉議大夫，陞授通議大夫，加授贈正議大夫資治尹〔註87〕。又如浙江省承宣布政使司設有左右布政二、左右參政五（官糧二、杭嘉湖一、寧紹臺一）、左右參議二（金衢嚴一、溫處一）、經歷一、都事一、照磨一、檢校一，領府十一、州一、縣七十五，大小官員共四百七十餘員，總計一萬八百九十九里，一百二十四萬二千一百三十五戶，四百五十一萬五千四百七十一口，夏秋二稅共米麥二百五十一萬二百九十九石，絲棉共二百七十萬二千二百七十兩，絹三千五百七十四疋，鈔五萬一千二百九十三錠，馬草八十七萬四千四百九十一包。而都指揮使司設有隸左軍都督府的都指揮使三（掌印一、僉書二）、經歷一、都事一、斷事一、副斷一、領衛一十六、屬所一百零二。其中，都指揮使正二品、經歷正六品、都事正七品、斷事正六品、副斷正七品。而正六品每月支米一十石，每歲該米一百二十石；正七品每月支米七石五斗，每歲該米九十石〔註88〕。這些資料均可在民間日用類書相關刊載中輕易而方便地檢索出。

又不同文武品級官員有其不同服飾，需詳加區分；故書中列有包括皇帝、東宮、親王、世子、郡王、長子及各品級文官、武將之冠服佩飾，如文武官朝服的基本樣式是：

> 一文武官朝服，梁冠赤羅衣，白紗中單，俱用青飾，領緣赤羅裳，青緣赤羅蔽膝大帶，用赤白二色絹，革帶用珮綬，白襪黑履，一品至九品俱以冠，上梁數分等第。

而各冠區別為：

> 一品冠，七梁不用籠巾，貂蟬革帶，俱珮，俱用玉，綬用綠黃赤紫四色，織成雲鳳四色花錦，下結青絲網，綬環二，用玉，笏俱用象牙。
>
> 二品冠，六梁革帶，綬環用犀，餘同一品。

當惕勵，而學者亦致知之助耳」。
〔註87〕《三台萬用正宗》，萬曆27年刊本，卷7〈官品門〉，頁1上，「南京文武官職衙門」；頁12上，「文武品級月俸」；頁1上，「文職品第」。
〔註88〕《三台萬用正宗》，萬曆27年刊本，卷7〈官品門〉，頁7上～下，「浙江」；頁7下，「在外衙門官員品級」；頁12上，「文武品級月俸」。

三品冠，五梁革帶，用金珮，用玉，綬用黃綠赤紫四，織雲鶴花錦，下結青絲網，綬環二，用金，笏用象牙。

四品冠，四梁革帶，用金珮，用藥玉，餘用俱同三品。

五品冠，三梁革帶，用銀鈒花，綬用黃綠赤紫四色，織成盤鵰花錦，下結青綬網，綬環二，用銀鍍金，笏用象牙。

六品七品冠，二梁，御史加獬豸，革用銀珮，用藥玉，綬用黃綠赤三色，織成練鵲花錦，下結青絲網，綬環二，用銀，笏用槐木。

八品九品冠，一梁革帶，用烏角，珮用藥玉，綬用黃綠二色，織成鸂鶒花錦，下結青絲網，綬環二，用銅，笏用槐木〔註89〕。

朝服外，還有公服、祭服、常服，乃至命婦官服、士庶妻冠服，生員巾服、吏員巾服、樂人巾服等，均以詳盡文字配合圖示說明〔註90〕。甚至不同官員的印璽也各有差別，不可混淆〔註91〕。

官品門設置除提供一般民眾了解行政部門之大致狀況外，更為有志進入仕宦之途者預作準備，故其內容還包括官員必備的為官條件、施政原則、判案方法及相關禮儀等。

就為官條件而言，首要強調的是戒暴怒躁急，性當寬緩，因「暴怒只能自害」，凡「詳而處之，則思慮自出」，若「躁急則先自處不暇，何暇治事」〔註92〕；要具備五力，即才、風、心、勢、福，因「無才不足察理，無風不足服眾，無心不足辨事，無勢不足以自立，無福不足以鎮容」〔註93〕；行事以清、以謹、以勤，如此「可以持身，可以保位，可以遠恥辱，可以得上之知，可以得下之援」〔註94〕；尤其，不能遭人疑謗、受人賄賂，此將無以自容，更損及陰德；當然，亦須提防小人中傷〔註95〕。

〔註89〕《三台萬用正宗》，萬曆 27 年刊本，卷 7〈官品門〉，頁 21 上～22 上，「文武官朝服」。

〔註90〕《三台萬用正宗》，萬曆 27 年刊本，卷 7〈官品門〉，頁 22 上～26 上；又頁 19 上～下，「冕服十二章」，有圖示。

〔註91〕《萬用正宗分類學府全編》，萬曆 35 年刊本，卷 10〈官爵門〉，頁 1 上，「御寶」。

〔註92〕《萬錦全書》，萬曆年間刊本，卷 4〈官品門〉，頁 11 下，「戒躁急當寬緩」、「當官先戒暴怒」。

〔註93〕《萬錦全書》，萬曆年間刊本，卷 4〈官品門〉，頁 10 上，「為官須有五力」。

〔註94〕《萬錦全書》，萬曆年間刊本，卷 4〈官品門〉，頁 10 下，「當官之法有三」；頁 12 上，「居官以清為尚」。又《萬用正宗分類學府全編》，萬曆 35 年刊本，卷 10〈官爵門〉，頁 10 上，「警語」曰：「當官之法，唯有三事，曰清、曰慎、曰勤」。

〔註95〕《萬錦全書》，萬曆年間刊本，卷 4〈官品門〉，頁 10 上，「當防小人中傷」；頁 13 上～14 上，「官居多避疑謗」、「為官貪饕陰有罪戾」、「受賄罪無所容」。

而施政時當盡心，「愛百姓如妻子，處公事如家事」〔註96〕；且權已在己，不防寬以待民；對百姓利益須盡力維護，尤其不可錯科以損民利；主事應力求公正，不受干託；為避免困擾，子弟、牙婆、師尼等較複雜的人應少接觸，更不許其進入自宅〔註97〕。然行事亦不可過剛，過剛易致滅民亂禍〔註98〕。

至於實際辦案時，除盡心思慮訟獄、明辨證據外〔註99〕；為官者更切身的問題是：該如何依法判刑？如何撰寫具體公文書以結案存檔？對於這些問題的解決，亦有相關內容可為參考。

在判案方面，由於涉及法律條文，故民間日用類書載有大量篇幅的律令內容。這些法律條文有以詳細文字條列敘述者，或以扼要大字再輔以小字解說者，亦有以口訣或歌訣形式簡單呈現者；前者如〈比附律條〉云：

> 一發賣豬羊肉灌水，及米麥等插和沙土貨賣者，比依客商將官鹽插和沙土貨賣者，杖八十。
>
> 一扯破寶鈔，比依棄毀制書，律斬。
>
> 一姦義女，比依姦前夫之女，律杖一百，徒三年。
>
> 一姦親女，比依姦子孫之婦；又比依姦兄弟之女者，律斬，決不待時，律無該載，合依比附律條斬。
>
> 一男女定婚，未曾過門，私下通姦，比依子孫違犯教令，律杖一百。
>
> 一姦妻之母姨，比依凡姦論。
>
> 一義男嗣男姦議（義）母，比依雇工人姦家長妻，律斬。
>
> 一姦乞義男婦，比依姦妻前夫之女。
>
> 律科斷其男與婦，斷還本宗，但強者斬。
>
> 一女婿姦妻母，係敗壞人倫，有傷風化，比依本條事例，各斬〔註100〕。

又如〈為政規模〉曰：

> 人命詳於毆圖（鬥毆殺人者絞罪，謀故殺人者斬罪，雖要二者之分，不可有差，以致罪有出入）。

〔註96〕《萬錦全書》，萬曆年間刊本，卷4〈官品門〉，頁12上，「居官自當盡心」。

〔註97〕《萬錦全書》，萬曆年間刊本，卷4〈官品門〉，頁9下～10下，「權在己不防寬」、「公正不受干託」、「上官三不入宅」；頁11上～下，「作縣不可科錯」。

〔註98〕《新刻鄴架新裁萬寶全書》，萬曆42年序刊本，卷6〈官品門〉，頁12上，「萬事一覽」。

〔註99〕《萬錦全書》，萬曆年間刊本，卷4〈官品門〉，頁12下～13上，「盡心思慮獄訟」、「治獄當知次弟（第）」。

〔註100〕《學海群玉》，萬曆35年序刊本，卷8〈律法門〉，頁5上～6上，「比附律條」。

竊盜分於親疏（常人相盜論義，親屬相盜論恩，故期親竊盜減常人竊盜五等，大功減四等，小功減三等，緦麻減二等，無功減一等）。……

同謀毆人，下手爲重（同謀毆人而毆死乎人，原謀者不過毆人而已，乃毆人者毆死乎人，故下手毆人者問爲首，絞罪，原謀者問爲從，杖一百流三千里）。

同謀殺人，造意首論（同謀殺人而殺死乎人，原謀者造意要殺，下手殺人者不過聽人使令而已，故原謀者問爲首，斬罪，下手者問爲從，絞罪）。

互相毆打，論傷輕重，後下手理直，減罪二等（兩人相打，各驗所傷輕重，以定罪之輕重；設若我本無意毆人，因人毆我而我應之，又在我之理直，則減所傷之罪二等；若後下手而理不直，而先下手者不減其罪）〔註101〕。

後者則如〈警勸律例歌〉曰：

挖掘平人塚，警魄杖八十；發塚見棺槨，杖百流三千；假若見屍首，絞斬不可避；無頭帖典狀，舊者絞罪擬。鬥毆憑傷斷，保棄醫調理；如果身傷死，爲首斬絞擬。畜物若灌水，與水插沙比；不論物異殊，一體杖八十。損人一牙齒，該罰七石米；壞卻一眼睛，杖百徒三擬；若還二目損，杖百流三千；此係成馬疾，家私分半取；如損人一槓，減律杖七十。私鑄銅錢者，枷號仍絞罪。先嫁由爺娘，後嫁由自己；逐婿再嫁女，後天該斷離。民人若娶妾，四十才可爲；無子娶偏房，到官不擬罪；有兒并有女，不許再娶妾。替人去告狀，枷號杖七十；妻妾作妹嫁，誥減八十擬；逼嫁寡婦者，七十杖依律。服弟毆兄長，兩年半徒擬；無兄欺壓嫂，加等杖九十；兒女打爺娘，犯罪該剮罪〔註102〕。

也有將大明律三十卷項目以歌訣表示者，如：「名例職制兼公式，戶役田宅與婚姻；倉庫課程接錢精（糧），市廛祭祀儀制明；宮衛軍政關津密，既收郵亭盜賊寧；人命鬥毆連駕置，訴訟受賕詐僞傾；犯姦雜犯補亡獲，斷獄營造河防成」〔註103〕。

法律條文內容外，許多法律上之專門用字用語亦須加以解釋，如：

各者彼此同科（律內凡稱一各字者，彼此兩件事，或三四件事同科，一樣罪名。如放火殺傷他人畜產，各笞四十；咬殺者，亦笞四十；如罪人犯罪逃走拒捕者，各於本罪上加二等，則是滿徒者加二等，拒補者亦加二等。然數事

〔註101〕《學海群玉》，萬曆35年序刊本，卷8〈律法門〉，頁4上，「爲政規模」。
〔註102〕《萬用正宗分類學府全編》，萬曆35年刊本，卷12〈律法門〉，頁11上～下，「警勸律例歌」。
〔註103〕《萬用正宗分類學府全編》，萬曆35年刊本，卷12〈律法門〉，頁13上～下，「律卷總目條款名歌」。

共條而無各字者，多因上文有及字、若字，則不必各字）。

皆者不分首從（律內凡稱一皆字者，犯人雖有為首為從兩樣人，同科一樣罪名。如盜內府財物皆斬，又如盜京城門鑰者，杖一百流三千里，又如盜園陵樹木，皆杖一百徒三年。此則人有首從，罪無輕重，斬則皆斬，流則皆流，徒則皆徒）。

借者與者各淂其罪（此二句引律內一各字以證，各者彼此同科之意，如監臨主守，將官物私自借用，故笞二十，或轉借與人，亦笞二十）〔註104〕。

配合判案需要，除法律條文與專門用字的了解外，還須明白各刑罰種類。對此，民間日用類書亦有著墨。如笞、杖、徒、流、死五種刑罰均有相當說明：

笞刑有五，自一十至七十，每一十下為一等，加減輕重用之。

杖刑有五，自六十至一百，亦每十下為一等，加減。

徒刑有五，凡犯罪稍重者，拘收在官，煎鹽炒鐵，一切用力辛苦之事，自一年至三年；每杖一十及半年為一等，加減。

流刑有三，人犯重罪不忍刑毆，流去遠方，不得回鄉，自二千里至三千里，每五百里為一等，加減。

死刑有二，曰絞則全其肢體，曰斬則身首異處〔註105〕。

這些刑罰亦可因事情不同狀況及個人家境情形，以米糧或錢鈔替換，如笞刑一十下，有力者以米五斗易之，或折錢二十五文鈔一百貫；杖一百，有力者以米十石易之，或折錢三百五十鈔一千二百廿五貫〔註106〕。其它刑罰的納米、納鈔、收贖情形，或犯罪後的刺字與否，亦有簡便的歌訣式內容刊載〔註107〕。

當然，這些法律條文及刑名規範的刊載，只是原來的一小部分，實際為官判案時仍要詳閱正式律令書籍與刑罰條文〔註108〕。然綜觀民間日用類書刊載的法律條文內容，顯然以姦淫類較多，除上述徵引文外，尚有〈附犯姦律歌〉專論犯姦者之罪責〔註109〕。事實上，這些法律條文的刊佈，並非僅為志於仕宦之途者所用，任何百

〔註104〕《學海群玉》，萬曆35年序刊本，卷8〈律法門〉，頁2下～3上，「為政規模」。

〔註105〕《五車拔錦》，萬曆25年序刊本，卷6〈律例門〉，頁10下～11上，「五刑條例」。

〔註106〕《學海群玉》，萬曆35年序刊本，卷8〈律法門〉，頁3下～4下，「在外納贖則例」。

〔註107〕《五車拔錦》，萬曆25年序刊本，卷6〈律例門〉，頁10上～下，「收贖歌」、「婦人納鈔歌」；頁15上，「刺字不刺字」、「納紙不納紙」。《萬書萃寶》，萬曆24年刊本，卷18〈律例門〉，頁2下～3上，「納米歌」、「遷徙歌」、「誣告折杖歌」。

〔註108〕《學海群玉》，萬曆35年序刊本，卷8〈律法門〉，頁1下，「條款名歌」曰：「律例廣多，茲卷難以備載，學者宜詳大明律」。

〔註109〕《五車拔錦》，萬曆25年序刊本，卷6〈律例門〉，頁13上～15上，「附犯姦律歌」。

姓若有涉及個人權利之法律糾紛時，此一門類亦可為其參考應用，使能具備基本法律知識因應變局〔註110〕。惟當時透過法律途徑並非解決事情的唯一方式，亦可以和為貴，息事寧人於先，莫致牢獄之災，故有通俗之勸人口訣云：

軟弱安身之本，剛強惹禍之災；無爭無競是賢才，虧我些兒何害。鈗斧敲金易碎，銅刀劈水難開；世人笑道我癡呆，管取前程自在。

又

村中一切小事，勸和莫出鄉間；省錢省來省收監，氣起三分要篹。莫慮他們親戚，休犯鄰里相干；官司不打一家安，此是良人自斷。

又

村中一切小事，不和要出鄉間；信讒出外四邊趕，逞志誇能好漢。竹板皮鞭受苦，黃檀撒子心酸；日間對理夜收監，此是愚人公斷。

又

此處無分貴賤，俗衣短食皆同；人生到此鳥投籠，展轉番身難同。夢裏思量妻子，醒來門鎖重重；自古牢獄不通風，莫把是非來弄〔註111〕。

在具體撰寫公文書方面，亦有一定格式。大致而言，文應分三部分，一問得、一議得、一照出。問得乃問案之始〔註112〕；內首言招首名歲、貫址、職稱及尊卑諱犯情況，再入所事、與者各為何年月日、犯先後之序，遇有先案別卷或贓物各色，亦須明載。議得係議擬諸律〔註113〕；此多以五刑定六贓七殺之罪〔註114〕，須詳盡鑿清所為，明責任輕重。照出則是總括前文〔註115〕，凡發配執行、納米贖鈔、官私

〔註110〕《萬寶全書》，崇禎元年刊本，卷8〈法律門〉，頁2下～3上，「為政須知」曰：「朝明例以昭國是，但律調有限，事變無窮，強屢凌弱，眾每暴寡。吶于言者，不能伸其冤，屈於勢者，不能訴其情。雖有賢良憫恤下情，奚以上達不有詞訟之質，則善者不見其善，有罪者亦涅逃其罪。而蔽於覆盆不淂珥筆詞鋒之刾，正代啞以言，扶瞽以步之術也，其用心亦仁矣。故刪補之，以為迷途者之一助也」。

〔註111〕《五車拔錦》，萬曆25年序刊本，卷6〈律例門〉，頁15上～下，「附西江月」。

〔註112〕《三台萬用正宗》，萬曆27年刊本，卷8〈律例門〉，頁1上，「招擬指南」曰：「一問得，乃問官之啟語也」。

〔註113〕《三台萬用正宗》，萬曆27年刊本，卷8〈律例門〉，頁4下，「招擬指南」曰：「一議得，議當作擬似也，欲似諸律，故問刑者，未敢自以為是，稱議者謙詞」。

〔註114〕六贓指坐贓、不枉法贓、枉法贓、竊盜贓、常人盜贓、監守盜贓；七殺指劫殺、謀殺、故殺、鬥殺、戲殺、誤殺、過失殺。參見《三台萬用正宗》，萬曆27年刊本，卷8〈律例門〉，頁1下～2下，「招擬指南」。

〔註115〕《三台萬用正宗》，萬曆27年刊本，卷8〈律例門〉，頁8上，「招擬指南」曰：「一照出，如火之照物，蓋前項招擬之內，各犯紙米鈔貫并還官，入官給主等項贓物之類，不容遺漏，誠所謂總結上文之意耳」。

等物均歸置明確，以了結全案。

　　為方便人應用，除說明解釋外，尚以實例示之〔註116〕；且行文之遣詞用語，還有活套參考，如對不同身份之人，可分官吏監生生員類、僧道類、婦人類、奴婢雇工人等類；而對不同種類之事，則分鬥毆類、殺人類、賊盜類、竊盜類、犯贓類、毆罵類（分毆罵親屬、師長與官長部分）、相為容隱類、縱放軍人類、外避差役類、婚姻類、姦婦類、奸惡類、奸細類、軍職冒功類、過失類、失機類、應補類、藏匿類、外罪逃走類、誣告類、故禁故勘類、故失出入類、囑託類、連累致罪類等〔註117〕。各不同類別均列有同性質之詞句，供人方便選用；如對官員、監生、生員之犯罪，可用不守官箴、不守職業肆意罔為、不顧行止、不惜行檢、不顧名節、不肯監守學規罔顧儒行、大壞官常存心墨污、心存貨殖志在奸貪、行檢不修貪饕是肆等詞；對僧道違法則用有玷清規、罔修戒行、不思喪服祭祀同常人、不顧師同伯叔、不念誼同兄弟等語。針對殺人事可選因而懷恨要得洩忿、要得謀殺杜絕後患、要行殺害、思起前怨要得報復、要得謀害、心生毒害、明知謀情等詞；而竊盜行為可採不務生理、專一為盜、探知家有財物、不守本分、不改盜行、盜心未滿、不改前非、肆惡不悛、專一糾集為非、窺見某家殷富要得偷盜分使用等語〔註118〕。

　　除致力辦案，懲凶緝盜，以安定鄉里外，地方秩序維持尚賴傳統禮教之約束，故官員對於各種禮儀規範，亦須特別注意，慎重實施，以為民眾表率；如官員就新職時的儀禮是：

　　　　一有新官受職赴任者，未到城，一舍二三十里而止，先令人報知禮房，吏告
　　　　示官屬及父老人等，相率相城來會，令洒掃合祀神祇祠宇，備牲禮祭儀，以
　　　　候謁告。至城外齋宿三日，第四日清晨，父老人等導引入城，遍詣諸神祠，
　　　　如儀致祭。其祝文曰：維某年月日某官某奉命來官，務專人事，主典神祭，
　　　　今者謁神，特與神誓，神率幽冥，陰陽表裏，予有政事未備，希神默助，使
　　　　我政興務舉，以安黎民，予倘怠政奸貪，陷害僚屬，凌虐下民，神祇降殃，
　　　　謹以牲醴致祭，神祇鑒之，尚饗〔註119〕。

而詣神廟祭祀時，禮房先備牲酒等物予以陳設，禮生父老等人再導引新官同僚屬官吏詣廟贊禮。同時，新官到任前一日，地方儀杖即須出城伺候至次日清晨，首領官

〔註116〕《三台萬用正宗》，萬曆27年刊本，卷8〈律例門〉，頁8下～10上，「串套招式」。
〔註117〕《三台萬用正宗》，萬曆27年刊本，卷8〈律例門〉，頁10下～16上，「串招活套語類」。
〔註118〕《三台萬用正宗》，萬曆27年刊本，卷8〈律例門〉，頁10下～12上，「官吏監生生員類」、「僧道類」、「殺人類」、「竊盜類」。
〔註119〕《五車拔錦》，萬曆25年序刊本，卷5〈官職門〉，頁7上～下，「新官到任儀注」。

軍禮房吏典乃迎接入城,並依職等順序以參見禮謁新官。不論是廟贊禮或參見禮均有一定規範〔註120〕。遇有朝廷詔書至郡縣時,地方官員率眾具服出廟,以儀隊鼓樂迎接朝使下馬,置詔書南面,官員北向行五拜禮,導引朝使上馬,行至公廨門外,再行五拜禮,左右亦行禮後,朝使奉詔展讀,官員跪受詣旨;朝使讀畢,復行禮及答禮,再以鼓樂送回。整套儀典中,各文武官吏、儀杖之行次、位置均有一定,不可混淆〔註121〕。其它重要儀典還包括象徵春耕開始的鞭春禮制、強調師道的太學行香禮儀等〔註122〕,均要慎重執行,輕忽不得。

此外,與官員切身有關的種種權利,如遇親友婚喪喜慶而來的人情應對、任職後之考功陞遷等內容,也是志於仕宦之途者必須了解的,故有〈官員給由聞喪丁憂起服例〉、〈官員考滿給由例〉、〈官員考功陞黜事〉等部分之刊載〔註123〕。

綜觀明清時期民間有關官秩律令的了解,主要包括兩部分,一是對官府行政部門的基本認識,一是具備基礎的法律知識。兩者均與當時生存的環境密切相關,故其內容是實際可用的,且適用者雖以立志於仕宦之途者為主,卻不以其為限;蓋生活於此一人文環境中之四民,凡因涉及法律紛爭必須與官府接觸時,均需藉助此一門類之訊息,故其存於民間日用類書中之必要性由此可知。然其在明代至清代版本的內容卻有某種程度之變化。

首先,就對官府行政部門的基本認識而言,自明代至清代版本民間日用類書均持續刊載,然明代版本中,不論是政府組織結構、官員種類、品級、月俸、服飾、印璽、任用資格,乃至各式儀典、給假、考核、陞遷等內容均含蓋在內。發展至清代版本,不論是前期三十卷或後期二十卷版本中,前述各部分內容均大為縮減,如服飾僅存文、武官服色,而無皇室、親王、士人、命婦,乃至庶民等各式不同身分人服飾之說明;儀典亦只保留新官到任儀注、鞭春禮儀及有司官太學行香禮儀三種;考核、陞遷規則雖有,給假條例卻不見。更無各種為官之道、判案之方的詳細文字說明及具體範例演示。惟隨政權更迭,配合新環境變化,民間日用類書亦有新增內容,如清朝不同品級官員間的行文、接見及坐次均有不同格式與規範,此在清版民

〔註120〕《五車拔錦》,萬曆25年序刊本,卷5〈官職門〉,頁7下~9上。
〔註121〕《五車拔錦》,萬曆25年序刊本,卷5〈官職門〉,頁10上~11下,「郡縣迎接詔敕開讀禮儀」、「迎接詔敕官班儀杖行次圖式」、「開讀詔敕文武官拜位圖示」。
〔註122〕《五車拔錦》,萬曆25年序刊本,卷5〈官職門〉,頁9上~10上,「鞭春禮儀」、「有司官太學舉行香禮儀等制」。
〔註123〕《五車拔錦》,萬曆25年序刊本,卷5〈官職門〉,頁5下~7上,「官員給由聞喪丁憂起服例」;頁11下~13上,「官員考滿給由例」、「官員考功陞黜事」。

間日用類書中以相當篇幅刊載〔註124〕。事實上，民國以後，因國體改變，制度變革更大，民間日用類書亦因應需要刊載更多新內容，如地方官制、服制、學校章程及各種公文格式等〔註125〕，且配以圖示方便人們了解〔註126〕。

　　至於法律知識的刊載，僅限於明代版本及清代前期三十二卷版本民間日用類書中，且兩者篇幅差距甚多。明代版本中，不論是詳細文字刊載或口訣、歌訣式呈現的法律條文內容、專門法律用字的解釋、各種刑罰的說明及替換方式，乃至判文中遣詞用句的活套範示，可謂一應俱全。發展至清代前期三十二卷版本中，內容即大幅縮減到法律條文只有縱容妻妾犯姦、親屬相姦、良賤相姦、官吏宿姦、奴及雇工人姦等部分姦淫條文的保留；刑罰則僅存五刑的簡單介紹而已。惟因應朝代更替變化，也有新內容刊登，如加強村庄內的守望相助，防止犯罪及匿藏人犯；獎勵緝凶以安定地方等法律條文的明訂〔註127〕。而到清代後期二十卷版本中已不見此一門類刊載。所以如此，應與律法內容之過於專業、艱深有關，且其變化亦須與訴訟事件之發展情形合併觀之，乃可一窺究竟。（參見第五章第二節）

〔註124〕《萬寶全書》，光緒23年序刊本，卷23〈法律門〉，頁1上～6下，「大清官品相見儀注」。

〔註125〕《萬寶全書》，民國年間刊本，卷9〈爵祿門〉，頁15上～20下，「服制草案理由」、「參議院議決男女服制」、「地方官制草案」、「頒定軍士服制令」、「布告各學校章程規則文」。

〔註126〕圖示包括有男女禮服（含帽與鞋）與常服的正面及背面圖、各級軍人的服式圖（含帽、服、鞋及肩章、配飾）、內務部擬定公文用摺及封套式樣（含照會文式、諭式、令文式、呈式）、各級學校的鈐記式、各省審判廳法庭圖，參見《萬寶全書》，民國年間刊本，卷9〈爵祿門〉，頁16上～下、19上～20下。

〔註127〕《萬寶全書》，光緒23年序刊本，卷23〈法律門〉，頁5上～6下，「新例」。

第四章　實用智能的學習

　　實用智能屬物質生活範疇，爲謀生存人們必須具備一定之工作技藝；而現實生活中的種種壓力與挑戰，使小民百姓往往乞助超自然力量的玄理術數；同時，日常生活中的養生保健與醫療衛生觀念，涉及身體健康之維持，與治生活動之能否順利進行，故亦爲社會大眾不可不學習的部分。

　　本章擬就明清時期民間日用類書中之相關內容，說明此時期民間物質生活的情況及其特點。

第一節　謀生技藝

一、耕作與飼畜

　　中國以農立國，農業活動是人們主要賴以爲生的方式，而民間日用類書中往往列有農桑門、牛馬門等項目介紹相關農業知識。其一開始即言明耕種生產之重要性乃「君子以之資身而菪國政，庶民以之養親而畜妻子」，故此實爲「王道之始」〔註1〕。且闡釋農耕源於上古神農氏，蠶桑則因西陵氏（嫘祖）而起，由此得解決人們食衣需求，並因之受到歷代執政者重視，每以祭祀儀式開啓活動以示尊敬〔註2〕。同時，對於古代的井田制度、天子耤田制度、牛耕出現等農事活動之相關內容，亦有詳細解說使人明其緣由〔註3〕。

〔註1〕《五車拔錦》，萬曆25年序刊本，卷28〈農桑門〉，頁1上，「題農務女紅之圖」。
〔註2〕《三台萬用正宗》，萬曆27年刊本，卷38〈農桑門〉，頁1上，「木刻耕夫織婦贊」；
　　　　頁2上～下，「蠶事起本」、「社稷篇」。
〔註3〕《三台萬用正宗》，萬曆27年刊本，卷38〈農桑門〉，頁4上，「井田制」；頁1上，

　　至於民間實際的農業知識，以生產過程而言，可分耕種前對田地的整理與農具的準備，耕種時對百穀的了解及灌溉、施肥等技術之運用，乃至收成後對農作物的貯藏及應用等方法之配合。

　　就耕種前對田地的整理而言，此包括墾荒田、耕田、秧田、壅田等；凡開墾荒田，「須燒去野草，犁過先種芝麻，一年去草木之根，敗之後種五穀，則無荒草之害」〔註4〕。且墾荒田因不同時節亦有不同名稱與方法，如：

> 春曰燎荒，如平原草萊深者，至春燒荒趁地氣通，潤草芽，欲發根荄桑脆易爲開墾。夏曰稞青，夏日草茂時開謂之稞青，可當草糞，但根鬚壯，藉強牛乃可，莫若春日爲上。秋曰芟夷，其次秋暮，草木叢密，先用鐮刀遍地芟倒，曝乾放火，至春開墾，乃省力也〔註5〕。

耕田則「春耕宜遲，秋耕宜早；宜遲者，以春凍漸解，地氣融通，雖堅硬強土，亦可犁鋤；宜早者，欲乘天氣未寒，將陽和之氣掩在地中故也」〔註6〕。秧田須「殘年開墾，待水凍過則土酥，來春易平豆不生草；平後必晒乾，入水澄清，方可撒種，不陷土中易出」〔註7〕。

　　而耕作所使用之農具包括通田用的耖耙、摩田用的勞、擊塊壤用的櫌槌、下種用的耬犁、架犁具用的耕槃、服牛用的牛軛、起土用的钁斸、踏田用的長鑱、斸地用的鐵搭、除草用的鎛與耨、刈草用的鐙鋤、水田用的耘爪、刈禾用的鐮、歛禾用的推鐮、截禾用的荎鑒、闢荒田用的䥽刀、截木用的鋸、切草用的鍘、平土壤聚穀用的朳、遏禾用的禾櫌、歛禾用的禾鉤、負禾用的檐、擊木用的連枷、刈土用的刮板，乃至草履用的屝、泥行用的橇、擋雨用的簑與覆殼、乘糞物禾穀用的牛車、盛穀用的簣、篋、與穀匣、盛物用的籮、貯米用的儋與籃、盛種用的種簞、曝穀用的曬槃、舂米用的杵臼與碓、僃穀用的礱、藏穀物的稟、瘐、囷、倉與京，還有大小量器，如升、斗、斛等，以及其它盛酒用的瓦盆、飲器瓢杯、炊器甑等農家用具；每項器具的名稱、別號、形制大小、質材，甚至歷史淵源，在民間日用類書中均有說明，以方便人參照使用。如犁乃：

> 后稷之孫叔均始教牛耕。……冶金爲之曰犁鑱，長一尺四寸，廣六寸；曰犁壁，長廣皆尺微，斷木爲之；曰犁底，長四尺，廣四寸；曰壓鑱，長二尺；

　　　　「耤田篇」：頁4下，「牛耕篇」。
〔註4〕《萬用正宗分類學府全編》，萬曆35年刊本，卷9〈農桑門〉，頁1上，「開墾田法」。
〔註5〕《三台萬用正宗》，萬曆27年刊本，卷38〈農桑門〉，頁15下，「開墾篇」。
〔註6〕《萬用正宗分類學府全編》，萬曆35年刊本，卷9〈農桑門〉，頁1上，「耕田法」。
〔註7〕《五車拔錦》，萬曆25年序刊本，卷28〈農桑門〉，頁1下，「治秧田」。

　　曰策□，滅壓鑱四寸，廣狹與底同；曰犁箭，高三尺；曰犁轅，長九尺；曰犁稍，高四尺；曰犁評，尺有三寸〔註8〕。

鑱刀是：

　　兩刃器也。其刃長二尺，餘闊三寸，橫插長木柄，內牢以逆楔。兩手執之，遇草萊或麥禾等稼，折腰展臂，匝地芟之，仍用掠草杖以聚所芟之物，而使易收束也〔註9〕。

而田盪是「俗名田耰，以木為之，高三尺，上有圓柄，下以木板為之，長六尺，廣七寸半」；搭爪則是「上用鐵鉤帶袴，中受木柄，通長尺許，狀如彎爪，如爪之搭物也」〔註10〕。

　　其次，是對百穀的了解。所謂百穀指梁、稻、菽三穀各二十種，再加上蔬、果各二十種合為百種〔註11〕。而明清時期農耕作物種類大致可分穀物類、菜蔬類、瓜果類、棉麻類及花木類五大項，其細目如下：

穀物類	水稻、旱稻、黍、梁、大豆、小豆、菉豆、碗豆、蠶豆、紅豆、赤豆、扁豆、豆麥、大麥、小麥、青稞麥、蕎麥
菜蔬類	姜、胡姜、芋、蘿蔔、葫蘿蔔、茄子、苦蕒、萵苣、葫蘆、姜白、油菜、藏菜、芥菜、菘菜、烏菘菜、夏菘菜、菠菜、甜菜、白菜、莧菜、主菜、蔓菁、薑、瓠、葵、蒜、薤、蔥、韭、胡荽、菠薐、同蒿、人莧、菩蓮、蕳香、甘露子、芹蘧
瓜果類	冬瓜、甜瓜、西瓜、絲瓜、梅、桃、杏、李、楊梅、橘、橙、梨、花紅、林檎、桑椹、柿、金橘、銀杏、枇杷、櫻桃、石榴、葡萄、荔枝、龍眼、榧子、甘蔗、橄欖、餘甘、木瓜、和圓子、柑、南果、北果、番果、胡桃、棗、栗、藕、菱角、雞頭、荸薺、慈菰
棉麻類	棉花、紅花、油麻、黃麻、絡麻、苧麻、桑（蠶）、靛、蓆草、燈草
花木類	牡丹、芍藥、木槿、海棠、山茶、梔子、瑞香、百合、罌粟、芙蓉、菊、金鳳、雞冠、萱草、水仙、薔薇、瓊花、酴醾花、蓮花、葵花、蜀葵、梅花、石榴、蘭花、桂花、素馨、茉莉、月桂、荷花、冬間花、菖蒲、椒、茶、□櫚、冬青、槐、榆、柳、木棉、楊柳、杞、松、杉、檜、樟、

〔註8〕《三台萬用正宗》，萬曆27年刊本，卷38〈農桑門〉，頁5下～6上，「犁」。
〔註9〕《三台萬用正宗》，萬曆27年刊本，卷38〈農桑門〉，頁7下，「鑱刀」。
〔註10〕《三台萬用正宗》，萬曆27年刊本，卷38〈農桑門〉，頁6上，「田盪」；頁8下，「搭爪」。
〔註11〕《三台萬用正宗》，萬曆27年刊本，卷38〈農桑門〉，頁11上，「百穀篇」。

柏、竹、楠、桐、柘〔註12〕

由上述耕作種類可知，民間農業生產既有屬糧食作物的穀物、菜蔬及瓜果，亦有屬經濟作物的棉麻與花木，其種類可謂包羅萬象，應有盡有。其中，糧食作物中穀物類的稻米栽種及經濟作物中棉麻類的桑蠶生產最受重視，所占篇幅最多，介紹亦最詳細。如稻米自選稻種、浸稻種、插秧、耰秧、耘稻、收稻，到舂米、藏米均有值得注意之事；以浸稻種、插秧為例，其法為：

> 早稻清明前，晚稻穀雨前，將種包移河水內，晝浸夜收，其芽易出，若未出用草貪之。芽長二三分許，拆開什鬆撒田內，撒時必晴明天氣，則苗易堅；亦須看朝後三日，撒稻草灰於上，則易生根。

> 插秧在芒種前後，低田宜早以防水潦，高田宜遲以防冷蛙，撥秧就水洗根去泥，有稗草即揀去。每作一小束插耕，熟水田約五六根為一叢，六棵為一行，棵行宜直以利耘穫，人宜淺插則易發〔註13〕。

又以舂米、藏米為例，應注意的是：

> 殘年內如舂白者，謂之冬舂，其米圓淨；若來春舂，則米穀發芽，甚是虧損。將稻草去谷絮囤，收貯白米，仍用稻草蓋之，以收氣水，踏實則不蛙，且易熱，若板倉藏米，必用草荐襯板，則無水氣，若藏糯米，勿令發熱〔註14〕。

而桑蠶則不論是選桑種、栽桑、修桑、壓桑、接桑、折桑、採桑，或選蠶種、浴連、治蠶室、安箔、下蟻、用葉、擘黑、齊蠶、暖涼、飼蠶、分槌、簇蠶、窖蠶、繰絲等亦各有不同技術；如選桑種、栽桑是：

> 桑種甚多，不可遍舉，世所名者，荊與魯也。荊桑多椹，魯桑少椹；荊桑之葉尖薄，得蠶而絲少；魯桑之葉圓厚，得蠶厚而絲多。若葉生黃衣而皺者，號曰金桑。蠶不可食水，易稿（槁）。

> 耕地宜熟，移栽時，行須要寬，橫比長多一半；根下埋敗龜板一個，則茂而不蛙。又法將桑根浸糞水內一宿，掘坑栽之；栽宜淺種，以芽稀者為上。八

〔註12〕本表據下列資料整理而成：《五車拔錦》，萬曆25年序刊本，卷28〈農桑門〉；《三台萬用正宗》，萬曆27年刊本，卷38〈農桑門〉；《文林聚寶萬卷星羅》，萬曆28年序刊本，卷5〈農桑門〉；《萬用正宗分類學府全編》，萬曆35年刊本，卷9〈農桑門〉；《萬寶全書》，萬曆42年序刊本，卷28〈耕佈門〉；《萬寶全書》，崇禎年間刊本，卷22〈農桑門〉；《龍頭一覽學海不求人》，明刊本，卷15〈摘輯花卉門〉。

〔註13〕《文林聚寶萬卷星羅》，萬曆28年序刊本，卷5〈農桑門〉，頁1下～2上，「浸稻種」、「插秧」。

〔註14〕《文林聚寶萬卷星羅》，萬曆28年序刊本，卷5〈農桑門〉，頁2下，「舂米」、「藏米」。

月正月皆可種〔註15〕。

選蠶種、治蠶室則是：

> 開簇時，擇苫草上硬圓尖細緊小者是雄，圓突厚大者是雌。另摘出於通風涼
> 房內，淨箔上單排，日數既足，其蛾自若出。若有舉翅、秃眉、焦頭、焦尾、
> 焦腳、熏黃、赤肚、無毛、黑紋、黑身、黑頭、先出末後生者，悉皆揀去，
> 止（只）留完全肥好同時出者。卯時取對，至未時拆開，用厚紙為連，候蛾
> 生子。足則移下違，若生子如環及成堆者，皆不可用。其好者，須要懸掛於
> 涼淨者，勿令煙燻日炙。
>
> 屋宜廣高潔淨，通風向陽，忌西照西風。至谷雨日，須先宜補熏乾堅搥，勿
> 透風氣。若逼蠶生後泥墻壁，則濕潤致蠶生病。正門須重掛葦簾草荐，搥箔
> 四向約量，須火近兩眠則止〔註16〕。

事實上，為方便人們對此二種作物的生產步驟有清楚了解，民間日用類書甚至參
考宋樓璹的《耕織圖》，將其生產過程以連續圖示，配合簡易竹枝詞說明的較通俗方
式予以完整呈現，俾使民眾視之「有所感發而興起」〔註17〕。如稻米生產圖示有浸種、
作埂、犁田、翻耕、耙田、壅田、撒秧、插蒔、穫苗、車水、耘田、割稻、打稻、礱
米、篩米、上倉、歡飲等；（圖4-1-1）其配合的簡易文字說明，如浸種是「三月清明
浸種天，去年包裹到今年，日浸夜收常看管，只等芽長撒下田」；作埂是「田家作埂
用心動，泥覆高堆漸漸成，照面埂頭平似砥，任他風雨不傾沈」；犁田是「犁一遭來
耙一遭，種田生活在勤勞，耙得了時還又耖，工程限定在明朝」；翻耕則是「翻耕雖
是用工勤，纔聽雞鳴便起身，曾見前人說得是，一年之計在於春」〔註18〕。而衣裳生
產則自下蠶、餵蠶、蠶眠、採桑、大起、上簇、炙箔、窖繭、繰絲、蠶蛾、祀謝到絡
絲、經緯、織布、攀花、剪製亦各有不同圖示及說明；如蠶眠是「一遭眠了兩遭眠，
蠶過三眠遭飼全，食力旺時頻上葉，去除隔宿換新鮮」；大起是「守過三眠大起時，
再摉七日費心機，老蠶只要連遭餵，半刻光陰難受饑」；絡絲是「絡絲全在手輕便，
口（只）費工夫弗費錢，粗細高低齊有（用），斷頭須要散連系」；攀花則是「機上生

〔註15〕《萬用正宗分類學府全編》，萬曆35年刊本，卷9〈農桑門〉，頁6上，「論桑種」、「栽
　　　　桑」。

〔註16〕《文林聚寶萬卷星羅》，萬曆28年序刊本，卷5〈農桑門〉，頁8上，「收蠶種」；頁
　　　　8下，「治蠶室」。

〔註17〕《萬寶全書》，崇禎年間刊本，卷22〈農桑門〉，頁505，「農桑撮要」。

〔註18〕《五車拔錦》，萬曆25年序刊本，卷28〈農桑門〉，頁1下～3上，「浸種之圖」、「作
　　　　埂之圖」、「犁田之圖」、「翻耕之圖」。

花第一難，全憑巧手上頭攀，有朝織出新花樣，見一番時要一番」〔註19〕。

圖4-1-1《五車拔錦》，萬曆25年序刊本，卷28〈農桑門〉，頁8下〜9上。

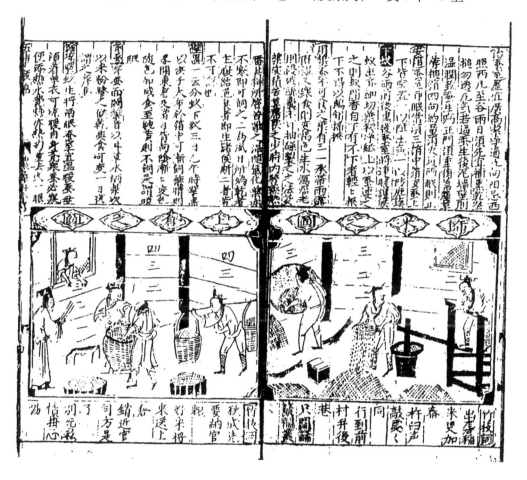

除稻米與桑蠶生產因涉及食衣之基本需要特受重視外，瓜果和花木的栽種技術亦頗為進步。瓜果方面，接枝法已普遍使用且成效可見，如「桃樹接李枝，則紅而甘；李樹接桃枝，生子則為桃」、「桑樹接楊梅則不酸」、「楊梅接桃則脆；桃樹接杏則大」、「柿樹接及三次，全無核」、「枳殼樹接柑橘，橙易活」、「葡萄栽於棗樹側，春間鑽棗作一竅，引葡萄枝穿，從竅中透過，二三年間，葡萄枝長大，塞滿棗竅了，便斫去葡萄根，令托棗根以生，肉實如棗」〔註20〕。花木類則一般栽種法外，分花、

〔註19〕《萬用正宗分類學府全編》，萬曆35年刊本，卷9〈農桑門〉，頁11上，「蠶眠之圖」；頁12上，「大起之圖」；頁15下，「絡絲之圖」；頁17上，「攀花之圖」。
〔註20〕《龍頭一覽學海不求人》，明刊本，卷15〈摘輯花卉門〉，頁12上〜下，「接果木法」。

接花、催花、療花、養花等技術亦有進展，如分花乃：

> 揀長成大幹枝多者，八九月全根掘出，視其可分者，用手擘開，須每枝看有
> 根者則易活；臨栽時，用小麥數十粒，置於根底，仍照前法栽之，待明年春
> 三月即看花也〔註21〕。

接花如「黃白二菊，各披去一邊，用麻皮托合，開花半黃半白」、「苦練樹上接梅花，
則花如墨梅」、「花木接者，或欲移種，須令接頭在土外」、「凡接花，樹雖已接活，
內中脂力未全包，生滿接頭處，切宜愛護，勿令梅雨得以侵其皮，必不活」〔註22〕；
催花如「用馬糞浸水，澆之三四日，內開者次日盡開」、「菊花蕊未開，每蕊以龍眼
殼罩之，至欲開時以硫黃水，次早去罩，即開」、「蓮花未開，將竹針十家針筌之，
白汁出，然後插瓶中便開」〔註23〕。而牡丹的療法則是：

> 牡丹冬至日，以鍾乳粉和硫黃少許，置根下土中，不茂者即茂盛；牡丹根甜，
> 多引土蟻蠐螬等蟲食之，但於初栽時，用白斂末拌土置根下，蟲皆不食；又
> 有一種小蜂能蛀枝梗，至秋冬亦藏枝梗中，又有蛀蟲紅色，能蛀木心，將所
> 蟲蛀之穴，用硫黃末填之，然後用杉木釘訂之，而蟲斃矣。又法於秋冬落葉
> 時，尋其蜂聚處，須捆捉盡其蜂，亦是良法〔註24〕。

至於使花木持久不謝的養花法亦因不同花種而有不同方式，如：

> 牡丹、芍藥插瓶中，先燒枝斷處令燋鎔，蠟封之，乃以水浸，可數日不萎。蜀
> 葵插瓶中即萎，亦燒根以白沸湯浸之，復活。瓶中牡丹、芍藥花蔫者，剪去下
> 截爛處，用竹筅架於缸上，盡浸枝梗，一夕色鮮如故。瓶養荷花，先將花倒之，
> 灌水令滿，急插瓶中，則久而不蔫，或先以花入瓶，然後注水，其花亦開。冬
> 間花瓶多凍破，以爐灰置瓶底下則不凍，用硫黃置瓶內亦得〔註25〕。

為使耕種活動順利進行，灌溉及施肥工作亦不可或缺。灌溉工程自古即有，大
抵民間多利用溪水溝渠，大可灌溉數百頃，小則灌田數十畝；若地勢特別，則須以
它法灌溉，如「田高而水下者，則設機械用之，如翻車、同輪、戽斗、桔槔之類」；
若地勢曲折，「則為槽架、連筒、陰溝、峻渠、陂柵之類，引而達之」。又灌溉次數
及時間亦有一定，如高地旱稻自種至收，不過五六月，其間澆灌四五次即可〔註26〕。
而施肥則有踏糞及苗糞、草糞、火糞、泥佳等不同方式；踏糞是於秋收後，每日驅

〔註21〕《三台萬用正宗》，萬曆27年刊本，卷38〈農桑門〉，頁20下，「分花法」。
〔註22〕《三台萬用正宗》，萬曆27年刊本，卷38〈農桑門〉，頁22上，「接花法」。
〔註23〕《三台萬用正宗》，萬曆27年刊本，卷38〈農桑門〉，頁23上～下，「催花法」。
〔註24〕《三台萬用正宗》，萬曆27年刊本，卷38〈農桑門〉，頁23上～下，「療花法」。
〔註25〕《三台萬用正宗》，萬曆27年刊本，卷38〈農桑門〉，頁23下，「養花法」。
〔註26〕《三台萬用正宗》，萬曆27年刊本，卷38〈農桑門〉，頁21下，「灌溉篇」。

牛使溺成糞，至春可累積成二十餘車，至夏月間則可以之施田地。苗糞、草糞、火糞及泥佳則均屬植物性肥料；苗糞係利用栽植綠豆、小豆、小麥等作物以更新地利；草糞、火糞、泥佳則分別利用腐草、灰燼、陂塘內青泥以增強地利〔註27〕。大體而言，動物性肥料較植物性肥料受到肯定〔註28〕。

　　此外，收成後對農作物的貯藏及應用亦是民家必須注意之事。穀物因本身乾燥且有外殼保護貯藏較易，然瓜果類作物則往往須以脫水或醃漬方式保存，如桃酢法是將桃「取納之甕中，以物蓋之，七日後既爛，灑去皮核密閉之，一二七日酢成，香美可食」〔註29〕；作白李法是「夏李色黃便摘取，於鹽中按之，鹽入汁出然後合鹽曬，令菱手捻之令騙（扁），復曬，極扁乃止。曬乾，飲酒時以湯洗之，灑著蜜中可以薦酒」〔註30〕；藏梅法是取梅「剝皮陰乾，勿令得風，經一宿，去鹽汁內蜜中，月許更易蜜，經年如新」，而梅還可作成白梅或烏梅兩種〔註31〕。藏榴法則是「取其實有稜角者，用熱湯微泡，置之新甕瓶中，久而不損。若圓者則不可」〔註32〕；其它還有曬棗法、藏栗法、乾柿法、曬荔枝法、曬龍眼法等〔註33〕。

　　事實上，民間之應用食物，基於長期保存、方便耐用、節省實際等原則考量，醃漬類飲食頗為普遍，故民間日用類書列有許多醃漬食物的方法介紹；如茱蔬類的薑可作乾薑，其法為：

　　　　肥嫩姜不拘多少，去皮切作兩片，入甘草香白並茯苓香，同煮至熟，切作薄片，晒乾，用油煤，肥白香脆可愛〔註34〕。

筍作成筍脯，方法是：

　　　　好嫩筍去皮并老頭，及稍切作柳葉片，每斤鹽三錢，胡椒、花椒、茴香、蒔蘿並為細末，好醬半匙，沙糖一兩半，醋二盞，水二碗，同煮熟爛；日晒陰雨焙乾，瓷器收貯〔註35〕。

〔註27〕《三台萬用正宗》，萬曆 27 年刊本，卷 38〈農桑門〉，頁 19 下～20 上，「糞壤篇」。
〔註28〕《三台萬用正宗》，萬曆 27 年刊本，卷 38〈農桑門〉，頁 20 上，曰：「一切禽獸親肌之物最為肥澤，積之為糞，勝於草木」。
〔註29〕《三台萬用正宗》，萬曆 27 年刊本，卷 38〈農桑門〉，頁 12 上，「桃酢法」。
〔註30〕《三台萬用正宗》，萬曆 27 年刊本，卷 38〈農桑門〉，頁 12 下，「作白李法」。
〔註31〕《三台萬用正宗》，萬曆 27 年刊本，卷 38〈農桑門〉，頁 12 下～13 上，「作白梅法」、「作烏梅法」、「藏梅法」。
〔註32〕《三台萬用正宗》，萬曆 27 年刊本，卷 38〈農桑門〉，頁 16 上，「藏榴法」。
〔註33〕《三台萬用正宗》，萬曆 27 年刊本，卷 38〈農桑門〉，頁 13 下，「曬棗法」；頁 14 上，「藏生栗法」；頁 14 下，「作乾柿法」；頁 15 上，「曬荔枝法」、「曬龍眼法」。
〔註34〕《龍頭一覽學海不求人》，明刊本，卷 15〈摘輯花卉門〉，頁 16 上，「乾姜」。
〔註35〕《龍頭一覽學海不求人》，明刊本，卷 15〈摘輯花卉門〉，頁 16 上～下，「筍脯」。

黃瓜則以鹽、糖、川椒、茴香、花椒、醋醃漬三五日再食用〔註36〕。穀物類也往往
加工處理以長期使用，如造麵、作餅，或製成酒、醋、醬等飲料及調味料以增強口
味，彌補簡單食材口味之不足。以造麵為例，有紅麵法為：

> 白粳米一石五斗，水淘洗浸一宿，次日蒸作八分熟飯，分作十五處，每一處
> 入上項麴三斤，用水如法，搓揉要十分勻，停了共并作一堆；冬天以布帛物
> 蓋之，上用厚薦壓定，下用草鋪作底，全任此時看冷暖，如熱則燒壞了，若
> 覺大熱，便與去覆蓋之物，難開堆面，微覺溫，便當急堆起，依元覆蓋；如
> 溫熱得中，勿動。此一夜不可睡，常令照顧。次日日中時，分作三堆，過一
> 時分作五堆，又過一兩時辰卻作一堆，又過一兩分作十五堆；既分之後，稍
> 覺不熱，又併作一堆矣，一個時辰覺熱，又分開，如此數次，第用桑葉實之，
> 庶使香氣不絕〔註37〕。

作餅則有捍餅、燒餅、捲煎餅之分，捍餅法是「入密（蜜）少許，同水調開，和麵
捍作薄餅，燉子上熁熱，可停三五日不脆硬」；燒餅則是「每麵一斤入油□兩半，炒
鹽一錢，冷水硬和揉搜，得所敥子上熁」〔註38〕。而製酒法分白酒、密（蜜）酒，
製醋法分麥黃醋、長生醋、五辣醋，製醬法則分生黃豆醬、麵醬、大麥醬、漬豆醬
等，各有不同製作方式〔註39〕。

　　相較於食物應用之強調實際、簡便，茶之飲用則顯得精緻典雅。要品嚐好茶關
鍵在採茶、製茶、烹茶、泡茶等過程之切實掌握；如採茶時間「太早則味不全，遲
則神散」，最佳時機在穀雨前五日，且「徹夜無雲，浥露採者為上」，陰雨天不宜採；
茶芽以產於谷中且紫色為上，光面如篠葉者最下〔註40〕。製茶時須候鍋極熱始下茶
急炒，火不可緩；又茶在鍋中翻覆數遍，乃漸漸減火焙乾〔註41〕。烹茶時火候為先，
爐火通紅時，茶瓢始上〔註42〕；泡茶則重投茶順序，先湯後茶乃上投，先茶後湯為
下投，湯半下茶復以湯滿曰中投；為配合四時氣候，春秋宜中投，夏上投，冬則下
投〔註43〕。而不論烹茶、泡茶均須注意湯之純熟、水之清輕，故井水不宜茶〔註44〕。

〔註36〕《龍頭一覽學海不求人》，明刊本，卷15〈摘輯花卉門〉，頁16下，「淹黃瓜」。
〔註37〕《龍頭一覽學海不求人》，明刊本，卷15〈摘輯花卉門〉，頁17上～下，「造紅麵」。
〔註38〕《龍頭一覽學海不求人》，明刊本，卷15〈摘輯花卉門〉，頁27下，「捍餅」。
〔註39〕《龍頭一覽學海不求人》，明刊本，卷15〈摘輯花卉門〉，頁18下～19上，「白酒麴
　　　　方」；頁19下，「密酒法」；頁19下～20下，「麥黃醋」、「長生醋法」；頁29上～下，
　　　　「五辣醋」；頁20下～21下，「生黃豆醬」、「麵醬」、「大麥醬」；頁28上，「漬豆醬」。
〔註40〕《萬寶全書》，崇禎年間刊本，卷35〈茶論門〉，頁879，「採茶論」。
〔註41〕《萬寶全書》，崇禎年間刊本，卷35〈茶論門〉，頁880，「造茶」。
〔註42〕《萬寶全書》，崇禎年間刊本，卷35〈茶論門〉，頁881～882，「火候」。
〔註43〕《萬寶全書》，崇禎年間刊本，卷35〈茶論門〉，頁884～885，「投茶」。

其它如辨茶、藏茶、茶具〔註45〕，甚至品茶人數均須加以注意〔註46〕，乃能眞正享受品茗樂趣。

　　除耕種穀物、棉麻、菜蔬、瓜果、花木等糧食作物及經濟作物外，民間相關農業活動還有飼養各式家畜、家禽以提供農家生產時的勞動力、日常食用或其它用途。

　　由於農業生產活動需較多勞動力，故農家對農業之獸力需求頗爲重視，也因此，有關飼畜內容主要即是對牛、馬兩種牲口之介紹。

　　民間有關牛、馬飼養知識，大致可分相、養、醫三大項。相是如何挑選優良牲口之方，就馬而言，從頭、眼、耳、鼻、口、齒、形骨、毛，到啼聲、行路、起臥姿勢等，均屬判斷標準〔註47〕；而其大要爲：

> 眼如垂鈴，頭如剝兔，耳如削筒，頭骨欲員，項骨員，鬃毛欲茸細，鬃脊欲高，排鞍欲厚，脊細欲平，腰要短促，硯骨欲平，筋扇骨蜜（密），后脊骨短，后背似狗蹄，毛骨欲高，尾欲端而細，汗溝欲深，外腎欲小，腿欲轉曲，脅勒欲大，後腳欲細，瞳目欲大，曲池欲深，鹿節欲曲，節欲近，後蹄欲大，筋骨欲旋，鐙肉欲厚，肚下生逆毛，腹欲平，蹄欲員實，腳欲直，膝要員大，胃欲開闊，肘腋欲開，下唇欲憤，口义欲深，上唇欲方，頰欲開，喉欲曲，壽骨欲大，面如鐮背，鼻欲寬大，畜羅眼光有肉〔註48〕。

其中，馬毛尤受重視，列有專文配以圖示說明，將馬全身十八處之旋毛與否明其善惡意義，使人警惕；（圖4-1-2）如：

> 壽星善旋，聽哭惡旋，騰蛇惡旋，穿鬃惡旋，盛污惡旋，拖屍惡旋，挾屍惡旋，帶劍惡旋，柳花善旋，豹尾善旋，後喪門惡旋，乘鐙善旋，喪門惡旋，靠槽惡旋，鎖侯惡旋，帶緩善旋，啣禍惡旋，滴泪惡旋〔註49〕。

相牛亦有若干原則，如「眼宜惡大，白膜貫瞳，角宜細小，眼去角近，毛宜短密，

〔註44〕《萬寶全書》，崇禎年間刊本，卷35〈茶論門〉，頁882～884，「湯辨」、「湯用老嫩」、「泡法」；頁887～888，「品泉」、「井水不宜茶」。

〔註45〕《萬寶全書》，崇禎年間刊本，卷35〈茶論門〉，頁880～881，「辨茶」、「藏茶」；頁889～890，「茶具」、「茶盞」。

〔註46〕《萬寶全書》，崇禎年間刊本，卷35〈茶論門〉，頁885，「飲茶」曰：「飲茶以客少爲貴，客眾則喧，喧則雅趣乏矣」。

〔註47〕《三台萬用正宗》，萬曆27年刊本，卷37〈牧養門〉，頁2下～4下，「相良馬論」；頁4下～7下，「王良百一歌」；頁8下～9上，「三十二歲口齒秘訣」。

〔註48〕《三台萬用正宗》，萬曆27年刊本，卷37〈牧養門〉，頁1下～2上，「李伯樂相良馬之圖」；另有其它文字解說，見頁1上～下，「李伯樂相馬金篇歌」。

〔註49〕《三台萬用正宗》，萬曆27年刊本，卷37〈牧養門〉，頁8上，「相馬毛旋善惡之圖」；另有其它說明文字，見頁8上～下，「相馬旋毛歌」。

身欲粗大，尾宜長大，股門宜薄，胸膛欲廣，腳肪肉覆□」〔註50〕。民間也有認爲牛身各部位之特殊顏色，有其不同吉凶好壞意義，如：

圖 4-1-2《三台萬用正宗》，萬曆 27 年刊本，卷 37〈牧養門〉，頁 7 下～8 上。

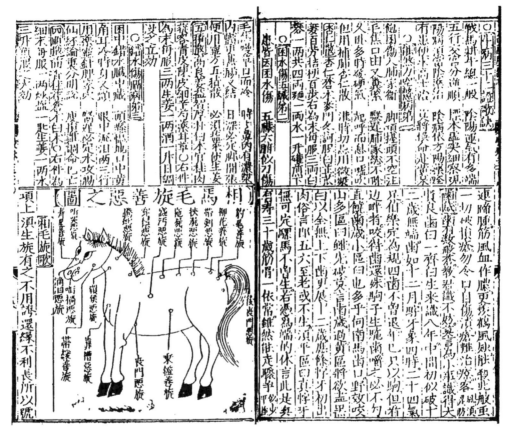

青牛黑牛犁牛，總有頭上一搭黃者，養之主人多吉慶，宜六畜招財，大吉利。黃牛若胸前一搭白，如手掌許大者，此是上相，養之主進人口，大吉利也。鹿斑牛者，養之主人家所作不遂，田蠶不成，若此者，切不宜養，人當戒忌。牛頭若白者，名爲孝頭牛，養之主人家多凶禍事，官災口舌，大不利也。黑牛頭白尾白者，名曰喪門牛，養之主多招凶事，田蠶俱不利。黃牛白頭者，名曰牛中王，養之主人富貴多，資財，子孫昌盛，六畜繁衍，牛若得相，糧米有餘〔註51〕。

〔註50〕《三台萬用正宗》，萬曆 27 年刊本，卷 37〈牧養門〉，頁 5 上，圖；另有其它文字解說，見頁 4 下～5 上，「寧戚相牛經曰」。
〔註51〕《三台萬用正宗》，萬曆 27 年刊本，卷 37〈牧養門〉，頁 5 下～6 上，「又相牛法」。

其它還有專相母牛之法以尋得多產之牛〔註52〕。

　　養是如何飼養牲口使之發揮最大功效；不論是牛或馬，飼養基本原則都是將心比心，對之如待人般地照料，明其習性，順其好惡，適其能力，調度有方，乃可發揮長久功效；如〈養牛法論〉所云：

> 夫牛之爲畜，其血氣與人均也，……勿使大勞，固之以勞健，順之以涼燠，時其飢飽，以適其性情，節其作息，以養其□氣；若然，則皮毛潤澤，肌體肥腯，力有餘而勞不衰，其何困苦羸瘠之有〔註53〕。

養馬法亦曰：

> 馬者，火畜也，其性惡濕，利居高燥，忌作房於午位，日夜餧飼，中春放淫，順其性也；季春必喢，恐其退也；盛夏必浸，恐傷於暑；冬季必溫，恐傷於寒；喢以豬脂，及犬膽汁煮粥，則肥〔註54〕。

　　而一旦疏忽致生疾病，亦須及時治療，小心診斷，對症下藥；切不可「信巫師託言鬼祟，或燒錢而祭醮，或壓穰而書符」，此不但死傷慘重，且會「轉加癆疫」〔註55〕，實不可不慎重。爲診治切實，對牲口身體各結構及器官之了解實屬必要，而民間日用類書亦有相關內容介紹，如〈井滎歌〉、〈血行十二支歌〉、〈四季月滎血行歌〉、〈六陽六陰之圖〉，即以文字配合圖示，說明馬的五臟六腑與四季、五行、十天干、十二地支關係，以爲醫病基礎〔註56〕。而牛身各處重要穴位亦有圖示說明參考〔註57〕。

　　同時，針對牛、馬可能罹患之各種疾病亦提供藥方治療。這些治療方法有以徵狀爲主，列出藥方醫治者，如馬徵狀爲「冷痛頻頻顫臥憂，四蹄長展或難收，往往雷鳴聲在腹，時時蹺腳更迴頭」者，「藥用細辛并陳皮，用水三升煎沸休」，或「皂角艾藥，鹽水灌火，熨湯淋病自消」〔註58〕；若「馬患氣痛不調和，腹脹時時輾臥多，口白更乾毛逆燥，肺家壅滯不奈何」，則以「白木麴末、當歸散，酒煎連灌」，「每上灌時，生薑蜜三服，必定見消磨」〔註59〕。有以藥方爲綱，提出可醫之疾者，如

〔註52〕《三台萬用正宗》，萬曆27年刊本，卷37〈牧養門〉，頁5下，「相母牛法」。
〔註53〕《三台萬用正宗》，萬曆27年刊本，卷37〈牧養門〉，頁2下～3上，「養牛法論」。
〔註54〕《三台萬用正宗》，萬曆27年刊本，卷37〈牧養門〉，頁1上，「養馬法」。
〔註55〕《三台萬用正宗》，萬曆27年刊本，卷37〈牧養門〉，頁1下，「論榜牛保」。
〔註56〕《三台萬用正宗》，萬曆27年刊本，卷37〈牧養門〉，頁10下～12下，「井滎歌」、「血行十二支歌」、「四季月滎血行歌」、「六陽六陰之圖」。
〔註57〕《三台萬用正宗》，萬曆27年刊本，卷37〈牧養門〉，頁6下～7上，「針牛穴法名目之圖」。
〔註58〕《三台萬用正宗》，萬曆27年刊本，卷37〈牧養門〉，頁13上，「第四冷痛起臥病源歌」。
〔註59〕《三台萬用正宗》，萬曆27年刊本，卷37〈牧養門〉，頁14下，「第十三氣痛起臥病

順氣散可治馬薑牙腹痛、吹鼻散可治馬傷水、通關散則「治馬大腸風臟,頭翻出頻頻弩曳,拋糞不下」〔註60〕。有以病症為準,列出解救之方者,如牛患熱病用消黃散、患砂石淋病用滑石散、患破傷風用天麻散、患前蹄病用乳香散、患心風柱病則用鎮心散〔註61〕。

也有配合心、肝、脾、肺、腎等身體各不同部位,提出不同藥方以治病者,如專治心者,有麻黃散治馬心臟虛熱中風、天麻散治馬心風、人參散治馬心黃病、防風散治馬心有風氣;專治肝者,有洗汗散治馬眼內有青白暈并眼腫淚出肝熱、涼肝散治馬眼昏暗翳膜遮障、蒼木散治馬肝積熱眼生翳膜等〔註62〕。亦有因春、夏、秋、冬四時不同季節,以不同藥方調理身體者,如春季須放大血,則夏季無熱壅之病,宜用茵陳散、木通散;夏季不得出血,令馬於風涼處不得著熱,宜用消黃散等〔註63〕。

更值得注意的是,有因不同疾病種類列出民間各式經驗方者,如治馬諸瘡,可「用夜合花葉、黃丹、乾姜、檳榔、五倍子為末,先以鹽漿水洗瘡,後用麻油加輕粉調傳」;治馬傷科,可「用生蘿蔔三五個,切作片子,啖之」;治馬錯水,則「先燒人亂髮,燻兩鼻,後用川烏、草烏、白芷、豬牙、皂角、胡椒各等分,麝香少許為細末,用竹筒盛藥,一字吹入鼻中立效」,亦可「用蔥一握,鹽一兩,同搗爛,堆入兩鼻內,須

源歌」。其它內容還有:前結起臥病、後結起臥病、熱痛起臥病、小腸結起臥病、水穀并起臥病、羅隔損起臥病、腸黃起臥病、黑汗起臥病、脾氣起臥病、心黃起臥病、腎黃起臥病、腦黃起臥病、胞轉起臥病、草噎起臥病、內腎損起臥病、腸斷起臥病、腸入陰起臥病、大肚結起臥病、肉斷起臥病、水掠肝起臥病、羅膈傷起臥病、板腸糞不轉病、水噎起臥病、肉鱉起臥病、蟬蟲咬膈起臥病、蹙者五攢痛起臥病、肺痛起臥病、大肚傷起臥病、心痛起臥病、腎痛起臥病、冷水傷起臥病、中結起臥病、喫著生料起臥病、邪病起臥病等,參見頁12下～18上,「馬師皇治三十六證歌訣」。

〔註60〕《萬錦全書》,萬曆年間刊本,卷6〈牛馬門〉,頁1下～2上。
〔註61〕《三台萬用正宗》,萬曆27年刊本,卷37〈牧養門〉,頁13下～14下,「牛患熱病第一」、「牛患砂石淋病第二」、「牛患前蹄第三」、「牛患破傷風第四」、「牛患心風柱病第五」。其它還有脾病、肺熱病、肺掃病、熱病、肺痛病、渾身血出病、熱瘟病、直腳風病、肺熱病風、黃繡鱉法、肺敗病、水舌病、繡喉風病、交腳風、膊肢瘋、脫紅病、時膊病、蟲子入耳病、腎黃病、胃翻病、肺癆病、胞虛病、偏風病、草噎傷病、肺嗓黃病、水草不通病等共三十六種,參見頁15上～21下,「造父治牛三十六証歌訣」。此外,亦有能煞力空鱉病、錯水傷膈病、肝黃病、肺黃病、心風狂病、子宮冷瘦病、心黃顛黃病、腦中黃病、早傷病、水頭風病、喉骨服病、尿血病、如蕩病、肝傷風病、草脹病、豆草肝病等,參見頁7下～13下,「牛病三十二証歌訣」。
〔註62〕《三台萬用正宗》,萬曆27年刊本,卷37〈牧養門〉,頁20下～21上,「治心部」;頁21上～下,「治肝部」。
〔註63〕《三台萬用正宗》,萬曆27年刊本,卷37〈牧養門〉,頁18上～19上,「四時調適之宜」。

更打嚏，清水流出」乃見效〔註64〕。而治牛疥瘡，用「琉黃五錢，花椒二兩，椒茶子二兩，洗了皮，鍋焙乾，搗研細末，豬油調擦」；治牛噎，「用皂角末吹鼻中，以鞋底拍其尾，停骨下」；治牛咳嗽，則「用鹽一兩，鼓汁一升，相和灌之」〔註65〕。

　　除牛、馬外，民間還有對於羊、豬、犬、貓等家畜，及雞、鴨、鵝、鴿等家禽的相關說明，然內容不似牛、馬兩種牲口如此豐富詳細，僅載若干飼養方及治病法〔註66〕。又民間亦有飼養其它各不同種類的禽鳥蟲魚或獸畜法，如禽鳥類有鶴、鷺、孔雀、鷺鷥、鸚鵡、烏鳳、鷹、雕、鴝、吐綬鳥、鴛鴦、鵪鶉、百舌、燕、畫眉、黃頭、巧婦鳥、護花鳥等，鱗介類有金魚、鬥魚、綠毛龜、蟾蜍等，昆蟲類有蜜蜂、蝶、蟋蟀、鳴蟬、金鐘兒、紡績娘、螢等，獸畜類則有兔、猴、松鼠等〔註67〕，其內容，如黃頭乃：

> 小鳥之蟄者，似麻雀而羽色更黃潤，嘴小而尖利，爪剛而力強，人多以力畜之，大概取毛緊眼突者，鳥良鬥則兩翼相搨，嘴啄腳扯自有許多相角之態，頗足動人賞鑑。每日以雞子黃拌米粉飼之，則力猛；切忌糯米作粉，交夏須寬竹包內小白蟲與之食，更易長；但此鳥較之畫眉，雖易得而難養，片時失與飲食，即便餓死〔註68〕。

松鼠則是：

> 一名鼪鼠，隨地有之，居土穴或樹孔中，形似鼠而有青黃長毛，頭嘴似兔而尾毛更長，善鳴，能如人立交前足兩而舞，好食粟豆，善登木亦能食鼠。人多取以為玩弄之物，初時性劣，宜以銅索繫之，馴養既久，可以用索亦不去矣；喜投人懷袖中，恐其爪尖傷人肌膚，常於砂石上拖其爪，令不大銳則無傷也〔註69〕。

而鬥魚「一名文魚，出自閩中三山溪內，其大如指，長二三寸許，花身紅尾，又名丁斑魚，性急善鬥，好事者以恆畜之，每取為角勝之戲，此博雅者所未之見也」〔註70〕。由上述種類及其內容，可知這些禽獸蟲魚的飼養應偏休閒興趣性質，而非治生目的。

〔註64〕《三台萬用正宗》，萬曆27年刊本，卷37〈牧養門〉，頁26下～27上，「附經驗方」。

〔註65〕《三台萬用正宗》，萬曆27年刊本，卷37〈牧養門〉，頁23上，「附經驗方」。

〔註66〕《三台萬用正宗》，萬曆27年刊本，卷37〈牧養門〉，頁24上～29上，有關羊、豬、犬、雞、鵝鴨、鴿、貓之內容。

〔註67〕《萬寶全書》，光緒24年刊本，續編卷4。

〔註68〕《萬寶全書》，光緒24年刊本，續編卷4，頁7上，「黃頭」。

〔註69〕《萬寶全書》，光緒24年刊本，續編卷4，頁9上～下，「松鼠」。

〔註70〕《萬寶全書》，光緒24年刊本，續編卷4，頁10上，「鬥魚」。

　　綜觀明清時期民間日用類書中有關農業活動可分耕作與飼畜兩大部分，其內容發展有其不同變化。大致而言，明版民間日用類書均有農桑門設立，且內容豐富，不論是農地整理、農具準備、百穀了解、灌溉施肥，乃至收成、貯藏、應用等部分均有詳細且圖文並茂的說明。又崇禎版民間日用類書中，有關茶的部分另立茶論門專欄敘述，然其內容已非茶葉的生產過程乃專論製茶、飲茶、品茶等屬茶藝層次者，可見茶藝發展狀況；且與茶論門合刊者乃風月內容，愈見飲茶之具風雅性質。而發展至清代前期三十卷版本，雖仍有農桑門設立，然內容已簡化到僅為稻米栽種及桑蠶養殖的圖示與簡單文字解釋，無農事淵源、農具、農地、百穀等相關農事之介紹及食物貯藏與應用之說明；而茶論門內容仍屬製茶、飲茶、品茶等茶藝層次者，唯此時與茶論門合刊者乃許多古詩名詞，顯現品茗與文藝之關係。再發展至清代後期二十卷版本中則農桑門及茶論門已完全不見。

　　牛馬門在明版民間日用類書中即有，但不普遍，發展至清代前期三十卷版本成必設門類，持續到清代後期二十卷版本亦同，唯內容刊載頗不相同。明代版本不論是選擇良好牲口所應注意之原則、飼養牲口之道，以及為照顧患病牲口而須對牲口身體各部位詳細了解外，其它相關各種病症、藥方，均有清楚而完整地說明，並佐以圖示；同時，牛馬之外，還有飼養其它各種供食用、勞動生產或不同用途的家畜及家禽之介紹。清代版本內容則不若明代版本如此多樣化，僅刊有專治牛馬常見病症的圖示及藥方各十餘種而已。值得注意的是，發展至清末續卷版本又新增花草鳥獸門，觀其內容主要是對各式花草樹木及禽鳥、鱗介、獸畜、昆蟲等動植物的栽培飼養法，亦即將花草鳥獸的栽培飼養提昇至怡情養性層次，而不像以往是為營謀生活，屬治生範圍之需要。

二、籌法與交易

　　中國的計算方式早於先秦時即有籌算，然此一計算方式後為珠算取代。珠算在元代已產生，明清時期普遍使用，為使一般社會大眾方便學習利用以具備基本計算能力，民間日用類書均載有籌法門。

　　籌法門中首將籌法源流加以說明，指出籌法的重要項目源於漢法之九大類，即方田、粟布、衰分、少廣、商功、均輸、盈朒、方程及勾股，每項自有其實際需求而來，如方田是關於田畝面積的計算；粟布是各種穀物的比例交換問題；少廣是由已知面積和體積，反求一邊之長；而商功則是有關各種工程所需人力、物

力之計算〔註 71〕。

　　至於實際操作部分，主要內容有二，一是算盤定式、基本操作要領及運算方法介紹，一是各種應用算法的實例說明及相關計算度量衡的配合。

　　就前者而言，當時使用算盤大小不一，或九行、十一行、十三行、十九行，梁上或一珠、二珠，梁下則定為五珠〔註 72〕。實際操作計算已有許多基本運算歌訣方便人們利用，如九九八十一總讀歌、九因歌訣、九歸歌訣、混歸法歌訣、乘法歌訣、歸除歌法等〔註 73〕，可見此時不僅加減運算早為人熟知，乘除運算亦頗為熟練；乘除算法中甚有較特別的拾壹混歸法（還原用壹拾壹乘法）、拾貳混歸法（還原用十二乘法）、十三混歸法（還原用十三乘法）、六十六歸除法（還原用六六乘法）等計算方式〔註 74〕。

　　明清時期珠算利用之普遍化及生活化，可證之於民間日用類書中之各式運算實例。如利用一般乘法之計算熟肉重量者：

　　　　今有生豬肉五十八斤半，煮熟每斤折四兩，問熟肉若干。

　　　　答曰，該熟肉四十三斤十四兩。

　　　　法曰，以生肉五十八斤半在位，即以每斤折去四兩餘淨熟十二兩為法乘之，

　　　　得熟肉七百二兩，求斤法合問〔註 75〕。

以歸除法計算棉花重量：

　　　　會算之人不用誇，三斤六兩淨棉花，織得布來三丈六，問君每尺幾多花。

　　　　答曰，每一尺該花一兩五錢。

　　　　法曰，以三斤六兩加六化作五十四兩，卻以布三丈六尺為法，用三十六歸除

　　　　分之合問，若用截法六歸二次，或四九歸皆同〔註 76〕。

或計算人年歲：

　　　　一個公公不記年，手持節杖到門前，一兩八銖泥丸子，每歲盤中放一丸，

　　　　遭日大雨未曾收，盡在盤中作一丸，總共秤得八斤半，試問公公幾歲年。

〔註 71〕《三台萬用正宗》，萬曆 27 年刊本，卷 22〈算法門〉，頁 2 上～3 上，「方田」至「勾股」。

〔註 72〕《三台萬用正宗》，萬曆 27 年刊本，卷 22〈算法門〉，頁 1 上，「算法捷徑總訣」；《萬寶全書》，崇禎年間刊本，卷 13〈算法門〉，頁 299，「算盤定式」。

〔註 73〕《萬寶全書》，崇禎年間刊本，卷 13〈算法門〉，頁 300～316，「九九八十一總讀歌」至「歸除歌法」。

〔註 74〕《三台萬用正宗》，萬曆 27 年刊本，卷 22〈算法門〉，頁 13 下～16 下，「拾壹混歸法」至「還原用六六乘法」。

〔註 75〕《萬寶全書》，崇禎年間刊本，卷 13〈算法門〉，頁 311，「生肉求熟法」。

〔註 76〕《五車拔錦》，萬曆 25 年序刊本，卷 25〈算法門〉，頁 8 下，「算重數」。

答曰，一百零二歲。

法曰，以斤半加六化作百三十六兩，又以每兩二十四銖，末之得三千二百六十四銖，卻以一兩八銖，共化作三十二銖，爲法用截歸，四八歸各一遍合問〔註77〕。

也有一次計算二個未知數的較複雜實例，如計算雞、兔隻數者：

雞兔籠中不識數，三十二頭籠中露，筭來腳自九十四，幾個雞兒幾個兔。

答曰，雞一十七隻，兔一十五隻。

法曰，以三十二頭俱次四足乘之，得一百二十八腳，內除去原腳九十四隻，止餘三十四足，五因見雞數餘兔〔註78〕。

或計算各別人數、數量者：

一百饅頭一百僧，大僧三個更無爭，小僧三人分一個，幾是大僧幾小僧。

答曰，大僧二十五人，該饅頭七十五個，小僧七十五人，該饅頭二十五個。

法曰，以三加一共是四爲法，以一百在位，四歸得大僧二十五人，復以三因乘之，得饅頭七十五，其餘者就是小僧之數也〔註79〕。

而由於商業發展需要，亦有商人間的利益分配計算，如：

今有趙錢孫李四人共出本薑一千三百二十石，若賣得銀三百一十六兩八錢，問各人若干干。

趙原出薑二百九十三石二十斤，該分銀七十兩三錢六分八厘。

錢原出薑三百五十六石七十斤，該銀八十五兩六錢八厘。

孫原出薑三百七十九石八十斤，該銀九十一兩一錢五分二厘。

李原出薑二百九十石三十斤，該銀六十九兩六錢七分二厘。

法曰，以銀三百一十六兩八錢在位，卻以總薑一千三百二十石，用一三二混歸法分之，得每薑一石該銀一錢四分爲則，然後卻以各人本薑在位，以二四乘之合問〔註80〕。

其它還有更複雜之計算不同形狀物體的面積、體積與載重量的應用〔註81〕，以及堆積物之計算法等〔註82〕。

隨著珠算法的普遍流通及生活上的實際需要，有人歸納其中某些原理而創出更

〔註77〕《五車拔錦》，萬曆25年序刊本，卷25〈算法門〉，頁7下～8上，「筭丸法」。

〔註78〕《五車拔錦》，萬曆25年序刊本，卷25〈算法門〉，頁8上～下，「筭頭數」。

〔註79〕《五車拔錦》，萬曆25年序刊本，卷25〈算法門〉，頁7下，「筭饅頭法」。

〔註80〕《五車拔錦》，萬曆25年序刊本，卷25〈算法門〉，頁6下～7上，「合夥賣薑法」。

〔註81〕《三台萬用正宗》，萬曆27年刊本，卷22〈筭法門〉，頁14上～下，「筭量船隻法」。

〔註82〕《三台萬用正宗》，萬曆27年刊本，卷22〈筭法門〉，頁15下～16上，「筭堆垛法」。

省時的捷算方法或運算秘訣，如乘法捷算式有利用格子盤上下縱橫計算的鋪地錦、運用手指關節定位左右推演的袖裏金；除算秘訣有金蟬脫殼法、十一定身除法、十二定身除法；還有秘傳亥字算法及獅子滾球法等捷算法〔註83〕。當然，此類計算方式因涉及不同計量單位，為求計算方便且準確，數量單位之確實區分，算盤上定位之精準實屬重要，故民間日用類書對各度量衡，包括長度、重量、斛粟、田畝、里數、產數、鈔數、大數、小數等均詳加說明〔註84〕。

珠算計算法之學習僅使一般人具基本計算能力，然無法因此而應付實際經商需要，尤其是資本額較大之交易行為；若要投入經商做生意，還需具備其它商業知識，而有關商業學習內容在民間日用類書中亦有刊載。

明清時期商業發展頗盛，為便於經商者參考利用，民間日用類書亦刊有各式相關商業內容，包括經商必備基礎常識、對商品的掌握、商稅的了解、經商技巧與經營方法，乃至行旅須知等。

經商必備基礎常識是指對貨幣、度量衡的了解。為此，民間日用類書首將中國歷代貨幣略加介紹，如古文錢、五銖錢、布泉、平錢、元寶等〔註85〕，以明貨鈔淵源及鑄造成分。而在實際應用上，最重要的是能分辨當時交易貨幣銀之真偽成色，故書中針對各式銀錢重量、花紋、色澤詳加說明，以為辨識標準，如：

> 九程本色微微細絲，重八正銀粗絲兩道，九二三者細絲底白而面青，九五六者絲粗面光而底亮，九七八青絲青暗不堪，九七八水絲瞟白好看。上江文銀但夾銷者只在九八，上江水絲邊青絲隱只銷九程，南京摺銷青絲九三，九七邊薄者身高，北京乾搭敲絲八程，九程黑面者就弱〔註86〕。

除了外觀，辨識時尤須注意各銀之屬性，如「銀邊噹噹之聲色與青絲相防，只怕火燒；毛銀雖是色鋼口硬，汞銀自是放光」、「銅銀自是支牙，真銀自是性軟」等〔註87〕。

事實上，隨著清末外力入侵中國，交易媒介已不限本國銀洋，故對外國銀洋的認識、辨別能力亟需培養加強，而民間日用類書針對此一需要，亦加重相關內容以供民間參考使用。其內容包括各不同外國銀洋的名稱、圖例、花紋造形、鑄銀方法，

〔註83〕《三台萬用正宗》，萬曆27年刊本，卷22〈算法門〉，頁2上～11上，「秘傳鋪地錦」至「十二定身除法」。

〔註84〕《萬寶全書》，崇禎年間刊本，卷13〈算法門〉，頁312～315，「算細數長短法謂之度」至「小數」。

〔註85〕《龍頭一覽學海不求人》，明刊本，卷15〈摘輯花卉門〉，頁22上～29上，「貨泉鉛（沿）革」。

〔註86〕《三台萬用正宗》，萬曆27年刊本，卷21〈商旅門〉，頁5上，「銀色」。

〔註87〕《三台萬用正宗》，萬曆27年刊本，卷21〈商旅門〉，頁7上，「銀色」。

及辨眞僞銀標準等。

　　大致而言，當時流通者有大英、呂宋、花旗、東洋等外國銀洋；然民間爲方便起見，對這些外國銀洋習以其花紋造形稱之，如萬字邊銀、花邊銀、粗邊銀（又分大粗邊、中粗邊、小粗邊、凸粗邊）、春坎邊銀、錢串邊銀等〔註88〕，亦可再因銀面圖飾細分爲雙鷹、單鷹、百鷹、洋船、企鬼、睡鬼、攬柱、羊錢、馬錢、草尾、坐車、龍錢、鴨錢等銀洋〔註89〕。分辨時，除仔細觀察造形花紋外，色澤、厚度亦須注意，蓋「眞銀銀地結白，幼嫩兼軟熟，寶光閃眼，色水滋潤，且滑如美玉；然若舊銀，細認其銀面，手澤所積之處，結白嫩潤中，微有淡胭脂紅」；而眞銀銀邊厚薄適中，「如有厚者，其面必略窄；如有薄者，其面必略闊」〔註90〕。同時，尚要聽其聲以免誤於目視，大抵「大英之洋其音清而嬌，如琴聲；呂宋之洋其音朗且清」〔註91〕，專心聆聽必能區隔分明。

　　度量衡方面，因各處秤重及計算方式不一，如：

　　　　江南若賣棉花，足拼加一暗裏；除銷湖廣各處大小不一，河南各處有重無輕。直沽一帶魚麻，有半節合子之規。江南杭州腌臢，有加二加三之弊。絲行俱是十七兩，麻餅卻要看行情；荊州川貨也有秤頭，各處果行無輕有重〔註92〕。

而不同地方的秤錘及天平重量亦有差，如：

　　　　蕪湖天平輕則一錢之重，窯溝法子每包五分之輕，穎州、亳州、山河也重三四分不等，徐州、邳州一帶俱有三四分之沈，各處集場俱重七八分不等，杭州、常州、無錫足有五六分之輕，……各處鹽行法子俱有六七分之重，臨清、正陽、湖廣也有八九分之零〔註93〕。

因此，若不能知悉這些情況，無法秤出貨物確實重量，則被偷斤減兩的吃虧上當勢所難免。迨清末外力入侵中國，對外國度量衡的學習及其與中國度量衡的換算，實商家必備常識，故民間日用類書亦有英、法等國秤尺的說明與換算方式〔註94〕。

　　商品種類甚多，特點不一，優劣互異，經商者要能辨其好壞貴賤，差別所在，乃可妥當採買及時販售。以穀米爲例，其種類有依性質分稻米、糯米、早米、晚米、白米、飯米等，也有因產地分爲蘄水米、膠州米、日照米、湘潭米、巢縣米、南昌

〔註88〕《萬寶全書》，光緒24年刊本，續編卷1，頁1上，「各銀面上花紋名目」。
〔註89〕《萬寶全書》，光緒24年刊本，續編卷1，頁1上～下，「各番國雜樣銀名略」。
〔註90〕《萬寶全書》，光緒24年刊本，續編卷1，頁1下～2上，「論眞銀總略」。
〔註91〕《萬寶全書》，光緒24年刊本，續編卷1，頁1上，「看銀法要訣」。
〔註92〕《三台萬用正宗》，萬曆27年刊本，卷21〈商旅門〉，頁8上，「秤錘」。
〔註93〕《三台萬用正宗》，萬曆27年刊本，卷21〈商旅門〉，頁8下，「天平」。
〔註94〕《萬寶全書》，光緒24年刊本，續編卷3，頁18上，「外國秤尺」。

米、贛州米、建昌米等，各種米均有其特點。如：

> 江南糯米，無糟有酒；江北糯米，有酒有糟。……臘脂糯米，肥而多汁；粉
> 皮糯米，長而多糟。……西柳條米瑩白而香豐潤，杭稻米香而有味，鎮江官
> 塘橋白米在次，徐州豐縣泊紅米爲尊。泰州籮淘米粒作整齊，煮飯反淡；寶
> 應母豬林園而且壯，作粥卻甜。高郵糯米有瘦有肥，碾房舖家最猾（滑）；
> 興化晚米又肥又壯，船家腳子最村。無錫白米煮飯雖嬌，蒸糕似雪；瓜州晚
> 米作粥多味，春粉甚緇。無錫飯米玉色，別處俱是白臍。……外河旱稻米，
> 漲飯而不稠湯；江北火蛾私，稠湯而又漲飯。蘄水米似江南，嬌而有石；膠
> 州米如泰州，熟而多砂。日照米不及膠州，湘潭米壯於湖廣，巢縣米細似湖
> 西，南昌米碎於漢口，贛州米老艮而多砂，建昌米粗肥而好看〔註95〕。

而雜糧中的小米、蕎麥、菉豆、虹豆、黑豆、黎豆、莞豆、紅豆亦各有不同，
如「小米著水者，有土灰之氣；蕎麥潮溫者，而折耗最多。菉豆全青者皮厚，芽菜
最高；蠟皮者皮薄，磨粉爲最。菉豆虹豆作飯，升半抵一升之米；黑豆黎豆煮熟，
一升抵一升之糧。莞豆白者粉多，青者皮厚」、「紅豆粉多，去頭最細，經年卻硬，
不可陳堆」〔註96〕。其它還有黃黑豆、芝麻茮子、肥料、棉花、棉夏布、紗羅緞匹、
竹木板枋、鞋履、酒麴、茶鹽果品等物之分辨〔註97〕。

中國幅員廣大，各地貨品販售規範有異、商稅名目不一，如：

> 番貨全憑官票，引鹽自有水程；茶引與鹽引相同，白礬同茶鹽之例。新小錢
> 非販賣之貨，醃牛肉有盤詰之由；硫黃焰硝豈宜販賣，但凡違禁切莫希圖。
> 北京賣貨，有稅錢而又調錢，河西交關，有稅錢而又船料，臨清戶部，鈔稅
> 兩兼，若上北京，照引保結而不稅，若於他處，四六過稅而不饒，淮安抽分，
> 雜油雜鐵雜麻竹木板枋柴炭香油，處處不抽，亦難免於報稅，南京少異，荊
> 州亦差，蕪湖止免柴炭，不讓黃藤，杭州鈔稅抽分，無般可免，板閘九江楊
> 州許墅，只干船料，商稅無干，正陽湖廣亦是鈔關，不是欽差，卻原撫委，
> 梧州亦有鎮守抽分，三原亦有本縣鈔稅〔註98〕。

故商人在經商各地前，須事先了解狀況，仔細分明，乃不因違規犯法致交易未成。
如前述硫黃硝石，乃造火藥原料，國家立有禁例，未得特許，不能販賣。

〔註95〕《三台萬用正宗》，萬曆27年刊本，卷21〈商旅門〉，頁10上～下，「穀米」。

〔註96〕《三台萬用正宗》，萬曆27年刊本，卷21〈商旅門〉，頁12上～下，「雜糧食」。

〔註97〕《三台萬用正宗》，萬曆27年刊本，卷21〈商旅門〉，頁11上～23下，「黃黑豆」
至「茶鹽果品」。

〔註98〕《三台萬用正宗》，萬曆27年刊本，卷21〈商旅門〉，頁23下～24上，「商稅」。

　　清末外力入侵後，經商貿易有更多涉外條約規範及新貨物稅則，商家不可不知，故民間日用類書刊有〈通商章程善後條款〉、〈長江通商總兵章程〉、〈新定查驗箱籠章程〉、〈行船防備碰撞條款〉等內容，並列出進口貨物稅則、出口貨物稅則及免稅洋貨等項目及稅率〔註99〕，方便人們參考應用。

　　同時，經商技巧與經營方法亦是不可忽略的部分。此包括熟悉市場狀況，把握買賣時機，以牟厚利，故〈客商規鑑論〉有云：

> 如販糧食，要察天時；既走江湖，須知豐歉。水田最怕秋乾，旱地卻嫌秋水。上江地方，春佈種而夏收成；江北江南，夏佈種而秋收割。若逢旱潦，荒歉之源。冬月凝寒，暮春風雨，菜子有傷；殘夏初秋，狂風苦雨，花麻定損；小滿前後風雨，白蠟不收；立夏之後雨多，蠶絲有損。北地麥收三月雨，南方麥熟要天晴。水荒尤可，大旱難當。荒年藝物賤，豐歲米糧遲。黑稻種可備水荒，蕎麥種可防夏旱。堆垛糧食，須在收割之時，換買布疋，莫向農忙之際。須識遲中有快，當窮好處，藏低再看，緊慢決斷，不可狐疑。貨賤極者終雖轉貴，快極者決然有遲；迎頭快者可買，迎頭賤者可停。價高者只宜趨疾，不宜久守，雖有利而實不多，一跌便重；價輕者方可熬長，卻宜本多，行一起而利不少，縱折卻輕〔註100〕。

又「買要隨時，賣毋固執。如逢貨貴，買處不可慌張；若遇行遲，脫處暫須寧耐。貨有盛衰，價無常例」、「買賣莫錯時光，得利就當脫手」。而本分務實、虛心努力乃必守之原則，蓋「放帳者縱有利，而終久耽；虛無力量，一發不可。現做者雖吃虧，而許多把穩，有行市得便又行。得意者，志不可驕，驕則必然有失；遭跌者，氣不可餒，餒則必無主張」〔註101〕。遇有大宗交易要找合作夥伴時，更須慎重，大抵

> 好訟者，人雖硬而心必險，反面無情。會飲者，性雖和而事多疏，見人有義。好賭者，起倒不常終有失。喜嫖者，飄蓬不定或遭顛。已上之人恐難重寄。驕奢者性必懶，富盛者必托人，此二等非有弊而多誤營生。直實者言必忏，勤儉者必自行，此二般擬著實而多成買賣〔註102〕。

如何選擇，一目瞭然。

　　最後，是有關行旅須知。行商因往來各地頻繁，每出遠門即應對各地路況、氣

〔註99〕《萬寶全書》，光緒24年刊本，續編卷2，頁1上～10上，「通商章程善後條款」至「免稅洋貨」。

〔註100〕《三台萬用正宗》，萬曆27年刊本，卷21〈商旅門〉，頁2下～3上，「客商規鑑論」。

〔註101〕《三台萬用正宗》，萬曆27年刊本，卷21〈商旅門〉，頁3上，「客商規鑑論」。

〔註102〕《三台萬用正宗》，萬曆27年刊本，卷21〈商旅門〉，頁2上，「客商規鑑論」。

候詳加掌握。如：

> 巴蜀山川險阻，更防出沒之苗蠻；山東陸路平夷，猶慎兇強之響馬；山西陝
> 西崎嶇之路，遼東口外兇險之方；黃河有溜洪之險，閩廣有峻嶺之艱；兩廣
> 有食蠱之毒，又兼瘴氣之災〔註103〕。

而

> 參宿閃於西南，曉星見於日後，皆主大風。燈焰明而有聲，日月昏而有暈，大
> 風準擬。白雲繞日，禽鳥翻飛，雲腳黃而相接連，日色紅而升與落，已上數等，
> 皆主狂風。雲起處，天光明淨更無雲，必定無風；頭臉熱而必生風。形體倦而
> 終下雨。東南早起黑雲，午前必然有雨。西北黑雲暮起，半夜風雨必然。早起
> 天頂無雲，晴明是驗。晚間明淨，來日晴和〔註104〕。

又各地風土民情、民性與不良風氣亦要了解。如「北方經紀，直而慢客；江南經紀，
一味虛僥」、「六合、蕪湖、陝西敬客。江北一路待客常情。湖廣、荊州夾帳雖無，
人卻狡滑。臨清、吳郡將銀看過始開盤」〔註105〕；而

> 松有沈湖卯湖，杭有吳江塘上搶客之患。來則十數小船，百餘人眾，先以禮
> 接，順則狥情，逆則便搶；各持器械，猶強盜一般，雖有武藝，寡豈能敵眾
> 哉。將客捉拿，各分貨物，客淹禁在家，縱有撥天手段，週迴是水，將欲何
> 之。至於數月，方將稀鬆不堪小布，準算高價，勒寫收票，方纔放行。雖則
> 屢問軍徒，未嘗悛改；船戶受賄，竟不為客傳音〔註106〕。

經商至此，實不能不特別謹慎。

同時，保持身體健康，使有足夠體力營生都是需要留意的，而民間日用類書亦
刊有若干外出簡易治疾養生方，如「早含煨生薑，通神辟瘴；身帶真雄黃，解毒辟
邪；魚膘燒灰，服酒能醫角弓；反張吳茱萸加青鹽，能治腹裏寒疼」、「金銀牙器能
試諸毒，豬骨燒灰能解果傷，魚魟器盛物遇毒便裂」；遇到外物侵襲，亦要加以防備，
如「江南溪中有射工之蟲，射人影而即死，渡河者以物擊水，且宜急渡。深山草中
有黃花蜘蛛，螫人身而即傷，露行者慎宜防之」；而遠行外宿時「不可高懸其足，且
須濯以溫湯；大雪中跣足，不可便浴熱湯，且須飲些熱酒」〔註107〕。

清末外力入侵後，各地情況又有變化，民間日用類書亦配合需要而刊載新訊息，

〔註103〕《三台萬用正宗》，萬曆27年刊本，卷21〈商旅門〉，頁24上～下，「客途」。
〔註104〕《三台萬用正宗》，萬曆27年刊本，卷21〈商旅門〉，頁25上，「占候」。
〔註105〕《三台萬用正宗》，萬曆27年刊本，卷21〈商旅門〉，頁26上～下，「論世情」。
〔註106〕《三台萬用正宗》，萬曆27年刊本，卷21〈商旅門〉，頁28下，「論搶客奸弊」。
〔註107〕《三台萬用正宗》，萬曆27年刊本，卷21〈商旅門〉，頁27上～28上，「保攝」。

除滿足經商者需要外，亦提供一般民眾對新事物的了解。如受到西風波及，大城市往往奢靡成習，經商於此，對流風奇俗亦當知曉；以上海爲例，當時上海人煙聚集處乃戲園、酒樓、茶館、煙間、書場、堂子等地〔註108〕；而陋習有七，即恥衣服之不華、恥不乘肩輿、恥狎么二妓、恥肴饌之不貴、恥坐隻輪小車、恥無頂戴、恥戲園末座〔註109〕。又當時外輪貨運發展，爲方便商家利用，民間日用類書列有各不同碼頭、船公司、目的地、班次的輪船船期，並附有價目表〔註110〕，甚至圖示各不同國籍、不同性質船隻的旗幟以利區別〔註111〕。此外，針對各西式新物如煤氣燈、千人震、保險火油燈、電氣燈、彈子房、自來水、電氣叫人鐘、德律風、滅火藥水、火輪車船、電報等，以及西式生活中之各種新方如硝皮法、殺牲法等均加以解說〔註112〕。

　　大致而言，籌法門在明清時期民間日用類書均有專門類目的設立，僅內容稍有變化。明代版本刊載較詳細，不論是算法源流、傳統計算方式的分類介紹，特殊快速的計算法及各種生活實例之應用等，均清楚解說，並附以圖示。然發展至清代，不論是前期三十卷版本或後期二十卷版本，內容大爲縮減；不但無傳統計算方式的分類介紹，且大幅刪除特殊快速的計算法及各種生活實例之應用，尤其是較具專業性質、有關經商貿易用的利益分算、合夥買賣，及較複雜的面積、體積、載重量的計算等內容；保留的是算盤認識、基本指法運用、度量衡確定、加減乘除四則運算方法的解釋及若干實例說明而已。

　　相較於籌法門自明代至清代版本民間日用類書均有專門類目的設立，且從未間斷；有關經商知識的內容分布則顯得頗不平均，其在明代僅見於《三台萬用正宗》一個版本；發展至清代，則不論是前期三十卷版本或後期二十卷版本，均未設有專門的商旅門，亦不見於其它類目中刊載相關內容。直到清末續編版本再度設有專門類目，且數量不只一個，新增許多商業知識，包括如何辨識外國銀元、與外人作生意之各相關商約規定、新稅則內容，乃至外國船隻的辨別、各船期及輪船價目表等均詳加說明，此實因外國勢力侵入，對中國民間社會產生影響後之結果。

〔註108〕《萬寶全書》，光緒24年刊本，續編卷3，頁1上～4下，「滬游記略」。

〔註109〕《萬寶全書》，光緒24年刊本，續編卷3，頁4下～5下，「申江陋習」。

〔註110〕《萬寶全書》，光緒24年刊本，續編卷3，頁21下～23上，「輪船碼頭（附開輪日期）」。

〔註111〕《萬寶全書》，光緒24年刊本，續編卷2，頁11上～14下，「中外各國輪船旗式」。

〔註112〕《萬寶全書》，光緒24年刊本，續編卷3，頁13上～17下，「附錄」；另有關於外國煤氣燈、電氣燈的介紹，見《萬寶全書》，民國年間刊本，續編卷6，頁21下，「塾中光」。而《萬寶全書》，光緒32年刊本，續編卷6，頁5上～下，有「硝皮法」、「殺牲新法」。

　　綜觀明清時期有關謀生技藝的學習，包括涉及農業生產活動的耕作與飼畜、一般計算能力培養的珠算法，與涉及貿易經商用的商業知識等部分；其內容均頗爲實際詳細，符合從事農業、商業活動者的需要，且從其內容亦可見當時庶民社會不僅是傳統的農業發展興盛，以往居四民之末的商業活動亦頗爲熱絡。然商業內容刊載僅見於明代版本而非清代前期或後期版本的民間日用類書，且明代也只有一個版本刊載相關內容，可見商業門類在民間日用類書中並非普遍內容。所以如此，應與商業活動在明清時期雖比以往活潑熱絡，商人地位亦較昔日提高許多，然商業人口的比例仍有限，且商業活動涉及許多專業知識配合，非一般敘述或說明能交代清楚，故眞正欲從事商業活動者仍應透過專門的商業書，經由一定訓練過程，由學徒而正式行走江湖。清末因外力入侵，大環境變動使經商必須了解的基本知識又有增加，故續卷本民間日用類書亦因此增加不少相關內容，尤其是在當時與外人交易最重要的通商港口上海一地，對此類商業訊息的需求更大，而清末續卷版本的民間日用類書主要亦是由上海的書局印行；同時，外力入侵造成大環境的變化，除四處貿易的商人應了解各式新事物外，其它各種職業的人們亦應對其新環境加以認識。農業生產是中國傳統且大多數人從事的治生活動，故其相關門類及內容刊載在明清時期民間日用類書中是較商業部分來得多而普遍；然此種治生活動亦因生產技術的日趨專業複雜，使其項目與內容亦勢必爲通俗性的民間日用類書所排除，僅保留基本生產過程及一些簡單方便的牛馬病方，供人概略了解、應急參考之用而已。

　　相較於農業生產、經商貿易等治生活動的專業性，計算能力的培養是頗爲通俗而實際的，且適用範圍普及士農工商四民；不論欲從事何種職業者，均須具備基礎計算能力以應付日常生活中時時出現的計數需求，故明清時期民間日用類書屬謀生技藝部分中始終持續刊載之項目即籌法門，然其內容亦有縮減，尤其是涉及經商貿易內容的實例解說，僅見於明代版本，此與前述商業知識之變化情況實可互相配合了解。

第二節　玄理術數

一、命　理

　　明清時期民間普遍採行之算命方式有四柱推命法、算沖天數、秤銀兩數及圖示四種。其中，最複雜的是四柱推命法，而算沖天數、秤銀兩數及圖示均爲八字對上圖表說明即可獲知結果。

　　四柱推命法即子平術，宋代徐子平在前人基礎上確立而成，當時已頗爲流行，

許多文人皆精於此道,明代的風行更達高峰〔註113〕。而民間日用類書亦均刊載此一門類方便人們參考應用。

　　有關四柱推命法內容主要分成三部分,首是命理通例,即命理基本概念,包括對天干、地支、陰陽、五行及節氣、方位、星宿之基本了解。如天干部分包括〈十干順〉、〈十干逆〉、〈十干合〉、〈十干所屬陰陽定例〉、〈十干所屬五行定例〉;地支部分則有〈十二支順〉、〈十二支逆〉、〈十二支合〉、〈十二支三合定局〉〔註114〕;五行部分包括〈五行相生〉、〈五行相剋〉、〈五行生旺定例〉、〈五行敗病定例〉、〈五行不生不旺定例〉、〈五行不敗不絕定例〉。其它有關陰陽、節氣、方位、星宿部分則有〈天干五陽通變之圖〉、〈天干五陰通變之圖〉、〈論陽順陰逆生旺死絕之圖〉、〈論節氣歌〉、〈論未來月朔節氣興訣〉、〈論截流年節氣日時刻數要訣〉、〈五行四季生旺之圖〉、〈二十八宿所屬之圖〉、〈二十八宿所在過宮圖〉、〈起輪二十八宿列數圖〉、〈定太陰星度數歌〉、〈推太陰星曜歌〉、〈定太陰躔度圖訣〉、〈約太陰行度歌〉、〈約太陽行度歌〉等內容〔註115〕。

　　次為批命步驟,包括立四柱、推胎元、安命宮、起大運、查神煞等部分。立四柱是依出生年月日時四部分排出干支形成八字,此乃對天生命定的基本排列,可查對曆書上的干支記載即刻得知〔註116〕。惟某些部分值得特別注意,如推算年份若逢歲末年終之時,則須以立春作為劃分點,立春前屬前一年干支,立春後則用新一年干支,故推算年份前必須先得知立春的確切日期,而〈四季大節訣〉內容即是教人如何計算立春、立夏、立秋、立冬之法〔註117〕。推算月份則要配合節氣,每月劃分點在節而非氣上,即以立春、驚蟄、清明、立夏、芒種、小暑、立秋、白露、寒露、立冬、大雪、小寒為準,每月一過節點則干支就要算成次月而非本月的,故推算時有口訣以便計算,其內容如下:

　　　　甲己之年丙作首,乙庚之歲戊為頭,丙辛之歲從庚上,丁壬壬位順行流,惟有戊癸何方覓,甲寅之上好追求〔註118〕。

〔註113〕鄭小江編,《中國神秘術大觀》(南昌:百花洲文藝出版社,1993.4),頁6~7。

〔註114〕《三台萬用正宗》,萬曆27年刊本,卷29〈星命門〉,頁1下~2上。

〔註115〕《三台萬用正宗》,萬曆27年刊本,卷29〈星命門〉,頁9上~11下、12下~15上;《五車拔錦》,萬曆25年序刊本,卷21〈星命門〉,頁4上~下、頁14下~15上。

〔註116〕此種曆書當時又稱之為《百中經》;《三台萬用正宗》,萬曆27年刊本,卷29〈星命門〉,頁8上,「推男女受胎并坐命宮」。

〔註117〕《五車拔錦》,萬曆25年序刊本,卷21〈星命門〉,頁3下~4上,「論四季大節訣」。

〔註118〕《五車拔錦》,萬曆25年序刊本,卷21〈星命門〉,頁1下,「遁起月訣」。

推胎元是計算受胎之時；胎元與年月日時合稱人的五命，推算口訣是：

其法但從月上起，天干第二支再尋；地支四位干相配，即是胎元五命神〔註119〕。

係以出生月的干支爲主，將天干往下一位，地支往下三位，形成一二、一四對，如己巳月出生者，其胎元干支即爲庚申。安命宮是爲排定十二宮順序以明各領域的發展情形，推算方式分二階段，首將十二地支以逆行方向推得出生月份位置，接著將此位置的地支變換成出生時間的地支，再順行算至卯位，則該位即此人命宮所在；此法算時可利用左手掌指節部位推得。（參見下表）如四月寅時生人的命宮推算法是：先自子位逆行至四月位置，即酉位，將此位變更爲寅位，再從寅位順行算出變更後的卯位，推得戌位，此即命宮所在。命宮排定則自此位起逆行分別是二財帛、三兄弟、四田宅、五男女、六奴僕、七妻妾、八疾厄、九遷移、十官祿、十一福德、十二相貌共十二宮〔註120〕。

巳（八月）	午（七月）	未（六月）	申（五月）
辰（九月）			酉（四月）
卯（十月）			戌（三月）
寅（十一月）	丑（十二月）	子（正月）	亥（二月）

起大運是推算一生中何時最走運，其算法先以出生年天干確定此人是陽男陽女或陰男陰女，若爲陽男陰女則以順行起算，若爲陰男陽女則以逆行起算〔註121〕；計算時從出生日開始，順行或逆行至距離最近的一個節氣止，其中的差距日數，以三日爲一歲，不足三日者，差一日棄之不算，差二日則多計一歲。如甲子命三月十五日生爲陽男，以順行推算至與下一節氣四月二日的立夏距離十七日，可合爲六歲，則自六歲起，每隔十年起大運。若此例爲女姓，則陽女須逆行推算，而逆行推算距其最近的節氣爲三月二日的清明，共有十三日，可合爲四歲，則自四歲起每隔十年起大運〔註122〕。

查神煞則是注意命中有何吉凶神煞影響，以使人趨吉避凶。民間日用類書列有各種吉凶神煞，除名稱外還有各式解說，如天乙貴人「主近貴，逢凶化吉」、十干學堂「主聰明，通達及第」、大耗殺「守田宅宮，難拾祖業」、六害「犯此者，剋陷六

〔註119〕《五車拔錦》，萬曆25年序刊本，卷21〈星命門〉，頁2上，「起胎元訣」。

〔註120〕《三台萬用正宗》，萬曆27年刊本，卷29〈星命門〉，頁7下～8下，「推男女受胎并坐命宮」、「定十二位掌訣」。

〔註121〕《三台萬用正宗》，萬曆27年刊本，卷29〈星命門〉，頁6上，「男女順逆行假如」。

〔註122〕《三台萬用正宗》，萬曆27年刊本，卷29〈星命門〉，頁6下～7下，「起大運幾歲假如」。

親」；其它還有文星貴人、天德貴人、天廚貴人、福星貴人、月德貴人、三奇貴人、官祿貴人、生成祿、十干祿、五行正印、驛馬、財庫、進神、退神、華蓋印、生成馬、金輿、破碎殺、浮沈星、十惡大敗、十干空亡、十大空亡、天上空亡、三刑、羊刃、吞陷殺、返伏吟、鬼限、三坵五墓殺、指背殺、隔角殺、流霞、暴敗殺、妨害殺、平頭殺、埋兒殺、亡神劫殺、孤神寡宿殺、剋妻殺、紅豔殺、桃花殺（咸池）、正桃花、曲腳殺（縮腳殺）、呻吟殺〔註123〕、天赦、十干官貴、冰消瓦解、陽錯陰差、天羅地網殺、天地轉殺、孤虛殺等〔註124〕。

各式神煞中尚有專屬孩童所有的小兒關煞類，如百日關「只忌百日週歲內難養」、四季關是「人命逢之，有始無終」、斷橋關則「生時難養，壯限亦忌」、雷公打腦關「主雷火厄天，月德可解」；其它還有短命關、雞飛關、將軍箭、鬼門關、休庵和尚關、天狗關、金鎖關、白虎殺、浴盆殺、湯火殺、鐵蛇關、四柱關、閻王關、夜啼關、落井關、急腳殺、撞命關、直難關、金雞落井關、下情關、和尚關、天吊關、開關鎖匙、斷腸關、打腦關、千日關、埋兒煞、深水關、水火尼關、五鬼關、脫齒關等〔註125〕。

此外，批命步驟還有起小運、行大限、行小限、行月限、出童限、定十二位、起行運等內容以明流年時日之吉凶宜忌〔註126〕。最後亦屬最重要者乃解釋命盤、評判吉凶，即透過先賢對命理研究留下之重要心得，說明上述各式推算意涵；此包括較簡單的口訣、警語，也有篇幅甚大的長篇巨論。前者可以〈步天經訣〉為例，此乃針對十二宮的說明，如寅、亥二宮是：

> 寅亥二宮皆屬木，惟有水孛能為福；逢金端的是焦枯，遇火亦能為惡毒。寅上火羅箕不怕，羅猴能者雙魚腹；更嫌土計兩強梁，設若侵垣多不足。

〈步天警句〉則是對特定狀況的解釋，如「命坐四馬」是：

> 坐命如居四馬宮，動搖不定颺心風；田財二位如逢此，成敗興亡頃刻中。若是女人臨此位，嫁夫招婿必重重；臨官帝旺那逢著，多是踰垣暗裡通〔註127〕。

〔註123〕《五車拔錦》，萬曆25年序刊本，卷21〈星命門〉，頁1上～6下，「吉凶神類」。
〔註124〕《三台萬用正宗》，萬曆27年刊本，卷29〈星命門〉，頁16上、17上、18下～19下、20上，「神煞提要」。
〔註125〕《五車拔錦》，萬曆25年序刊本，卷21〈星命門〉，頁6下～9上，「小兒關煞類」；《萬用正宗分類學府全編》，萬曆35年刊本，卷25〈星命門〉，頁6上～下、7下：《萬寶全書》，崇禎元年刊本，卷28〈秤命門〉，頁1上～15下，「小兒關煞」。
〔註126〕《五車拔錦》，萬曆25年序刊本，卷21〈星命門〉，頁2上～3下、4下、5下～6上。
〔註127〕《萬寶全書》，萬曆42年序刊本，卷29〈星命門〉，頁6上、7下，「步天經訣」、「步天警句」。

後者則包括〈捷馳千里馬〉（《碧淵賦》）、〈五行元理消息賦〉、〈五言獨步〉、〈四言獨步〉、〈喜忌篇〉、〈繼善篇〉、〈六神篇〉等〔註 128〕。

相較於四柱推命法之艱深複雜，其他算命方法則頗為簡單而制式，如算沖天數係依出生年月日時對照六十甲子表下之各籌數，如甲子二百五十、甲戌二百、甲申一百二十等〔註 129〕，再將四個籌數總合比對列表說明以明富貴吉凶。此總籌數自五百六十數至九百九十數不等，各有不同解說文字，如：

五百六十數歌

此數之中無衣食，尋浮東來又少西；滿腹熬煎向誰說，傍人門戶且充飢。

五百七十數歌

命中卻主受孤單，苦薄衣衫任冷寒；幸喜外人來顧代，拋離家業受艱難。

⋯⋯

九百八十數歌

步履金門貴莫當，珍珠滿庫穀盈倉；金鞍玉轡英華者，此數登高入醉鄉。

九百九十數歌

數諸精神顯上方，大明稱贊一朝綱；崢嶸富貴安邦子，便是天仙到畫堂〔註 130〕。

秤銀兩數亦是以出生年月日時對照各不同重量表，如甲子一兩四分、甲戌一兩四分、甲申七錢等〔註 131〕；再將總重量對上說明文字即可得知個人吉凶福禍〔註 132〕；此總重量自一兩一錢到六兩七錢不等，如：

一兩一錢　　乃衣食不足下賤之格也

為人主孤恓，父母多刑尅；尅子又妨妻，兄弟妻兒離。

一兩二錢　　乃是無衣無祿下賤之命

人生直此刑，婚姻不能成；六親不淂力，出外好為親。

⋯⋯

〔註 128〕《五車拔錦》，萬曆 25 年序刊本，卷 21〈星命門〉，頁 14 上～28 上；《學海群玉》，萬曆 35 年序刊本，卷 23〈星命門〉，頁 18 上～19 上。

〔註 129〕《五車拔錦》，萬曆 25 年序刊本，卷 21〈星命門〉，頁 16 下，「沖天妙數」。

〔註 130〕《五車拔錦》，萬曆 25 年序刊本，卷 21〈星命門〉，頁 17 下～22 上，「貧賤富貴八字歌」。

〔註 131〕《學海群玉》，萬曆 35 年序刊本，卷 23〈星命門〉，頁 24 上，「法量輕重貴賤命訣」。

〔註 132〕此法又稱玄機數；見《三台萬用正宗》，萬曆 27 年刊本，卷 32〈數課門〉，頁 5 下～13 下，「玄機數」。

六兩六錢　　乃是公侯駙馬丞相之命

裒裒堅高壽命長，平生足付帝王宮；聰明發達多謀智，全憑筆下四海揚。

六兩七錢　　乃是英名冠世入國來朝上格之命也

壽高呂望福難量，貴格公王富貴昌；階下達名呼萬歲，五男二女列成行

〔註133〕。

大致而言，算沖天數及秤銀兩數是總數愈多或愈重者命愈好。

　　圖示是分春、夏、秋、冬四季不同神，在各神的頭、肩、手、腹、陰、膝、足七部分，將十二地支分列其上〔註134〕。再依各人出生季節及出生年地支對照各圖，參閱旁列說明文字以明個人吉凶；（圖4-2-1）如：

頭詩　生在皇帝頭，一世永無憂；小人多富貴，衣祿自然週。求官必有位，
　　　君子近公侯；女人平穩好，嫁得俊兒郎。

手詩　生在皇帝手，營謀錢才（財）有；出外貴人迎，家中百事有。初在平
　　　平地，來年十分有；才寶四方來，老年財聚手。

肩詩　生在皇帝肩，一生運未來；中年錢財有，更主十分閑。衣祿隨時好，
　　　末景有田牛；兄弟不得力，前苦後甜來。

腹詩　生在皇帝腹，衣祿自然足；文武兩邊隨，笙歌連舞曲。中年衣祿貴，
　　　家計多興富；快活享榮華，增業更加福。

陰詩　生在皇帝陰，富貴足珍珠；中生衣祿貴，老來有黃金。門風多改換，
　　　此是貴人身；子孫必顯富，爵職位高登。

膝詩　生在皇帝膝，作事無利益；初年多勞碌，衣食也不缺。日日路上行，
　　　只是心不足；晚景見榮華，幼年多辛苦。

足詩　生在皇帝足，脩行卻有福；一生也平安，不宜住祖屋。□□嫁兩夫，
　　　男人妻再續；踏過幾山嶺，離祖方成福〔註135〕。

大致而言，圖示法中凡生於身體上部位者較生於身體下部位者有福氣且吉祥。

　　古人重視傳宗接代，認為婚姻乃「萬化之原」〔註136〕，故嫁娶配對適當與否關係重大，因此，合婚行為是必要且需謹慎以對；而編纂民間日用類書者為配合大眾需求，即使本身對此未必全然贊同，亦往往以一定篇幅介紹說明，供人們參考使

〔註133〕《學海群玉》，萬曆35年序刊本，卷23〈星命門〉，頁24下～30上，「貴賤貧富八字詩訣」

〔註134〕《三台萬用正宗》，萬曆27年刊本，卷29〈星命門〉，頁9下～10下。

〔註135〕《三台萬用正宗》，萬曆27年刊本，卷29〈星命門〉，頁10下～11下，「論所生肖皇帝詩」。

〔註136〕《三台萬用正宗》，萬曆27年刊本，卷29〈星命門〉，頁1下，「合婚辯疑」。

用〔註 137〕。

　　明清時期民間流行的合婚方式有三元男女合婚法及合畫法兩種，兩者均以男女出生年月推算配合與否。三元男女合婚法係將六十甲子年及十二月依男女及三元差異分成九組列成一表如下：

三元男女生命	上 元	中 元	下 元
甲子癸酉壬午辛卯庚子己酉戊午	男七女八	男一女二	男四女八
乙丑甲戌癸未壬辰辛丑庚戌己未	男六女六	男九女三	男三女九
丙寅乙亥甲申癸巳壬寅辛亥庚申	男二女七	男八女四	男二女一
丁卯丙子乙酉甲午癸卯壬子辛酉	男四女八	男七女八	男一女二
戊辰丁丑丙戌乙未甲辰癸丑壬戌	男三女九	男六女六	男九女三
己巳戊寅丁亥丙申乙巳甲寅癸亥	男二女一	男二女七	男八女四
庚午己卯戊子丁酉丙午乙卯	男一女二	男四女八	男七女八
辛未庚辰己丑戊戌丁未丙辰	男九女三	男三女九	男六女六
壬申辛巳庚寅己亥戊申丁巳	男八女四	男二女一	男二女七

其中，明孝宗弘治 17 年（1504）起的六十甲子年爲上元，明世宗嘉靖 43 年（1564）起的六十甲子年爲中元，以此算出男女不同代表數字，再對照下表：

生氣	一四	二八	三九	四一	六七	七八	八二	九三
天醫	一八	二四	二六	四二	六三	七九	八一	九七
絕體	一九	二六	三四	四三	六二	七八	八七	九一
遊魂	六二	二九	三八	四七	六一	七四	八三	九三
五鬼	一七	二三	三二	四六	六四	七一	八九	九八
福德	一三	二七	三一	四九	六八	七二	八六	九四
絕命	一二	二一	三七	四八	六九	七三	八四	九六
歸魂	一一	二二	三三	四四	六六	七七	八八	九九

　　凡合得生氣、天醫、福德者爲上吉，即使有諸煞亦無忌諱；如得絕體、游魂、歸魂者稱中等，亦可婚配，因婚姻之事中上即可；然合得五鬼、絕命之局則不吉，最好避免〔註 138〕。

〔註 137〕《三台萬用正宗》，萬曆 27 年刊本，卷 29〈星命門〉，頁 2 上，「合婚辯疑」，曰：
　　　　「今因世俗皆尚之，故取之於書，使智者辯之，愚者任其取捨之義也」。
〔註 138〕《萬用正宗分類學府全編》，萬曆 35 年刊本，卷 25〈星命門〉，頁 17 上～18 上，「三

圖 4-2-1《三台萬用正宗》，萬曆 27 年刊本，卷 29〈星命門〉，頁 9 下～10 上。

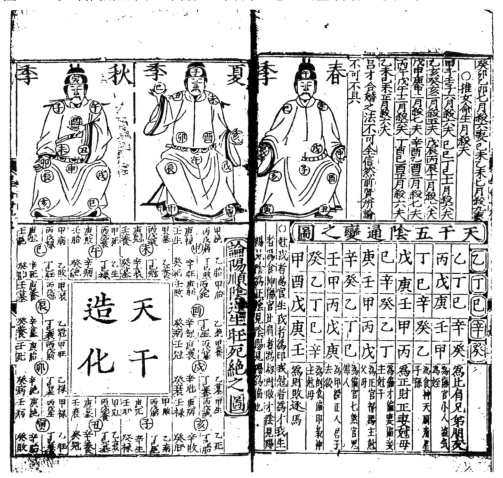

合畫法是將男女出生年以地支配上不同月分對照筆畫數，如子午卯酉生者二畫，寅申巳亥生者三畫，辰戌丑未生者四畫，而正七四十月生者三畫，二五八十一月生者二畫，三六九十二月生者四畫；再依男女筆畫總合對上解說，如：

八畫成同字，主男女和合吉。九畫成空字，主耗財散物，夫妻相剋。十畫成周字，主一生富貴，夫妻相生。十一畫成迴字，主夫妻相剋，魂魄不吉。十二畫成貧字，主辛苦，前富後貧。十三畫成富字，主一生富足，才帛足用。十四畫成賊字，主少子辛苦，相剋，凶。十五畫成豐字，主多子孫，老來富貴。十六畫成隔字，主離別貧苦，不益子孫〔註139〕。

由此得知婚姻適合與否。

元合婚法」。
〔註139〕《學海群玉》，萬曆 35 年序刊本，卷 23〈星命門〉，頁 18 上～下，「附合畫法」。

　　除以男女出生年月推斷外，亦有以五行、所犯神煞、生肖等方式看婚姻好壞。如〈男命進退財〉、〈女命進退財〉係以五行配上月分看可進財或退財（**男退妻家，女退夫家**），且進退各有多少年，如以男命爲主，金命之人，七月至十二月生者進十七年財，正月至六月生者退九年財；木命之人，七月至十二月生者進五十年財，正月至六月生者退九年財。若以女命爲主，則金命之人，六月至十一月生者退十九年財，十二月至五月生者進二十九年財；木命之人，九月至二月生者退二十五年財，三月至八月生者進二十九年財〔註140〕。而〈推五行天罡男女不爲婚〉則明白指出：「子午男不娶卯酉女，丑未男不娶辰戌女，寅申男不娶巳亥女，卯酉男不娶子午女，辰戌男不娶丑未女，巳亥男不娶寅申女」〔註141〕。

　　〈推男女十二生命所犯神煞〉是以地支爲準配上出生月份，對照是否犯有骨髓破、鐵掃帚、六害、大敗、天狼籍、八敗、飛天狼籍、小狼籍、破碎、孤辰、寡宿、重婚殺、再嫁殺、絕房殺、頭帶殺、腳踏殺、咸池、亡神、劫殺、胞胎相沖等煞，或男逢天掃星、女逢地掃星等均要避免〔註142〕。而生肖、方位的配對亦不可忽略，如射方殺曰：「豬羊犬吠射東方，牛頭雞出射西方，龍蛇合鼠射南方，虎馬兔人射北方」，若生肖值上述方位者「主難婚配」〔註143〕。其它還有〈推男女孤虛〉、〈推男命生月殺妻〉、〈推女命生月殺夫〉等都是合婚時須注意的部分〔註144〕。當然，男女合婚大抵少有完全相通者，因此，若雙方神煞有可相抵者，則亦無妨於婚配〔註145〕。

　　此外，由於婚配好壞不僅涉及夫妻之情，更關係子嗣傳承，故良女賢妻之選擇實需特別慎重。也因此，民間日用類書還刊有〈渭涇篇論女命說〉、〈女命總斷歌〉、〈女命貴格〉、〈女命賤格〉等專論女命貴賤好壞之內容供男子擇偶時應用〔註146〕。

　　明版民間日用類書有關命理內容均設專門的星命門刊載，而崇禎元年刊本及崇禎年間刊本更分成兩個門類，其中，星命門刊內容較複雜、學理性較高的四柱推命法及相關說明，秤命門則載內容較簡單、屬對照即可明白其意的算冲天數、秤銀兩

〔註140〕《三台萬用正宗》，萬曆27年刊本，卷29〈星命門〉，頁5上～下，「男命進退財」；頁6上～下，「女命進退財」。

〔註141〕《學海群玉》，萬曆35年序刊本，卷23〈星命門〉，頁18上，「五行天罡男女不婚」。

〔註142〕《三台萬用正宗》，萬曆27年刊本，卷29〈星命門〉，頁7下～8下，「推男女十二生命所犯神煞」。

〔註143〕《三台萬用正宗》，萬曆27年刊本，卷29〈星命門〉，頁8下，「射方殺」。

〔註144〕《三台萬用正宗》，萬曆27年刊本，卷29〈星命門〉，頁9上～下，「推男女孤虛」、「推男命生月殺妻」、「推女命生月殺夫」。

〔註145〕《萬寶全書》，乾隆4年刊本，卷4〈命書門〉，頁42上，「合婚總論」。

〔註146〕《學海群玉》，萬曆35年序刊本，卷23〈星命門〉，頁30上～31下；《萬寶全書》，崇禎年間刊本，卷27〈命理門〉，頁678～679。

數及小兒關煞等部分；且此時小兒關煞已增加大量圖示，使人更易明瞭。至清代前期三十卷版本中，保留秤命門，然星命門漸少，即使仍存有星命門者內容亦大幅刪減，如四柱推命法中已無以往對天干、地支、陰陽、五行等命理通例的詳細說明，僅部分節氣、星宿的內容介紹；批命步驟及解釋命盤、評判吉凶等內容亦不若以往清楚，僅合婚部分及女命說明有較完整保留。再至清代後期二十卷版本則只賸秤命門而無星命門，且主要內容亦僅算沖天數、秤銀兩數及圖示的小兒關煞三部分。

二、相　法

　　相法早在春秋戰國時已產生，並普遍用於處世謀略中；漢代因迷信活動盛行，相術更廣泛成熟，理論亦系統化。唐宋時大量相術著作出現，使其理論更具實用性且普遍化〔註147〕。至明清時期此術愈受重視，當時人們認為，人之榮華富貴或貧窮坎坷，皆由相裡生成〔註148〕；故民間日用類書普遍刊有此門類以應社會需要。

　　明清時期民間的相法術大致分為相身、部位、五官、紋理、毛髮、氣色、骨，乃至於相痣、姿態共九種。

　　相身有身體形狀與身體結構兩方面。身體形狀涉及五行之別，大抵木形瘦，金形方，水形肥，土形厚，火形上尖下闊〔註149〕。而體厚者富，體細身輕者貧〔註150〕。又身形以恢宏為尚，恢宏主榮華，但切忌肥胖，肥胖易招死；然瘦寒亦不佳，唯瘦有精神者，終亦可發達〔註151〕。此外，人形如羅漢，有子較遲；形如豬相，死必分屍；形似豬肝，害子剋身；形似鬼則衣食不豐〔註152〕。

　　身體結構則是看全身比例勻稱與否，蓋人身可依額、腰、腳予以三分，此稱三

〔註147〕鄭小江編，《中國神祕術大觀》，頁149～150。
〔註148〕《萬用正宗分類學府全編》，萬曆35年刊本，卷21〈相法門〉，頁3下，「相法總論」。
〔註149〕《五車拔錦》，萬曆25年序刊本，卷22〈相法門〉，頁5上，「五行形」。
〔註150〕《五車拔錦》，萬曆25年序刊本，卷22〈相法門〉，頁6上、12上，「麻衣相法摘要」曰：「富者自然體厚」、「體細身輕，那見停留片瓦」。
〔註151〕《五車拔錦》，萬曆25年序刊本，卷22〈相法門〉，頁12上、13下，「麻衣相法摘要」曰：「少肥氣短，難過四九之期」、「形骸侷促，作事猥獖」、「形貌侷促，庸俗之徒」；頁14下，「金鎖賦」曰：「形愛恢宏又怕肥，恢主榮華肥死期；二十之上肥定死，四十形恢定發時」、「瘦有瘦形寒自寒，瘦寒之人不一般；瘦有精神終發達，寒雖形彩定單孤」；頁25下、26下，「何知歌」曰：「何知病女侷令長，其人面瘦身肥壯」、「何知其人死相隨，初年即便身充肥」。
〔註152〕《五車拔錦》，萬曆25年序刊本，卷22〈相法門〉，頁9上、10下、11下，「麻衣相法摘要」曰：「形如豬相，死必分屍」、「人形似鬼，衣食不豐」、「形如羅漢，見子必遲」；頁26上，「何知歌」曰：「何知害子又剋身，看他形似豬肝形」。

停〔註153〕；三停平等，一生衣祿無缺，且有子嗣。若上停長下停短，必爲宰相命，金珠財寶滿倉；反之，則平生勞碌，貧窮到老不閑〔註154〕。

相部位是將人身各部加以細觀之，此包括屬身軀上部的頭、額、人中、齒、舌、面、項，屬身軀中部的胸、背、腹、腰、臍，屬四肢的手、足，乃至屬全身範圍的聲音及肉等部位。

大致而言，居於身首、百骸之長的頭部以圓、大、頂突高、頭皮厚、有肉角者爲富貴福壽，尖、小、側陷、頭皮薄者爲賤夭且走他鄉〔註155〕。

額部屬面部三停之上停，掌人一生前三十年之榮枯〔註156〕，內含天中、天庭、司空、中正、印堂五部分，以寬廣方闊爲佳〔註157〕，天庭尤須高聳豐潤〔註158〕。

〔註153〕《五車拔錦》，萬曆25年序刊本，卷22〈相法門〉，頁1上，「大略歌曰」；《三台萬用正宗》，萬曆27年刊本，卷30〈相法門〉，頁2上～下。也有將身分爲兩停，頭至腰爲上停，臀至足爲下停；不論三停或二停，都以均等爲佳。

〔註154〕《五車拔錦》，萬曆25年序刊本，卷22〈相法門〉，頁5下、6下、11上，「麻衣相法摘要」曰：「三停平等，一生衣祿無虧」、「平生勞碌爲下停長，貧窮到老不閑」、「部位均停，應須有子」；頁14下，「金鎖賦」曰：「上停短兮下停長，多成多敗值空亡；縱然營得成家計，猶如烈日照冰霜。下停短兮上停長，必爲宰相侍君主；若是庶人生得此，金珠財寶滿倉箱」；頁16上，「銀匙歌」曰：「上頭雖有些模樣，下停不均卻犯之」。

〔註155〕《五車拔錦》，萬曆25年序刊本，卷22〈相法門〉，頁1上～下，「頭部相」曰：「頭皮厚者，衣食□□；頭皮薄者，貧窮。頭有餘皮，□□□足。頭有肉角，必大富貴。頭小髮長，遠走他鄉」、「上大下小，先富後貧」、「頭頂突高，貴；側陷者，賤夭」；頁7上、8下、11下、12上、13上，「麻衣相法摘要」曰：「頭生二角，一生快樂無窮」、「頭小腹大，一生不過多食」、「男子頭尖，終無成器」、「頭皮寬厚，福壽雙全」、「獐頭鼠目，何必求營」、「爲僧者頭圓必貴，作道者貌清可□，項突頭圓，必主名山」、「頭尖額窄，固不可以求官」；頁13下，「額部相」曰：「頭小而窄，至老孤死」；頁15上、15下，「銀匙歌」曰：「頭額尖削最爲刑，羅網之中有一名；若不剋妻并害子，更憂家道生伶仃」、「下頭尖了作災殃，典卻田園更賣塘；任是張良能計策，自然顛倒見狼當」、「豹齒尖頭定沒名」；頁16上，「唐舉先生切相歌」曰：「頭小定飄蓬」；頁25下，「何知歌」曰：「何知生平衣祿破，但看頭尖并額削」、「何知破祖閑事侵，額尖頭小□□□」。

〔註156〕《五車拔錦》，萬曆25年序刊本，卷22〈相法門〉，頁1上，「大略歌曰」；頁13上，「麻衣相法摘要」。

〔註157〕《五車拔錦》，萬曆25年序刊本，卷22〈相法門〉，頁1下，「頭部相」曰：「額頭尖削不舒長，須忌貧寒早歲亡；囊篋不能陳粒粟，隨緣隨度過時光」。頁5下、6上、7上、7下、13下，「麻衣相法摘要」曰：「額方而闊，初年榮華」、「重熙豐額，北方之人貴且強」、「燕額虎頭，男子定登將相」、「額尖耳反，雖三嫁而未休」、「額偏不正，內淫而外貌若無」、「印堂大窄，子晚妻遲」、「額廣順豐，須居官而食祿」；頁13下、14上，「額部相」曰：「天中、天庭、司空、中正、印堂五位，須得端正明淨，則□明顯達」、「額廣面方，至老昌吉」、「天中豐隆，仕宦有功。額闊面廣，貴起人上。額方峻起，吉無不利」；頁16上，「唐舉先生切相歌」曰：「額廣壽如松」。

額若偏傾損父母，小、狹、缺陷有痕則貧夭而迍蹇〔註159〕。

　　人中如人面上之溝洫，溝洫疏通則水流不壅，淺狹不深則水壅不流；人中長短在相法上可定命之長短，廣狹則定男女多少。凡人中長深、直正、闊廣者，主忠義、富壽、多子孫；而短淺、曲狹、塞縮者，則無信達、夭賤、子孫少且疾苦難成〔註160〕。

　　齒部乃言之門戶，貴端正、白密、長直且多，切忌繞亂、疊生、橫露、疏漏、短缺、焦枯。若齒色瑩白似玉，齒形如榴子、似劍鋒者，必得福祿、富貴及長壽。又壯者齒落則壽減，而齒數愈多者愈為達貴之人，齒數愈少者愈為貧乏之輩〔註161〕。

　　舌部雖位於口內，然古人視之為內外相通之關鍵〔註162〕。凡舌長而剛者尊貴，

〔註158〕　《五車拔錦》，萬曆25年序刊本，卷22〈相法門〉，頁6上、9上，「麻衣相法摘要」曰：「天庭高聳，少年富貴可期」、「南方貴官清高，多主天庭豐闊」、「天庭高潤，須知僕馬無虧」；頁26下，「何知歌」曰：「何知壽年九十六，天庭高聳精神起」。

〔註159〕　《五車拔錦》，萬曆25年序刊本，卷22〈相法門〉，頁13下、14上，「額部相」曰：「左偏者損父，右偏者損母；小而狹者貧夭，缺而陷者妨害，痕脊者迍蹇」、「額瑩無瑕，一世榮華」。

〔註160〕　《五車拔錦》，萬曆25年序刊本，卷22〈相法門〉，頁4下～5上，「人中部相」曰：「欲長而不縮，欲深而不淺，欲直而不斜，闊而下垂者，皆善相也」、「人中細狹，衣食逼迫。滿而平者，迍遭災滯。上狹下廣者，多子孫。上廣下狹者，子孫少。上下俱狹而中心闊，子孫疾苦而難成。上下直深者，子息滿堂富貴。人中深長者，壽。人中短淺者，夭。人中屈曲者，無信達。人中端直者，有忠義。人中正而垂者，富壽。人中塞而縮者，夭賤」、「人中謾謾平如元，是謂傾陷受窮苦；若問子息今生少，一世貧寒至孤老」；頁6下、10下，「麻衣相法摘要」曰：「人中平滿，剋兒孫之無數，刑嗣續之難逃」、「人中偏斜，必多刑剋」。

〔註161〕　《五車拔錦》，萬曆25年序刊本，卷22〈相法門〉，頁6下～7上，「齒部相」曰：「貴端正而白，密長而直，多而白者佳也」、「堅勞密固者，長令。繞亂疊生者，衰。橫露出者，暴亡。疏漏者，□□。短缺者，下□。焦枯者，橫夭」、「壯而齒落者，壽促。三十八齒者，主侯。三十六齒者，卿相。三十四齒者，朝郎巨富。三十二齒者中人，福祿。三十者，平常之人。二十八以下者，貧乏下輩。瑩白色者，百謀百遂。黃黑色者，千求千滯。如白玉者，高貴。如乾銀者，清職。如榴子者，福祿。如劍鋒者，貴壽。如□米者，年高，如黑椹者，短命」、「龍齒者，子孫□達」、「上等之人，牙齒方密。下等之人，又黑又疏。齒如舍玉，受天福祿。齒如爛眼，永不憂貧。白而密長，仕宦無殃。黑而疏縱，一生災重。直長一寸，極貴難論。參差不齊，心下詐欺。齒如石榴，身有九州」、「齒露人皆道不良，誰知世上兩般詳：上唇露者為貧夭，下露還須福熾昌」；頁7下、9上、9下、10下、11下，「麻衣相法摘要」曰：「結喉露齒，骨肉分離」、「齒露唇掀，須防野死」、「齒鼻齊豐，定享庄田之客」、「鬼牙尖露，詭譎奸貪」、「齒如榴子，衣食豐盈」；頁14下，「金鎖賦」曰：「唇掀齒露更多災」；頁24下、25上、25下，「何知歌」曰：「何知突情殺人惡，但看當門兩齒落」、「何知其人心偏曲，豹牙缺齒黃面目」、「何知作事論序無，看他牙齒長而疏」。

〔註162〕　《五車拔錦》，萬曆25年序刊本，卷22〈相法門〉，頁7下，「舌部相」曰：「夫舌之為道，內典冊元為號令，外典重摟為鈴鐸，故善生靈液也，則為神之舍體，密傳

短禿、大薄、尖小者詐賊、妄謬及貧賤〔註163〕。顏色方面，色紅如珠者貴，色赤如血者祿，色黑如翳者賤，色白如灰者貧。相舌還要與口部相配合，凡舌大口小，言語不便，舌小口大，則言語輕快〔註164〕。

面部主要看其大小、厚薄及面形、面色。凡面大頰豐、面皮厚者，性鈍而富〔註165〕；面皮薄小而瘦，則性敏而貧且短壽〔註166〕。然面之大小、肥瘦尚須與身相稱，面大身小或面肥身瘦者，均不若面小身大或面瘦身肥者好〔註167〕。面圓如滿月，家道興隆；而面似橘皮、破瓠、桃花者則不吉〔註168〕。面色以紅黃為佳，灰黑及土色為惡〔註169〕；然面多火色且過分光滑亦有災，而黑如漆光亦主富貴〔註170〕。

志慮也，則為心之舟檝，是以性命樞機，一身得失所以托焉」。

〔註163〕《五車拔錦》，萬曆25年序刊本，卷22〈相法門〉，頁7下、8上，「舌部相」曰：「端而利長而大者，士相。若狹而長者，詐而賊。禿而短者，迍而寒。大而薄者，多妄謬。尖而小者，貧賤。引至鼻者，位列侯王。剛如掌者，祿至卿相」、「舌小而短，即是貧漢。舌小而尖，仕宦吉昌」。

〔註164〕《五車拔錦》，萬曆25年序刊本，卷22〈相法門〉，頁7下、8上，「舌部相」。

〔註165〕《五車拔錦》，萬曆25年序刊本，卷22〈相法門〉，頁10下，「面部相」曰：「面皮厚者，性鈍而富」；頁12上，「麻衣相法摘要」曰：「面見兩回，必成家而成業」、「面大頰豐，錢財滿屋」。

〔註166〕《五車拔錦》，萬曆25年序刊本，卷22〈相法門〉，頁1下，「頭部相」曰：「有而無面，終須下賤。面無剩肉，終雖不足」；頁6上～下，「麻衣相法摘要」曰：「面皮虛薄，後三十年壽難再期」、「面皮繃急，壽促無疑」；頁10下，「面部相」曰：「面皮薄者，性敏而貧」。

〔註167〕《五車拔錦》，萬曆25年序刊本，卷22〈相法門〉，頁1下，「頭部相」曰：「面大身小，為人不了；身大面小，稍發便夭」；頁10下，「面部相」曰：「身肥面瘦者，長壽。身瘦面肥者，短命」；頁26下，「何知歌」曰：「何知病女偏令長，其人面瘦身肥壯」。

〔註168〕《五車拔錦》，萬曆25年序刊本，卷22〈相法門〉，頁6下、11下，「麻衣相法摘要」曰：「面似橘皮，終主孤刑」、「面圓腰肥，類男形而亦富貴」、「面如滿月，家道興隆」；頁10上～下，「面部相」曰：「面如滿月清秀面，神來射人者，謂朝露面，男主公卿將相，女主后妃夫人」；頁1上、1下，「頭部相」曰：「三拳面，孤剋」、「面皮如滿鼓，不過四十五」；頁25上、26上，「何知歌」曰：「何知剋子又剋妻，面皮恰似破瓠兒」、「何知破祖剋妻兒，面似桃花眼如水」。

〔註169〕《五車拔錦》，萬曆25年序刊本，卷22〈相法門〉，頁7上、13下，「麻衣相法摘要」曰：「紅黃滿面，發財家自安康」、「面如灰色塵蒙，定主財破家敗」；頁10下，「面部相」曰：「若人面色黃如瓜，一生富貴享榮華」；頁24上、26下，「何知歌」曰：「何知人家漸漸貧，面如未洗耳生塵」、「何知其人四十五，必主面皮色如土」；頁14上，「金鎖賦」曰：「眉交面黑神憔悴，愛管他人事掛懷，冷眼見人笑一面，不知毒在暗中來」。

〔註170〕《五車拔錦》，萬曆25年序刊本，卷22〈相法門〉，頁10上，「面部相」曰：「面色白如凝脂、黑如漆光、黃如□粟、紫如絳繒，□天富貴。若面色赤暴如火者，短命辛亡」；頁26下，「何知歌」曰：「何知人常招口舌，看他面形多火色。何知其人損

　　項部乃一身之支撐點，以均衡爲原則，故瘦人項欲長，肥人項須短，反之則非貧即夭，然過長或太短亦不佳。此外，項貴豐闊堅實、左右對稱。又項有結喉多刑剋〔註171〕。

　　胸部內含五臟，屬「萬機之祕府玄庭」；尚平長、闊厚，若凸短、狹薄乃貧薄之人〔註172〕。而胸後之背部，貴平闊而豐，乃可倚之而安〔註173〕。

　　腰部居三停之中，分隔胸部與腹部；特重端直、廣闊而厚長，且須與臂相配合，才可爲全身之軸〔註174〕。腰下之腹部內藏六腑，乃「身之爐冶」；圓長可辨其貧富，侷大可知其愚智。凡腹圓大橫垂且端厚者，富貴、智壽而榮巧。然腹大不可似羊腹，當如衣裘樣或抱兒狀乃吉〔註175〕。而臍部是「筋脈會要之地，爲臟腑總領之關」，

〔註171〕《五車拔錦》，萬曆25年序刊本，卷22〈相法門〉，頁9下，「項部相」曰：「或長如鵝，或短如喙，非全相也」、「項豐闊堅實，富。項則小弱，小器也」、「項有結喉，刑剋」、「瘦人結喉，猶且尚可。肥人結喉，刑剋甚多」；頁9下，「麻衣相法摘要」曰：「項下結喉，恐無兒而客死」；頁16上，「唐舉先生切相歌」曰：「項偏多寒滯」；頁24下、25下，「何知歌」曰：「何知人家殺頭夫，左頸肥大又頸枯」、「何知男子定孤刑，項喉恰似鴛鴦刑」。

〔註172〕《五車拔錦》，萬曆25年序刊本，卷22〈相法門〉，頁17上～下，「胸部相」曰：「胸欲平而長，闊而厚，乃爲智高福祿之人；若夫凸而短，狹而薄者，乃爲神露貧薄之人」、「胸能覆身者，富貴。胸短於面者，□貧窮。狹凸如堆者，頑鈍。滑起如柴者，貧。若凹□如槽者，窮毒」、「胸闊而長者，財易積。胸狹而長者，謀難成」；頁25上，「何知歌」曰：「何知貪財并好色，鷩背魚胸形兼得」。

〔註173〕《五車拔錦》，萬曆25年序刊本，卷22〈相法門〉，頁18下～19上，「背部相」曰：「平闊而豐者，一身少災而福；侷狹而陷者，一世多厄而貧」、「背三甲成者，壽而貴。豐厚突起者，祿及子孫。斜薄窪下者，貧若孤獨。方而長者，有智而富。侷而短者，□識而賤。員厚如□者，主貴。窪深如溝渠者，至貧」、「貴人背脊豐而厚，兒孫享福祿綿綿；更得一身如石重，莫教長薄損長年」；頁9下、11下、12上、13下，「麻衣相法摘要」曰：「前相好而背負虧，虛名無壽」、「美女背圓，必嫁秀士而後貴」、「背春成坑，號曰虛花」、「腹背□滿，衣鉢有餘」。

〔註174〕《五車拔錦》，萬曆25年序刊本，卷22〈相法門〉，頁19上～下，「腰部相」曰：「端而直，闊而厚者，福祿之相也。若夫侷而陷，狹而薄者，貧賤之徒也」、「腰薄短者，多成多敗。廣長者，多祿。直而厚者，富貴。細而薄者，貧賤。凹而陷者，窮下。裊而曲者，□劣。蜻蜓腰者，性寬而善。黃蜂腰者，性鄙而惡」、「臂高腰陷賤不良，腰高臂陷貧不昌；腰欲端闊臂平圓，方是人間之福相」；頁8下、11上、11下，「麻衣相法摘要」曰：「腰圓皆厚，方保玉帶」、「男兒腰細，難主家財」、「面圓腰肥，類男形而亦富貴」；頁16上，「唐舉先生切相歌」曰：「腰肥知有福」；頁25上，「何知歌」曰：「何知人生命帶空，長腳蜂腰總一同」。

〔註175〕《五車拔錦》，萬曆25年序刊本，卷22〈相法門〉，頁17下～18上，「腹部相」曰：「腹圓大而下者，貴富壽。腹如垂囊，富而且貴。小而近下者，清聰。長而圓如玉壺者，巨富。侷如雀肚，至貧。員而近下者，貴。員而近上者，賤；堅而長者，愚而賤。橫而員者，智而榮。如抱兒者，富。如羊腹者，貧。如衣裘者，富。如笡箕

故須深而闊，不可淺而狹；位置宜高上不宜低下，圓正而藏者佳〔註176〕。

相四肢部位的手、足，可知人一生苦樂〔註177〕。大抵手部欲長柔白淨、暖而香，手腕要細〔註178〕，手掌貴大而端厚、周高中窪且紅潤光澤〔註179〕，手指須纖長而密、與掌相合〔註180〕。而足部則重厚正而掌內凹〔註181〕，足指纖長端齊〔註182〕。

至於屬全身範圍的聲部以雄遠、沈穩爲佳，此涉及氣之大小和順與否；凡氣大則聲雄，氣小則聲短，而神清氣和則圓暢，聲自然遠。聲有急緩、氣缺、破濁、低

者，貧」、「肚端厚而研者，才巧。肚偏薄者，愚」、「以腹觀人各有宜，腹皮垂厚足豐衣」；頁16上，「唐舉先生切相歌」曰：「腹墜祿須豐」。

〔註176〕《五車拔錦》，萬曆25年序刊本，卷22〈相法門〉，頁18上～下，「臍部相」曰：「臍深闊者，多智而有福。淺狹者，愚賊。生近上者，衣食。生近下者，貧賤。低向上者，有識。高向上者，無智。員而正者，善士。斜而醜者，惡人。藏而深者，福祿。凸而出者，天賤」、「臍可容李，士多福智。小而撮者，惡傳千里」。

〔註177〕《五車拔錦》，萬曆25年序刊本，卷22〈相法門〉，頁6上，「麻衣相法摘要」。

〔註178〕《五車拔錦》，萬曆25年序刊本，卷22〈相法門〉，頁19下，「手部相」曰：「大抵人手欲長而柔，膊欲平厚，骨圓而低，腕篰欲細」、「手垂過膝，大貴。手白如玉，貴」、「手麤硬者，下賤。手細軟者，清貴。手香暖者，清華。手臭汗者，濁下」；頁9上、9下、11上、11下、12下，「麻衣相法摘要」曰：「手腳粗大，難爲富貴之徒」、「手軟如綿，閑且有錢」、「手腳粗大，必是姨婆」、「乾姜之手，女子必善持家。綿囊之拳，男子定興財產」、「骨輕手硬，必是庸常」。

〔註179〕《五車拔錦》，萬曆25年序刊本，卷22〈相法門〉，頁19下、20上、20下，「手部相」曰：「手薄削者，貧。手端厚者，富」、「畔豐起而中窪者，富貴。有四畔薄弱而中平者，財散。掌潤澤者，富。掌枯乾者，貧。掌紅如澤血者，榮貴。黃如拂玉者，至賤。色青者，貧苦。色白者，寒賤」、「掌心過白面，多穀又多錢」；頁9下，「麻衣相法摘要」曰：「掌若血紅，富而多祿」。

〔註180〕《五車拔錦》，萬曆25年序刊本，卷22〈相法門〉，頁19下～20上、20下，「手部相」曰：「指長掌短，貧苦。掌長指短，福壽。身小而手大者，福。身大而手小者，清貧」、「指纖而長者，黎俊。指疏短而禿者，貧賤。指密而桇者，受田種。指硬而疏者，破散。指如春筍者，清貴。指如破搥者，愚頑。如剝蔥者，食祿麤。如竹節者，貧賤之」、「掌薄如瓦，貧賤。邊薄邊厚，平常。後高前薄，閑散。後薄前高，壽夭」、「十指纖如綿，年高五福全」；頁6上，「麻衣相法摘要」曰：「指節細而腳背肥，須知俊雅」。

〔註181〕《五車拔錦》，萬曆25年序刊本，卷22〈相法門〉，頁21上、21上～下，「足部相」曰：「貴人之足小而厚，小人之足大而薄」、「足厚而正大，才旺官祿。足灣者，辛苦」、「厚而橫者，貧愚」、「腳下平如板者，貧賤。下凹容糞者，富貴」、「足厚四寸者，巨富之人」、「貴人足厚多衣食，小人足薄主奔波」；頁9上、10下，「麻衣相法摘要」曰：「腳背無肉，必主孤貧」、「腿長腳瘦，常年奔走不停」；頁25上、26下，「何知歌」曰：「何知破財且伶仃，看他兩腳如杖形」、「何知祿破命運乖，看他兩腳枯如柴」；頁16上，「唐舉先生切相歌」曰：「腳長兼耳薄，辛苦道途中」。

〔註182〕《五車拔錦》，萬曆25年序刊本，卷22〈相法門〉，頁21上，「足部相」曰：「足指纖長者，忠良之貴。足指端齊者，豪邁之美」。

硬者均貧賤之相〔註183〕。又聲亦可因五行加以區分，其中，木音高暢，火音焦，金聲和潤，土音如在深甕中，水聲則圓急而高〔註184〕。

　　肉部忌橫、緩及粗重，橫則性剛而兇惡，緩則性柔、多滯且夭，粗重則貧苦；肉貴豐潤、堅實、細滑光鮮，豐潤細滑則富貴，堅實則壽〔註185〕。

　　其它還有唇、肩等部位的觀察〔註186〕。

　　相五官是看面部的眉、眼、鼻、耳、口五部分，此乃相法中最受重視的部分，在民間日用類書所占篇幅甚大，且均配以圖示說明。

　　五官中，眉是保壽官，喜高疏清秀、平長入鬢，忌粗濁、逆生、短蹙、交疊〔註

〔註183〕　《五車拔錦》，萬曆25年序刊本，卷22〈相法門〉，頁8上～9上，「聲部相」曰：
　　　　　「聲先遲而後急，先急而後緩，或聲未止而氣先絕，或聲未舉而色先變者，乃賤相
　　　　　也。聲輕者，惡事無斷；聲破者，作事無成；聲濁者，謀運不發；聲低者，質魯無
　　　　　文；聲硬者，質性淺薄；聲清如澗中流泉者，極貴；發聲如潘亮，自覺如甕中；聲
　　　　　出丹田，貴；聲出舌尖，小人」、「聲大身小，貴。聲小身大，賤。聲如豺狼，家主
　　　　　孤貧。聲如巨鐘，貴。男有女聲，孤貧。女有男聲，刑剋。聲如破筒，富。聲如破
　　　　　瓦，敗。如破木者，貧。劈竹者，富。鵝兒聲者，多破散。鴨兒聲者，賤」、「聲響
　　　　　如鐘，富貴英雄；聲如老鼠，貧窮到死；聲如下瓦，有奴忞焉；聲如敲磬，乞食相
　　　　　爭；聲如破鼓，難爲父母；聲響如雷，威光有財；聲細如啼，貧窮孤恓；聲靂如哭，
　　　　　災禍相逐」、「貴人聲音出丹田，氣實喉中響又堅；貧賤不離唇舌上，一生奔走不堪
　　　　　言」；頁7上、9下、11上、11下、12下，「麻衣相法摘要」曰：「聲剎面橫，閨房
　　　　　獨宿」、「聲響神清，必益夫而得祿」、「小人聲洪，定須超達」、「聲自丹田，下出有
　　　　　福而享遐齡」、「聲雄氣濁，終無厚福」、「聲乾無韻，何得榮華」；頁26上、26下，
　　　　　「何知歌」曰：「何知女兒孤且淫，聽他一片雞公聲」、「何知不讀書與經，看他恰
　　　　　似青蠅聲」。
〔註184〕　《五車拔錦》，萬曆25年序刊本，卷22〈相法門〉，頁9上，「聲部相」。
〔註185〕　《五車拔錦》，萬曆25年序刊本，卷22〈相法門〉，頁16下～17上，「肉部相」曰：
　　　　　「夫肉不欲橫，橫則性剛而兇惡；肉不欲緩，緩則性柔而多滯」、「肉豐者，富。潤
　　　　　者，貴」、「緩者，夭。粗者，貧苦。肉自然香，貴。肉能潤，貴。肉細而滑，貴。
　　　　　肉重而粗，貧。肉不稱骨，夭。肉堅而實，壽」、「貴人肉體滑如苔，紅白光鮮富貴
　　　　　來；揣著如綿兼又暖，一生終是少凶災」、「黑多紅少須多滯，遍休生毛性急剛；欲
　　　　　識貴人爲宰輔，芝蘭不帶自然香」；頁6上、11下，「麻衣相法摘要」曰：「面肉橫
　　　　　生性必凶」、「身肥肉重，得陰相而反榮華」。
〔註186〕　《五車拔錦》，萬曆25年序刊本，卷22〈相法門〉，頁7下、8下、9上、10下、
　　　　　11下、12下，「麻衣相法摘要」曰：「唇不蓋齒，無事招嫌溝洫」、「引是招非，蓋
　　　　　謂兩唇不遮乎牙道」、「口唇皮皺，爲人一世孤單」、「唇薄口尖，愛說是非無了」、「唇
　　　　　若紅蓮，衣食豐足」、「唇縮神癡，焉保三旬之危」、「死在九州，蓋爲齼掀唇僳」；
　　　　　頁16上，「唐舉先生切相歌」曰：「唇掀知命夭」；頁25上，「何知歌」曰：「何知
　　　　　父母早不全，其人上唇常趚天」。
〔註187〕　《五車拔錦》，萬曆25年序刊本，卷22〈相法門〉，頁1下～2下，「眉部相」曰：
　　　　　「眉喜清秀面長，更宜齊天倉」、「眉欲疏而秀，平而長者，貴。粗濃壓眼者，愚賊。
　　　　　眉交者，孤貧、兄弟不得力、壽夭。眉長過月，貴。眉秀而長，文章之□。眉秀入

187〕；眼爲監察官，宜長細深大、黑白分明、精神光彩、不流不露〔註188〕。鼻屬審辨官，不論大小，方正爲強，高聳洪長，豐而不露，乃爲吉相〔註189〕。耳是採聽官，重圓厚高聳、大薄紅潤，且堅長貼肉而生〔註190〕。口爲出納官，尙橫闊端厚、紅潤不露口〔註191〕。

爲方便人們對照了解，民間日用類書將當時五官的主要樣式、名稱及意義，均以圖文並列方式詳載之；如眉以其外形分二十三式、眼則分四十式、（圖 4-2-2）其它還有鼻二十四式、耳十八式及口十七式〔註192〕。

相紋理，最重要的是看額紋、掌紋及足紋。額紋有屬善紋的偃月紋、懸尾紋、王字紋、天柱紋、鶴足紋、井字紋、十字紋、田字紋、山字紋、乙字紋、女字紋，有屬惡紋的三橫紋、蛇行紋、川字紋及亂紋交差者。凡善紋生於好額之上，則富貴更多；

鬂，貴。眉如一字，主有信德」、「眉斜而卓，不善。眉疏而濁，賤。眉毛逆生，妨妻，難爲兄弟。短而麤者，孤□克頑」、「眉中有缺者，多奸詐。眉薄如無者，多狡佞」、「眉毛細起，不賢則貴。垂垂如柳，貪淫無守；彎彎如娥，好色爲多」、「眉短於目，身自孤獨。眉長於目，兄弟五六。眉毛般□，兄弟一二。眉毛相交，兄弟相拋。眉毛橫薄，兄弟零落。眉毛裂缺，妻死帶血。眉分八字，莫與議事。眉如掃帚，兄弟八九」、「眉濃鬂厚人多賤，眉侵入鬂寂堪論」、「愁眉促短乏庄田」、「父母有刑何處推，但看眉上有高低：左高須知先刑父，右邊高分母不宜」。《三台萬用正宗》，萬曆27年刊本，卷30〈相法門〉，頁2上，曰：「兩眉羅計分左右，不重不疊高疏優。雙分入鬂多富貴，粗濃低壓不愚儍」、「眉喜高疏清秀，更宜齊拂天倉，高彎新月順爲良、聰明飽學名望：或如龍眉柳葉，且似鳳眉清長，得此富貴拜朝堂，不貴則富爲上」。

〔註188〕《五車拔錦》，萬曆25年序刊本，卷22〈相法門〉，頁2下、3上，「眼部相」曰：「若黑多白少，眼如點漆，及高聳入鬂，光彩射人者，主大貴」、「雙目露者，主夭亡。眼長深大者，至貴。眼短而小，□露。眼睛浮露，夭。眼高卓起，性凶惡」、「細而深者，主壽」、「有精無神，破財痴人。藏白出黑，富貴必得。藏黑出白，壽難三十」。《三台萬用正宗》，萬曆27年刊本，卷30〈相法門〉，頁11上、11下，曰：「宜黑白分明，黑如漆，白如玉，精神光彩，又喜神藏，不流不露。眼尾波雙分入眉，影印神光射入眼目，又無混雜，監察官成矣」、「眼大者多攻藝業」、「眉清目秀機巧，龍睛鳳睛可稱；黑多白少甚分明，載神光射日，映得此文章秀士，光流於外異名：眼爲日月喜光明，貴顯三公一定」。

〔註189〕《五車拔錦》，萬曆25年序刊本，卷22〈相法門〉，頁3上～下，「鼻部相」。《三台萬用正宗》，萬曆27年刊本，卷30〈相法門〉，頁17上～下。

〔註190〕《五車拔錦》，萬曆25年序刊本，卷22〈相法門〉，頁10下～11下，「耳部相」。《三台萬用正宗》，萬曆27年刊本，卷30〈相法門〉，頁5上～下。

〔註191〕《五車拔錦》，萬曆25年序刊本，卷22〈相法門〉，頁5下～6下，「口部相」。《三台萬用正宗》，萬曆27年刊本，卷30〈相法門〉，頁8上～下。

〔註192〕《三台萬用正宗》，萬曆27年刊本，卷30〈相法門〉，頁2上～5上、12上～16下、6上～8上、9上～11上、17下～20下。

惡紋生於壞額之上，則貧賤無疑〔註193〕。掌紋以深細無破、簡單為佳，忌斷亂淺橫、散出複雜者〔註194〕。足紋則以龜紋、禽紋、八螺紋為吉，十螺紋或十指皆無紋者均不佳〔註195〕。其它還有鼻紋〔註196〕、眼紋〔註197〕、眉紋〔註198〕、口紋〔註199〕、舌紋〔註200〕、人中紋等〔註201〕。

相毛髮，蓋人之毛髮就相法而言如「山岳之有草木也。草木茂盛則山岳蔽而不明，鬱而不清；故毛髮欲得密而細，短而潤，黑而光，秀而香，乃貴人之相也」〔註202〕。除上述大原則外，相毛髮依髮（鬢）、鬚（髭、髯、鬍）、毛（毫）等不同部分亦有不同標準。如髮忌捲蓬、氣臭而色黃赤，髮際低鬢毛重〔註203〕；鬚以清疏堅硬較佳〔註204〕；而毛長眉上是多壽且知兄弟生同胞〔註205〕，生於耳上是長生，見之胸上

〔註193〕《五車拔錦》，萬曆25年序刊本，卷22〈相法門〉，頁14上～下，「額紋部相」。

〔註194〕《五車拔錦》，萬曆25年序刊本，卷22〈相法門〉，頁20下～21上，「手掌紋部相」。

〔註195〕《五車拔錦》，萬曆25年序刊本，卷22〈相法門〉，頁21下，「足紋部相」。

〔註196〕《五車拔錦》，萬曆25年序刊本，卷22〈相法門〉，頁4上，「鼻部相」曰：「鼻有縱理者，主養□人子。鼻有橫理者，必主災端」。

〔註197〕《五車拔錦》，萬曆25年序刊本，卷22〈相法門〉，頁9上、9下、11下，「麻衣相法摘要」曰：「魚尾多紋，到老不能安逸」、「眼有三紋，中主必然多耗散」、「眼下皺紋，亦主六親若冰炭」；頁25下，「何知歌」曰：「何知其人兩不婚，但看奸門有豎紋；一紋必定剋一夫，二紋兩度重婚娶」。

〔註198〕《五車拔錦》，萬曆25年序刊本，卷22〈相法門〉，頁2上，「眉部相」曰：「眉中生直理者，富貴。眉上多橫者，貧苦」；頁25上、26上，「何知歌」曰：「何知獄厄多災迍，但看眉頭有斜紋；一紋一度入獄內，二紋二度入牢門」、「何知刑剋子難言，眉粗且大帶雙紋」、「何知人主他鄉死，看他眉上生縱理」。

〔註199〕《五車拔錦》，萬曆25年序刊本，卷22〈相法門〉，頁10下，「麻衣相法摘要」曰：「承漿深紋，恐投浪裏」；頁25上，「何知歌」曰：「何知其人主餓死，縱紋入口乃如此」。

〔註200〕《五車拔錦》，萬曆25年序刊本，卷22〈相法門〉，頁7下，「舌部相」曰：「舌上有真理者，官至鄉監。舌上有縱紋者，職任館殿。舌紋有橫遶者，至貴」、「舌上錦紋者，出朝者」。

〔註201〕《五車拔錦》，萬曆25年序刊本，卷22〈相法門〉，頁5上，「人中部相」曰：「中有橫理者，無兒。有豎理者，養他人子。有縱理者，主男宿疾病苦」。

〔註202〕《五車拔錦》，萬曆25年序刊本，卷22〈相法門〉，頁14下～15上，「髮部相」。

〔註203〕《五車拔錦》，萬曆25年序刊本，卷22〈相法門〉，頁15上，「髮部相」曰：「大毛髮黃者，多妨剋。髮色赤者，多災害」、「繁多而氣臭者，迍滯而貧賤。髮捲而蓬者，性後而貧苦。髮際低者，主貧賤」；頁1上，「頭部相」曰：「髮焦而黃，必主壽夭又刑父母」；頁6上、9下，「麻衣相法摘要」曰：「髮際低而皮膚粗，終見愚頑」、「鬢毛毿纖，或先富而後貧」；頁15下，「銀匙歌」曰：「髮際低而幼無父」；頁25上，「何知歌」曰：「何知其人發祿遲，鬢毛重厚迍邅隨」。

〔註204〕《五車拔錦》，萬曆25年序刊本，卷22〈相法門〉，頁9上，「鬚部相」曰：「鬚堅者，貴。清疏硬者，富。疏秀見肉，貴。稠密枯黃，貧賤」；頁14下，「金鎖賦」

則性不寬〔註206〕。

圖4-2-2《三台萬用正宗》，萬曆27年刊本，卷30〈相法門〉，頁12下～13上。

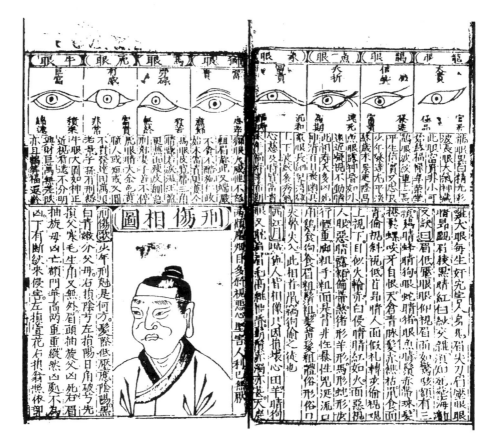

相氣色，可分色與形兩種。色有依五行分爲白（金）、青（木）、黑（水）、紅（火）、黃（土）五種，也有加上紫色成六種〔註207〕。形有分爲青龍、白虎、朱雀、

曰：「髭髯要黑又要稀，依稀見肉始爲奇；最嫌濃濁焦黃色，母在東頭子在西」；頁25下，「何知歌」曰：「何知刑剋事招嫌，口下生鬚直到顋」。

〔註205〕《三台萬用正宗》，萬曆27年刊本，卷30〈相法門〉，頁1下～2上，曰：「眉中忽然生長毫，謂之壽毫；然不宜早生，萬金相云，二十生毫三十死，四十生毫命壽長，若四十之上者，三年內遇貴」。《五車拔錦》，萬曆25年序刊本，卷22〈相法門〉，頁2上、2下，「眉部相」曰：「眉有長毫，壽」、「生白毛者，壽」、「眉生旋毛，兄弟同德」、「若有長毫年七十」；頁24下，「何知歌」曰：「何知兄弟生同胞，必是眉頭有旋毛」。

〔註206〕《五車拔錦》，萬曆25年序刊本，卷22〈相法門〉，頁9上，「麻衣相法摘要」。

〔註207〕《三台萬用正宗》，萬曆27年刊本，卷30〈相法門〉，頁20下～21上，「辨氣色歌訣」。

玄武、騰蛇、勾陳六種者，亦有依各不同形狀分爲水波紋、棗核形、圓珠形、草根向上形、草根向下形、雙魚形、粟米一絲、雲行形、粟米散五絲、蠶絲散亂、肇鋒形、弓形、亂髮形、龍頭形、梅花點、龍鱗形、鳳尾形、玉印形、火焰形、連珠形、圓月形、半月形、蠶形、劍刀形等共二十四種〔註208〕。

　　一般認爲，氣色以紅黃爲吉，青黑白屬凶。如司空有紅黃氣如玉印連珠，主受官；食倉刑上有青氣主下獄〔註209〕；三五日或十日內見準頭上黑白色，主孝服及災〔註210〕。氣形則以似祥雲瑞氣的青龍氣爲佳，狀如枯草的騰蛇氣、朝霞印水樣的朱雀氣及形同凝結羊脂的白虎氣爲惡〔註211〕；如中正有青龍如祥雲瑞氣橫貫，主秋陞官至二、三品，六十日內應；若九十日有青龍角起，則官主四品。司空處有騰蛇氣居之，千日內不利。印堂若有朱雀氣則主去職〔註212〕。唯實際情況卻不盡然，氣因不同色與形，在不同時間、不同方位，發生於人身體各不同部位均有其不同意義，不能以一概全。如同爲紅氣，發生於口角者，自身安樂〔註213〕；置於眼下者，望事皆成〔註214〕；然位於左右眉頭則遭公事在官中〔註215〕。又如水波紋氣應於三七日，主陰人財帛；應於四七日，則有水厄血災。棗核形氣應於四時辰，主名聲官祿；應於六八日，則有失職危疾〔註216〕。而眼下若有白虎氣如行雲，屬吉，主大財動〔註217〕。

　　相骨，人之骨節如山岳金石，重峻而不橫，圓而不欲麤，瘦而不露；不論骨起於中正、天中、天庭、司空、印堂、山根、輔角、額角、日角、月角等處，均屬富貴彌壽〔註218〕。其中，最重要的是位於腦後的枕骨，枕骨豐起主吉，且依不同形狀有不同吉事，如三骨皆圓者名三才枕，主使相；四角各一骨聳起，中央亦有聳起者，

〔註208〕《三台萬用正宗》，萬曆27年刊本，卷30〈相法門〉，頁22上～23上，「氣形圖」。
〔註209〕《三台萬用正宗》，萬曆27年刊本，卷30〈相法門〉，頁23下、24上，「雜論應剋及生死候」。
〔註210〕《三台萬用正宗》，萬曆27年刊本，卷30〈相法門〉，頁21上，「辨四季色歌」。
〔註211〕羅玄機，《江湖方術探秘》（唐山市：新疆大學出版社，1994.1），頁62～63。
〔註212〕《三台萬用正宗》，萬曆27年刊本，卷30〈相法門〉，頁20上，「面部骨氣秘訣」。
〔註213〕《三台萬用正宗》，萬曆27年刊本，卷30〈相法門〉，頁21上，「辨口色歌」。
〔註214〕《三台萬用正宗》，萬曆27年刊本，卷30〈相法門〉，頁21下，「辨眼色歌」。
〔註215〕《三台萬用正宗》，萬曆27年刊本，卷30〈相法門〉，頁21下，「辨眉色歌」；頁24上，「雜論應剋及生死候」。
〔註216〕《三台萬用正宗》，萬曆27年刊本，卷30〈相法門〉，頁22上，「氣形圖」。
〔註217〕《三台萬用正宗》，萬曆27年刊本，卷30〈相法門〉，頁22上，「面部骨氣秘訣」。
〔註218〕《五車拔錦》，萬曆25年序刊本，卷22〈相法門〉，頁15下～16下，「骨部相」。

名五岳枕，主封侯；四邊高中央凹者名車軸枕，主公侯；三骨並起者名連光枕，主至二千石或將相之官；其它還有偃月枕、覆月枕、相皆枕、三星枕、崇方枕、圓月枕、垂露枕、玉樽枕、山字枕、疊玉枕、象牙枕、懸計枕、一陽枕等〔註219〕。

此外，痣在相法中亦占重要地位，此可分頭面黑子與身體黑子兩種。前者如：

> 生髮中者富貴，近上者尤極貴，額上有七星者大貴，天中主妨父，天庭主妨母，司空主妨父母，印堂當中主貴，兩耳輪上主慧，耳內主壽，耳珠上主財，眼眩上主作賊，山根上主剋害，山根下主兵死，鼻側病苦死，目上窮困多，眉中主富貴，唇上主利吉，鼻頭上妨害刀厄，鼻梁上屯塞多滯，人口求婦易，口側聚財難，口中主酒食，舌上主虛言，唇畔主破財，口角主失職〔註220〕。

後者如：

> 若兩足底下謂之寶藏，主封侯伯；足指間謂之勞外庫，主多僕使；兩乳上謂之左右倉，主積金帛；兩乳當心謂之福穴，主壽而樂；臍中謂之龍關，主福智生貴子；臍下兩傍謂之左右野，主貴而樂；腹下橫紋兩傍謂之逸堂，主性閑雅富貴快樂；咽喉下近上者謂之天柱，主得人提攜，近下者主傷死；項下謂之勢源，主有威權之吉；胸后骨上謂之壽堂，主多壽〔註221〕。

相法中尚要掌握流年大限等內容，而這部分較為困難〔註222〕。流年主要看面上各部位，如五官中，眉掌二十六至二十九，四年之運；眼主三十至三十五，六年之勢；鼻管三十六至四十五，十年之運；而耳、口亦各有十五年之勢〔註223〕。也有將面部分為三停十三部分，上停掌八、十八、二十八之運；中停掌三二、四二、五二之勢，下停掌五三、六三、七三之福禍〔註224〕。更仔細的是將人面分成九十九個部位，各掌一歲之運程；若能及時把握自然飛黃騰達。如〈流年運氣部位歌〉云：

> 欲識流年運氣行，男左女右各分刑；天輪一二初年運，三四周流至天城；天廓垂珠五六七，八九天輪之上停；人輪十歲及十一，輪飛廓反必相刑；十二十三并十四，地輪朝口壽康寧；十五火星居正額，十六天中骨法成；……
> 九十二三猴結果，九十四五聽雞聲；九十六七犬吠月，九十八九買豬吞；若

〔註219〕《五車拔錦》，萬曆25年序刊本，卷22〈相法門〉，頁11下～13上，「枕骨部相」。

〔註220〕《五車拔錦》，萬曆25年序刊本，卷22〈相法門〉，頁26上～下，「論頭面黑子部」。

〔註221〕《五車拔錦》，萬曆25年序刊本，卷22〈相法門〉，頁27上～下，「身體上下黑子部」。

〔註222〕《五車拔錦》，萬曆25年序刊本，卷22〈相法門〉，頁8上，「麻衣相法摘要」。

〔註223〕《三台萬用正宗》，萬曆27年刊本，卷30〈相法門〉，頁1下、5下、8下、11下、17上。

〔註224〕《五車拔錦》，萬曆25年序刊本，卷22〈相法門〉，頁5上，「識限歌」。

問人生過百歲，頤數朝上保長生；週而復始輪于面，紋痣缺陷禍非輕；限運
併衝明暗九，更逢破敗屬幽冥；又兼氣色相刑剋，骨肉破敗自仃伶；倘若連
逢部位好，順時氣色見無晶；五岳四瀆相朝抱，扶搖萬里任飛騰；誰識神仙
眞妙訣，相談於得世人驚〔註225〕。

除先天長相外，後天姿態亦爲相法不可忽視的重要部分。此可分行、坐、食、
臥等姿態。行姿貴身平穩重，步履闊緩〔註226〕；坐姿重凝然端正，介然如石〔註227〕；
食姿尙斂口詳和〔註228〕；臥姿則以安靜恬然，側臥易覺爲佳〔註229〕。

經由上述各種相身、部位、五官、紋理、毛髮、氣色、骨、痣乃至姿態等細部
觀察後，明清時期民間最企盼的是大貴、大富及彌壽三相，最忌諱的則是貧窮、夭
折、凶惡、刑傷、孤獨等相。而民間日用類書亦將這些吉凶面相以圖示並配合綜合
性文字說明方便人們比對參考。如大富相是：

欲識人間巨富人，腰身端厚福來臨；天倉隆起多財祿，口角珠庭抱兩眉；背
聳三山如負甲，臍深納李腹垂箕；聚金積穀家肥潤，看取牛龜鵝鴨行。

聳聳天庭高廣，盈盈地閣方員；準頭豐正面如蓮，牛步鵝行厚穩；坐似太山
釘石，洪聲肉滑藏筋；堆金積玉富無邊，福壽綿綿悠遠〔註230〕。

而貧窮相則是：

五行不正體偏斜，笑語唇掀露齒牙；頭小額尖頸頂窄，面容憔悴髮交加；悲
聲鳴似猴聲泣，坐若風擺步若蛇；此相應知始終薄，仍須防害破人家。

頭尖額窄神短聲，粗眼露骨槎三停；五獄俱偏斜，鼻竅仰天多詐；身如雞肝
狗肚，面多雜滯無華；此相定知破人家，一生勞碌波查〔註231〕。

其它還有益父母、兄弟和氣及剋妻、剋子乃至剋兄弟等民間之所望與所忌之相〔註232〕。

除一般相法外，相法門中還特別列出婦女及小孩兩項，顯現民間之重子嗣傳
承。其中，婦人相最忌剋夫剋子及淫賤；凡婦人眼下肉枯，額上三橫紋，面大聲雄

〔註225〕 《五車拔錦》，萬曆 25 年序刊本，卷 22〈相法門〉，頁 3 下～4 下，「流年運氣部位
　　　　歌」。
〔註226〕 《五車拔錦》，萬曆 25 年序刊本，卷 22〈相法門〉，頁 21 下～22 下，「行部相」。
〔註227〕 《五車拔錦》，萬曆 25 年序刊本，卷 22〈相法門〉，頁 22 下～23 上，「坐部相」。
〔註228〕 《五車拔錦》，萬曆 25 年序刊本，卷 22〈相法門〉，頁 23 上～下，「食部相」。
〔註229〕 《五車拔錦》，萬曆 25 年序刊本，卷 22〈相法門〉，頁 23 下～24 上，「臥部相」。
〔註230〕 《五車拔錦》，萬曆 25 年序刊本，卷 22〈相法門〉，頁 17 上，「大富相」。
〔註231〕 《五車拔錦》，萬曆 25 年序刊本，卷 22〈相法門〉，頁 18 上，「貧窮相」。
〔註232〕 《三台萬用正宗》，萬曆 27 年刊本，卷 30〈相法門〉，頁 13 下～15 上，「益父母相
　　　　訣」、「剋妻歌」、「剋子歌」、「剋兄弟歌」、「兄弟和氣貴相歌訣」。

顴骨粗，主剋夫剋子〔註233〕。若「女人兩目似流星，見客嘻嘻笑不停，背凜膝搖行步聳」，或「斜倚門兒立，人來側目隨，托腮并咬指，無故整衣衾，坐立頻搖腿，無人曲唱低，推脬與撥牖，停針不語時，未言欲先笑」，均屬淫賤相〔註234〕。相較於剋夫剋子之為天生面相不佳所致，淫賤則多後天姿態不良的結果。

相小孩始自婦人之懷胎，若孕婦面色青黃紫為男胎，兼紅白色乃多子相，若色黑則可能胎子不存〔註235〕。亦有以為孕婦具青赤氣者生男，紅黃氣者生女〔註236〕。小孩出生後不論視身體任何部門，或察其動作姿勢均可斷其日後發展；如初生小兒叫聲連延者，壽；額有旋毛者，早貴；睛大而光，富貴難量；陽大，富壽；而聲絕復揚者，不壽；囟門不合者，八歲防厄；枕骨不成，主亡；頭上髮稀、身上汗血、通身柔軟如無骨、臍大而低、小便如膏或肉色浮慢者，均主夭；五岳有偏者，不吉；早行早坐、啼聲散、早語早齒或頭成四破者，均不成人〔註237〕。

大致而言，相法門內容多屬口訣式的吉凶直斷，人們將各式情況對照文字說明或圖示即可知吉凶好壞，無深奧的學理論說。此門類在明清時期民間日用類書中從未間斷，可見其為民間最受重視而普遍的玄理術數之一，唯其內容刊載仍有一定變化。大體而論，明版民間日用類書的內容最為豐富，不論是各別地相身、部位、五官、骨、紋理、毛髮、氣色、姿態、痣，以及看流年，或專論婦人、小孩，乃至各種吉凶面相舉例及有關相法的長篇詩賦等，均有詳細說明，且多配以圖示方便人們對照了解，如屬基本面相的《五官五嶽六府圖》、《面部三停捷要圖》、《十三部位總圖》、《流年運氣部位圖》，屬痣法的《男子面痣之圖》、《女子面痣之圖》，屬各式吉凶相的《大貴圖》、《大富圖》、《彌壽圖》、《貧窮圖》、《夭折圖》，與論及婦人小孩而附上的《婦人相》、《嬰兒相》等。到清版民間日用類書中，不論是前期三十卷版本或後期二十卷版本，內容均已大量簡化；各別相法中，只保留了相五官、部位、骨及姿態四種，且最重要的是相五官，占篇幅最多，亦有圖示說明，可見其在民間之普遍流行程度；而相部位

〔註233〕《五車拔錦》，萬曆25年序刊本，卷22〈相法門〉，頁24上，「論剋夫剋子秘訣」曰：「婦人眼下肉常枯，面大聲雄顴骨粗；不殺三夫須兩漢，假饒富足待何如」、「女人聲韻太雄剛，不殺三夫定兩郎；剋子剋夫還自剋，定教獨自守空房」；頁22下，「秋月潭說婦人歌」曰：「殺婿三顴面，離夫額不平；欲知三度嫁，女作丈夫聲」；頁14下，「額紋部相」。

〔註234〕《五車拔錦》，萬曆25年序刊本，卷22〈相法門〉，頁23下，「論淫相秘訣」、「論婦人十賤歌」。

〔註235〕《五車拔錦》，萬曆25年序刊本，卷22〈相法門〉，頁24上，「養子秘訣」。

〔註236〕《五車拔錦》，萬曆25年序刊本，卷22〈相法門〉，頁21下，「秋潭先生氣色歌」。

〔註237〕《五車拔錦》，萬曆25年序刊本，卷22〈相法門〉，頁25上，「相嬰兒秘訣」。亦可參看頁24下～25上，「相嬰兒貴賤」。

者僅論及腹部及手部，相骨只有通論性質說明，相姿態則臍下行相部分而已。其餘有關婦人、小孩、各種吉凶面相舉例及相法的長篇詩賦等內容解說，均不若明代版本的詳細豐富，圖示亦僅餘基本面相的《五官六嶽六府》及《流年部位圖》兩種。

三、風　水

　　風水有陽宅與陰宅兩種。明清時期人們對住屋甚爲重視，認爲「宅者，人之根本；從宅中而生，宅旺人榮，宅敗人喪」〔註238〕；而榮華富貴雖命中註定，但風水可使之發生變化〔註239〕，故住屋建築需特別注意乃可趨吉避凶，福壽永得。

　　陽宅建築一般分內形與外形兩部分，內形指住屋基本結構及內在各部分的起造方式，外形則指住屋與外在環境間關係，也含住屋大門與外在景物間關係，而不論是內形或外形均有許多禁忌。

　　有關內形部分，住屋基本構造可分三架屋、五架屋、七架屋及九架屋不等，各式起造時，不論是步柱高度、棟柱高度、每段縱深、間闊等均有一定規範，此不僅關係建築物本身安全與否，且涉及吉凶，如〈推造宅舍吉凶論〉云：

> 造屋其淺，在市井中，人魁之處，或外闊內狹，或內闊外狹，但得隨地基所作。若內闊外側，乃名爲蟹穴屋，則衣食自豐也。其外闊內側，則名爲揪口屋，不爲奇也〔註240〕。

故先確定住屋基本型式乃可起造，而民間日用類書爲方便人們參考應用，均以圖示配上文字及詩訣加以說明。如最普遍的三架屋屬小型屋，切不可高大，「步柱只可高一丈零一寸，棟柱高一丈二尺一寸，段深五尺六寸，間闊一丈一尺一寸，次間一丈零一寸」，如此造屋才能左右相稱；其相應詩訣爲「凡人創造三架屋，般尺須尋吉上量；闊狹高低依此法，將來必出好兒郎」〔註241〕。五架屋規模較大，「步用一丈零八寸，仲高一丈二尺零八寸，棟高一丈五尺零一寸，每段四尺六寸，中間一丈三尺六寸，次闊一丈二尺一寸，地基闊狹則在人加減」；相應詩訣爲「三間五架屋偏奇，按白量材實利宜；住坐安然多吉慶，橫財入宅不拘時」〔註242〕。配合不同架式住屋

〔註238〕《三台萬用正宗》，萬曆27年刊本，卷34〈營宅門〉，頁1上，「營造宅經」。

〔註239〕《萬寶全書》，崇禎元年刊本，卷24〈營造門〉，頁2上，「相宅鬼靈經」曰：「富貴榮華本有由，人皆只可命中求；……興衰福禍甚分明，但看人家富足財，皆因吉水入門來」。

〔註240〕《三台萬用正宗》，萬曆27年刊本，卷34〈營宅門〉，頁8下，「推造宅舍吉凶論」。

〔註241〕《五車拔錦》，萬曆25年序刊本，卷16〈瑩宅門〉，頁1下～2上，「三架屋連一架格式」。

〔註242〕《五車拔錦》，萬曆25年序刊本，卷16〈瑩宅門〉，頁2上～下，「五架屋拖後架格

的房子間數也有不同，當時以爲造屋間數如爲一間、四間、六間、八間均凶，三間、五間、七間、九間均吉，二間則自如〔註 243〕。

　　正式起造住屋時，自當對建築基本概念有所了解；於是，民間日用類書從對被奉爲營造之神的魯班之介紹開始，到丈量土地用的定盤眞尺格式及丈量方式、造門用的魯班眞尺及曲尺的說明應用、使住屋平穩的斷水平法、如何畫起屋樣及實例，乃至起造的順序步驟等，均以文字配合圖片詳細說明。如定盤眞尺使用方法是：

　　　　凡創造屋宇，先須用平坦地基，然後隨大小闊狹，安磉平正，平者穩也。次用一件木料（長一丈四五尺，有短，長短在人，用大四厚二寸中立表），長短在四五尺內實用，壓曲尺端正兩邊，安八字射中心（上繫一線，重下吊石墜，則爲平正直也，有實樣可攳）。

旁附圖示並有詩訣：「世間萬物得其平，全仗權衡及準繩；創造先量基闊狹，均分內外兩相停。石磉切須安得正，地盤先且鎭中心；定將貢尺分平正，良匠當依此法眞」〔註 244〕。而魯班眞尺及其使用法則爲：

　　　　魯班尺乃有曲尺一尺四寸四分，其尺間有八寸一寸，堆曲尺一寸八分，內有財病離義官劫害吉也。凡人造門，用依尺法也，假如單扇門小者，開二尺一寸，壓一白般尺在義上；單扇門開二尺八寸，在八白般尺合吉上。雙扇門者用四尺三寸一分，合三綠一白則爲本門在吉上；如財門者用四尺三寸八分，合財門吉。大雙扇門用廣五尺六寸六分，合兩白又在吉上。今時匠人則開門闊四尺二寸，乃爲二黑，般尺又在吉上，及五尺六寸者，則吉上，二分加六分，正在吉中爲佳也。皆用依法，百無一失，則爲自匠也〔註 245〕。

旁並有圖示及魯班尺各字含義詩訣，如量到財字是：

　　　　財字臨門仔細詳，外門招得外財良；若在中門常自有，積財須用大門當。
　　　　中房若合安於上，銀帛千箱與萬箱；木匠若能明此理，家中福祿自榮昌。

病字是：

　　　　病字臨門招疫疾，外門神鬼入中庭；若在中門逢此字，災須輕可免危聲。
　　　　更被外門相照對，一年兩度送屍盧；於中若破無凶禍，廁上無疑是好親

式」。

〔註 243〕《五車拔錦》，萬曆 25 年序刊本，卷 16〈塋宅門〉，頁 1 上，「造屋間數吉凶例」。

〔註 244〕《三台萬用正宗》，萬曆 27 年刊本，卷 34〈營宅門〉，頁 3 下〜4 上，「地盤眞尺格式」。

〔註 245〕《三台萬用正宗》，萬曆 27 年刊本，卷 34〈營宅門〉，頁 5 下〜6 上，「魯班眞尺詩訣」。

〔註246〕。

　　正式起造房屋，須擇吉日動工並祭魯班仙師，尤其是上梁時特別重要，有專門的祭神禱文〔註247〕。而有關支撐屋宅者，不論是選料、架木、作柱等均有種種忌諱以求吉避禍；如桑樹不宜作屋木，死樹不宜作棟樑〔註248〕。凡起新屋，防木匠放木筆於尾柱上，令人家不吉；更防有倒木作柱，令人不吉。桁梁須以木頭朝柱，主大吉；蓋尾、布椽不得當柱頭梁上著，須兩邊騎梁著，即不得以小厭大也〔註249〕。

　　除住屋建築基本起造法則外，住屋其它部分，不論是井（包括水井與天井）、灶、廳堂、庭軒、樓、廁、溝瀆、倉廄、牛欄、羊棧等部分，在建築時及修成後亦均有一定規範與禁忌。如水井的開鑿，不得在廳內、房前或主人堂後〔註250〕，不得開井於灶邊，令井、灶相看或使井北灶南，此均屬不祥〔註251〕。鑿井當選在寅方，主長壽，或卯辰巳之方，主富貴，其餘則凶〔註252〕。開井處若近江近海，須擇江風順日開，可吹江水入泉，脈必甘；若海風順日開，則吹海水入泉，脈必鹹；而為配合順風吹江水，如江在井之西南方，一有西南風則立鑿之〔註253〕。井開成後，取東向三百六十步內覓一青石，酒煮之放井中；或以鉛十餘斤填之，水可清而甘；逢清明日須淘井為新。此外，井畔栽桃使物業荒；男子越井招口舌意外災；露井窺之損壽；古井塞之耳聾目盲等等，都是要特別小心而警惕的〔註254〕。

　　若在四向堂屋有二天井，似日、月，如屋有眼、目，主大發少災；若僅有一天井，亦發，只是多出患眼，及損少丁、少婦。天井以方形為上，不可直長，主喪禍。同時，天井不得栽花木、置花欄，主淫佚及病痛。若天井停水不出，則有父子相拗、下濕腸風之疾，或漏肛傷孕之厄〔註255〕。

　　灶掌家中炊食之事，由灶神負責，須特別謹慎小心，馬虎不得。凡於廳屋安灶者，主有災殃。修灶之法，長七尺九寸，上象北斗，下應九州；廣四尺，象四時；

〔註246〕　《三台萬用正宗》，萬曆27年刊本，卷34〈營宅門〉，頁6上，「魯班真尺詩八首」。
〔註247〕　《三台萬用正宗》，萬曆27年刊本，卷34〈營宅門〉，頁8上，「凡伐木剋擇日辰興工」；頁1下～3下，「人家起造立木上梁式」、「請設三界地主魯班仙師文」；頁19下～20下，「木匠上梁致語」。
〔註248〕　《三台萬用正宗》，萬曆27年刊本，卷34〈營宅門〉，頁3下，「屋舍」。
〔註249〕　《五車拔錦》，萬曆25年序刊本，卷16〈瑩宅門〉，頁25上～26上，「論屋舍」。
〔註250〕　《三台萬用正宗》，萬曆27年刊本，卷34〈營宅門〉，頁6下～7上，「井灶」。
〔註251〕　《萬寶全書》，崇禎年間刊本，卷26〈營造門〉，頁616，「論井灶經」曰：「井於灶邊，虛耗年年。井灶相看，主男女之內亂。井灶不可令相見。井北灶南家忤逆」。
〔註252〕　《三台萬用正宗》，萬曆27年刊本，卷34〈營宅門〉，頁7下，「穿井吉方」。
〔註253〕　《五車拔錦》，萬曆25年序刊本，卷16〈瑩宅門〉，頁27下，「論井灶」。
〔註254〕　《萬寶全書》，崇禎年間刊本，卷26〈營造門〉，頁615、616，「論井灶經」。
〔註255〕　《萬寶全書》，崇禎年間刊本，卷26〈營造門〉，頁617，「論天井經」。

高三尺，象三才；口闊一尺二寸，象十二時；安兩釜，象日月突；大八寸，象八風。修造時須備新磚，先除地面上土五寸，再取下面淨土井水合泥。灶面向西向南吉，向東向北凶。灶修成後，須對之敬重有加，故刀斧不宜安灶上；巓箕、糞土不得放灶前；當然亦不得在灶堂無禮，或在灶前吟詠及歌唱；女子不可跂灶；不可以灶火燒香；更不可踐壞灶；一到午夜，灶須絕燒煙火，因午夜乃后帝、灶君交會之時宜避而安之〔註256〕。

廳堂除前述避免與井、灶相衝外，廳堂南向坐、當門或臥榻均要小心〔註257〕；但堂前有榴樹則吉〔註258〕。又私居廳堂不必廣大，應避免單棟，恐招內政預事；而有廳無堂，則孤寡難當〔註259〕。廳堂前可植樹得吉，但庭軒內植樹，則恐招疾病、散財等災禍〔註260〕。又居宅造樓切忌近街頭，且樓低屬吉，樓高則凶；而只有榮貴者乃可築高重之門樓〔註261〕。

臥房內當頭處莫置櫃，房門兩壁莫開窗〔註262〕。臥室內當令潔盛，盛則受靈氣，不盛則受故氣之亂人屋宇，如此則所為不成，所作不立；人身亦同，故當數洗沐潔。又臥床當有足夠的高度，高則地氣不及，鬼氣不侵〔註263〕。

廁為排泄之處，民間以為有廁神郭登掌理，屬大殺將軍，不可觸犯，其能賜人災福，故當虔誠祭祀並小心應對。如如廁前三、五步應咳嗽兩、三聲，若廁神在內即可自然迴避。凡男子上廁不得科頭跣足，若有此行為，則遭牢獄之災。灶灰撒廁招官事；以灰棄廁中致不潔，令家貧且有大凶。凡置新廁即該清除舊廁，舊廁內糞盡除之，否則遭殃禍；平時廁中亦應保持清潔，若生蛆可以縛菜一把投廁中即除之〔註264〕。而溝渠應時時通浚，使屋宇潔淨無穢氣，乃不生瘟疫病；堵塞溝瀆，令人目暗〔註265〕。

〔註256〕《三台萬用正宗》，萬曆27年刊本，卷34〈營宅門〉，頁7上～下，「井灶」。

〔註257〕《萬寶全書》，崇禎年間刊本，卷26〈營造門〉，頁618～619，「論門戶經」曰：「正堂南向坐，有異事。當門勿安臥榻，不利」。

〔註258〕《五車拔錦》，萬曆25年序刊本，卷16〈瑩宅門〉，頁26上，「論廳堂」。

〔註259〕《五車拔錦》，萬曆25年序刊本，卷16〈瑩宅門〉，頁26上，「論廳堂」；《萬寶全書》，崇禎年間刊本，卷26〈營造門〉，頁618，「論廳堂經」。

〔註260〕《萬寶全書》，崇禎年間刊本，卷26〈營造門〉，頁617，「論庭軒經」曰：「大樹近軒，疾病連綿。人家種栽中庭，一月散財千萬。中庭種樹主分張。庭心樹木名閑困，長直庭心主禍殃」。

〔註261〕《萬寶全書》，崇禎年間刊本，卷26〈營造門〉，頁618，「論樓經」。

〔註262〕《萬寶全書》，崇禎年間刊本，卷26〈營造門〉，頁618，「論房室經」。

〔註263〕《三台萬用正宗》，萬曆27年刊本，卷34〈營宅門〉，頁4下～5上，「房室」。

〔註264〕《三台萬用正宗》，萬曆27年刊本，卷34〈營宅門〉，頁8上～下，「廁」。

〔註265〕《三台萬用正宗》，萬曆27年刊本，卷34〈營宅門〉，頁8下、9上，「溝瀆」。

至於置放穀物及牲口的倉廒、牛欄及羊棧之建築亦有規範。如造倉廒之法有圖示，而文字說明爲：

> 用術士選擇吉辰，與工匠人先將一好木爲柱，安向北方合墨。匠人卻歸左邊立，執斧向内斫入則吉，或大小長短高低闊狹皆用按二黑；雖然留下十寸八白，則各有用處，其他者合白，但與做倉廒不同，此用合二黑則鼠耗不侵，此爲正例〔註266〕。

禾倉背後若有房，名爲疾病山；連年困病不離床，癆瘵反成黃。而人家房畔有禾倉，寡母作中堂；丈母縱有當宅出，卻宜行藥術〔註267〕。

民間以爲牛、羊爲天神降之助人耕種者，故其住居必要選擇吉時吉向吉地並配合一定規範修建，尤其是牛欄，如〈五音造牛攔法〉即云：

> 夫牛者本姓李，原是大力菩薩切見凡間人力不及，特降天牛來助人力。凡造牛攔者，先須用術人揀擇吉方，切不可犯倒攔殺及刀砧殺、牛皇殺。用左畔是坑右畔是田，主生牛犢必得長壽〔註268〕。

而實際內容包括不得於空亡日建牛欄，犯者牛必亡；癸日亦不堪起造，易起牛瘟；最佳選擇應爲三月初一及九月初一的牛神出欄及歸欄大吉日。方位上，則春天修建忌亥子位，夏月築於寅卯方，秋日勿逢巳，冬時勿申西〔註269〕。地點方面，除前述的左畔坑右畔田外，還不得當人屋前，宜對草山，且欄前不可有巨石、大水窟，欄邊切忌污溝，欄後不堪有行路等〔註270〕。

有關住屋與外在環境間關係，此包括住屋之地形、地勢及四周景物三部分。就地形而言，凡宅屋地形卯酉面不足仍可居；若子午不足，居之大凶〔註271〕；子丑不足，居之口舌；而住屋形屬南北長東西狹者吉；若屬東西長南北狹者，則先凶後吉〔註272〕。

地勢方面，凡陽宅地勢以平坦、前低後高、東低西高及左低右高爲吉。宅地平坦名曰梁土；四面高中央低名曰衛土，居之先富後貧。東低西高名曰魯土，居之富

〔註266〕《三台萬用正宗》，萬曆27年刊本，卷34〈營宅門〉，頁19上。
〔註267〕《萬寶全書》，崇禎年間刊本，卷26〈營造門〉，頁633，「倉房歌」；頁636，「禾倉後作房間式」。
〔註268〕《三台萬用正宗》，萬曆27年刊本，卷34〈營宅門〉，頁19上，「五音造牛攔法」。
〔註269〕《三台萬用正宗》，萬曆27年刊本，卷34〈營宅門〉，頁20上，「定牛入攔刀砧殺詩」、「起攔日辰」、「占牛神出入」。
〔註270〕《三台萬用正宗》，萬曆27年刊本，卷34〈營宅門〉，頁19下。
〔註271〕《萬寶全書》，崇禎年間刊本，卷26〈營造門〉，頁614，「住宅辨疑論」。
〔註272〕《五車拔錦》，萬曆25年序刊本，卷16〈瑩宅門〉，頁24下，「論屋舍」。

貴，當出賢人，可富貴雄家；而東高西低則生氣降。左低右高，男子榮昌，陽宅吉，陰宅不強；左高右低，陰宅豐家，陽宅非吉，主必奔逃。前高後低名曰楚土，居之凶，主絕無門戶，孤兒寡婦，且男子懶惰，女子淫奔，長幼昏迷；前低後高名曰晉土，居之吉，主多牛馬，且世出英豪〔註273〕。宅居山谷需要藏風，若在平陽先須得水；且土有餘當闢之，山不足則培之〔註274〕。

地勢高低亦涉及住居濕度與光度問題，大致而言，住宅應以洪潤有光澤為佳，乾燥無光澤者凶；但宅中亦不可聚水汪汪，養蠶桑難得。且居處必須周密，勿令有細隙，致有風氣入出；查覺有風，切勿強忍，久坐必須急避之；凡風吹不著，即無病痛服藥之事〔註275〕。又屋高則陽盛而明，但天地之氣，有亢陽之攻肌，淫陰之侵體，故均須慎防之。改善之道可以窗、簾調節，即四邊之窗，遇風闔之，風息則開；居室太明則下簾以和其內映，太暗則捲簾以通其外〔註276〕。

至於住宅與四周景物間關係，是陽宅中最重要部分，在民間日用類書所占篇幅最大，除基本原則介紹外，還有許多各別的圖文實例說明。

就基本原則而言，陽宅四周最佳景物為左有流水、右有長道、前有汙池、後有丘陵，此謂之左青龍、右白虎、前朱雀、後玄武，乃最貴之地；若無此相，可以植樹補救，東種桃柳，西種栀榆，南種梅棗，北種奈杏；但宅東有杏凶，宅北有李凶，宅西有桃為淫邪，有柳為被刑戮；惟宅東種柳益馬，宅西種棗益牛，中間有槐富貴三世，宅後有榆百鬼不近。又住宅四圍竹木青翠則進財，然不可多種芭蕉，俗云會引鬼，婦人得血疾。而宅四周樹木須向宅乃吉，背宅則凶。凡宅東有流水達江海吉，東有大路貧，北有大路凶，南有大路富貴。宅宜居宮觀、仙居側近之處，主益壽延齡，人安物阜；不宜居當衢口處、塔塚、寺廟、祠社、爐冶及故軍營戰地方；亦不宜草木不生處、正當流水處、山有衝射處，及大城門口、獄門、百川口處，乃至古路靈壇、佛前神後、水田爨灶之所〔註277〕。

至於圖文說明的實例部分，則主要指出各式禁忌，包括應對於山、樹、石、土堆、水路、屋、明堂、井、池塘、牛欄、廟等物而言。其中，禁忌最多的是應對於各種不同的屋，如「左右兩屋低，中高白衝天，名曰扛屍屋」；「若見人家四屋夾，

〔註273〕《五車拔錦》，萬曆25年序刊本，卷16〈塋宅門〉，頁24上～下，「論屋舍」；《萬寶全書》，崇禎年間刊本，卷26〈營造門〉，頁611～615，「住宅辨疑論」。

〔註274〕《五車拔錦》，萬曆25年序刊本，卷16〈塋宅門〉，頁22上，「通論山水」。

〔註275〕《五車拔錦》，萬曆25年序刊本，卷16〈塋宅門〉，頁24下～26上，「論屋舍」。

〔註276〕《三台萬用正宗》，萬曆27年刊本，卷34〈營宅門〉，頁3下，「屋舍」。

〔註277〕《五車拔錦》，萬曆25年序刊本，卷16〈塋宅門〉，頁23下～26上，「論屋舍」；《三台萬用正宗》，萬曆27年刊本，卷34〈營宅門〉，頁4上，「屋舍」。

中間天井埋兒殺，當招產難及招瘟，眼疾紛紛氣疾發」；「東西若有贅敖屋，招妻其家常泣哭，此爲扛屍殺主凶，孤寡少亡死不足」；「背後小屋直射中，定斷其家主暗凶，更招橫斜從天降，不然主損掌家公」；「此個樓房在右邊，小兒孤寡鬧喧天，血財盡死招官事，父出軍丁子向前」；「此個樓房在左邊，長房孤寡哭少年，瘟房疾瘵并心氣，吐血傷亡外死眠」；「左邊空屋三五間，長房死了返中房，生離死別人遊蕩，兄弟相爭上法場」；「白虎空房三五間，喚作生離死別山，退田退地招官事，內返冤家甚日還」等等〔註278〕。

住屋大門是陽宅中頗爲特殊的一環，除本身屬建築物部分構造外，亦與外在環境相關連，故其既要注意建築本身的禁忌，亦須防範外在景物的衝剋。前者如〈新創屋宇開門法〉云：

> 自外正大門而入，次二重則就東畔開吉門，須要鉤曲，不宜大直；內門不可較大，外門依此例；凡人家外大門切不可被人家屋棟對射，主家不祥也〔註279〕。

庚寅日不可作門；門以栗木爲關者，夜可以遠盜〔註280〕。門棟柱不著地，無家長；大門十柱，小門六柱，皆要著地乃吉〔註281〕。棟柱空蛀，家長聾盲。門塞棟柱，家憂，俱退財破田，血畜耗妒。門裝虛坐，頻招瘟火。門壁有窗招橫事，且住屋居向巽方者，門及隙穴、開窗之類，立有災害。凡造屋切忌先築墙，圍并外門主難成〔註282〕。東北開門，多招怪異事。門左右不可安神堂，主三年一哭。重重宅戶，三門莫相對〔註283〕。而崇禎年間版本的《萬寶全書》更刊有〈相門經〉部分，列出圖文解說的十餘種造門禁忌以爲民間應用〔註284〕。

至於大門與外在景物間關係，可分樹、水、路及建物數種。如門前青草多愁怨，正門前不宜種柳，門外垂柳非吉祥；大樹當門，鑼鼓天瘟；空心大樹在門前，婦人癆病叫皇天。門口水坑，家破伶仃；門被水射，家散人啞，又主悖逆子孫；門中水出，財離冤屈；門著井水，家招邪鬼；門前水路捲向前，家中淫亂不堪言；門前水分八字圖，賣盡田園離鄉土；門前三塘及二塘，必啼孤子寡母娘；屋門前二口塘，

〔註278〕《五車拔錦》，萬曆25年序刊本，卷16〈瑩宅門〉，頁9下、10下、12上、13上、16上、17上，「撥砂圖吉凶詩斷」。

〔註279〕《五車拔錦》，萬曆25年序刊本，卷16〈瑩宅門〉，頁6上，「新創屋宇開門法」。

〔註280〕《萬寶全書》，崇禎年間刊本，卷26〈營造門〉，頁618、619，「論門戶經」。

〔註281〕《萬寶全書》，崇禎年間刊本，卷26〈營造門〉，頁613，「住宅辨疑論」。

〔註282〕《五車拔錦》，萬曆25年序刊本，卷16〈瑩宅門〉，頁27上～下，「論門戶」。

〔註283〕《萬寶全書》，崇禎年間刊本，卷26〈營造門〉，頁614，「住宅辨疑論」；頁619，「論門戶經」。

〔註284〕《萬寶全書》，崇禎年間刊本，卷26〈營造門〉，頁625～628，「相門經」。

主家人常疾病；門前忌有雙池，為之哭字，頭西有池為之白虎開口，皆忌之。墻頭衝門，常被人論；神社對門，常病時瘟；糞屋對門，癧癰長存；倉口向門，家退遭瘟；門前直屋，家無餘穀；大屋門前有小屋，家中錢財多不足〔註285〕。而崇禎年間版本的《萬寶全書》還有〈相路形經〉部分，圖文並茂地指出二十餘種路形禁忌提醒人們注意〔註286〕。

至於陰宅選擇，由於相信「氣」乃使「胎息孕育，神變化，以無窮生旺」，且令「地靈人傑，氣化形生」，故墓葬須「乘生氣」〔註287〕。而要找到有「氣」之地則須透過觀形勢，此可分龍、穴、砂、水等部分的觀察；龍指得是山脈形勢，穴為山、地氣脈的聚結處，砂是對穴前後左右諸山的總稱，水則為穴地前面的流水〔註288〕。陰宅選擇時即以此四項為準，冀透過尋龍、察砂、觀水、點穴之舉，能覓得生氣流動的山脈、穴地背側左右山勢重疊環繞、穴地前面有水抱流及生氣凝聚著的吉穴位置，即所謂的龍真、砂環、水抱、穴的之絕佳陰宅〔註289〕。

在實際方法上，須多看實景乃可累積經驗〔註290〕。而其步驟，首先是尋龍。尋龍首要尋祖宗父母山，即諸山起源之處。風水中認為中國山脈以崑崙山為祖，由崑崙山下生諸脈蜿蜒向東，並依黃河、長江二水區隔分為三大幹系，稱北龍、中龍與南龍。各系地理形勢不一，自然人文景觀亦有異；如北龍是「高山大隴峰多尖，不似平原一錐卓；行行退卸大散關，百二山河在彼間；大纏大護到函谷，水遶黃河為缺環；低平漸漸出熊耳，萬里平陽漸如底」。此種自然環境孕育出的人文景觀是風俗強悍不出文，「生兒五歲學騎射」，故「自古英雄出西北」。中龍則是「黃河在北大江南，兩水夾行勢不絕；行到青齊忽起峰，兗州東岳插天雄；分枝擘脈鍾靈氣，聖賢多在魯邦中」。而

南龍高枝過庾頂，黑鐵二山雪峰盛；分出秦川及漢川，五嶺分星又相連；山

〔註285〕《五車拔錦》，萬曆25年序刊本，卷16〈塋宅門〉，頁8下〜9上、12下、14下、15上〜下、18下、27上〜下，「撥砂圖吉凶詩斷」；《三台萬用正宗》，萬曆27年刊本，卷34〈營宅門〉，頁6上，「門戶」；《萬寶全書》，崇禎年間刊本，卷26〈營宅門〉，頁614，「住宅辨疑論」。

〔註286〕《萬寶全書》，崇禎年間刊本，卷26〈營造門〉，頁619〜636，「相路形經」。

〔註287〕《五車拔錦》，萬曆25年序刊本，卷16〈塋宅門〉，頁11下〜12上，「新增雪心賦摘要」。

〔註288〕洪丕謨，《中國風水研究》（不明出版地：湖北科學技術出版社，1993.6），頁307〜309。

〔註289〕妙摩、慧度，《中國風水術》（北京：中國文聯出版公司，1993.5），頁70〜73。

〔註290〕《五車拔錦》，萬曆25年序刊本，卷16〈塋宅門〉，頁18下，「論剋擇」曰：「迨尋仙跡，看格尤勝看書；奉勸世人，信耳不如信眼」、「勸君且去覆古墳，勝讀千捲撼龍文」。

行有斷脈不斷，有至江陰大海邊；海門旺氣連閩越，南龍支壟交相連；此是
海門南脈絡，貨財文武交相錯〔註291〕。

尋祖宗父母山即是先釐清所審山脈所屬之幹系，以掌握主龍之源，且凡「祖宗聳扷
者，子孫必貴」〔註292〕。此外，山脈有同幹而異枝者，故尚須別幹枝。《龍經》云：

大凡尋龍要識幹，莫道無枝又無換；假如不識枝幹龍，每見幹龍多蔓延；不
知幹長纏亦長，外州外縣山爲伴。又曰，枝上節節星辰異，幹上時時斷復斷；
分枝劈脈散亂去，幹中有枝枝有幹；雖然識枝幷幹，長作京都短作縣〔註293〕。

接著是觀勢察形定吉凶衰旺。龍有勢有形，群山起伏形狀乃勢，宜探遠觀法辨
別；單山具體形狀乃形，適用近觀法察看。觀龍勢可以雲氣爲憑，如《龍經》云：

尋龍望勢須尋脈，雲霧多先在龍春；春夏之交有二分，夜望雲霓生處見，雲
霓光生絕高頭，此是龍樓寶殿定。山脊微茫雲自生，霧氣如靈反難証；先尋
霧氣識正龍，卻是眞龍觀遠應〔註294〕。

而觀龍勢須登高峰乃可辨明，且往往與水合觀之；

太華仙人論主龍，請君舉步上高峰。大山高聳眞龍祖，或然生石是龍宗；或
是石山奇怪聳，或如執笏在雲中；春筍筆架如乂起，屏風頓鼓曜馬奔；火焰
仰踞尖尖去，便如眞龍無力雄；眞君垮兄下中穴，有鬼前頭便是龍；大底怪
形須有對，無對還須有水城；無對後龍看六吉，羅城水口要山關；識得眞形
幷怪穴，何愁無地不富更無官〔註295〕。

察龍形是細看單山形似何物，以之斷吉凶好壞。此除以動物比擬，如龍鳳牛馬
等外〔註296〕，普遍分爲五星說與九星說。五星說受五行影響，將山形分成金、木、
土、水、火五種；其中，圓山爲金，直山爲木，曲山爲水，尖山爲火，方山爲土。
九星說則受《洛書》九宮影響，分山形爲貪狼、巨門、祿存、廉貞、文曲、武曲、
破軍、左輔、右弼九種，各種形狀分別是：

貪狼頓笏筍出生，巨門走馬屏風列，文曲排衙似柳枝，惟有祿存豬屎節，廉

〔註291〕《五車拔錦》，萬曆 25 年序刊本，卷 16〈塋宅門〉，頁 1 上～2 上，「總論華夷山
　　　　脈」。
〔註292〕《萬寶全書》，崇禎元年刊本，卷 29〈地理門〉，頁 13 下，「右言地理宗旨」。
〔註293〕《萬寶全書》，崇禎元年刊本，卷 29〈地理門〉，頁 13 下～14 上，「右言地理宗
　　　　旨」。
〔註294〕《五車拔錦》，萬曆 25 年序刊本，卷 16〈塋宅門〉，頁 15 下～16 上，「論水法」。
〔註295〕《三台萬用正宗》，萬曆 27 年刊本，卷 35〈地理門〉，頁 16 上～下，「主龍論」。
〔註296〕《五車拔錦》，萬曆 25 年序刊本，卷 16〈塋宅門〉，頁 21 上，「論砂水不得方位」。

　　　　貞梳齒掛破衣，武曲饅頭團更凸，破軍破傘拍板同，輔弼雌雄如滿月〔註297〕。（圖4-2-3）其中，五星說以火（尖）山、金（圓）山、土（方）山爲佳，九星說則以貪狼、巨門、武曲爲好，此稱三吉〔註298〕。除以山形定吉凶而加以選擇之原則外，亦有強調凶山之禁忌提供人們注意，如墓穴之山有所謂的五不葬者，即草枯水死的童山、形勢中斷的斷山、俱石木硬土的石山、沒有氣勢的過山，以及形孤穴露，無護送無界限的獨山〔註299〕。

　　事實上，觀龍若得當，甚至可由此推求子孫後代官品高下，如「天乙太乙侵雲霄，位居臺諫；天乙太乙木火二星，禽星獸星居水口，身處翰林」等〔註300〕。

　　主龍四周須有幕帳，要能前迎後托，兩邊有護有抬才是吉地；而這就需要有砂來配合。墓穴四周之砂可分左青龍、右白虎、前朱雀、後玄武，亦可因上、下風勢分爲上砂與下砂。察砂先觀砂形，此亦有五星之說，而其察法除如觀龍般地看單座山的山形定吉凶外，亦看群山山形之互配與否；而單座山形屬吉者，兩兩相見結果可能有吉有凶；單座山形若爲不佳，兩相配合結果也可能是吉而非凶。此往往以五行生剋定吉凶標準〔註301〕，如金星吉、水星不佳，但金星配水星吉，因「金星蓋水勢高昂，將軍職顯迎君王；低小秀才人美貌，爲官一舉入朝門」、「水星秀麗蓋金鑾，少年科甲做文官；若然低小還安者，便出文章舉子看」〔註302〕；而金星吉、火星吉，然金星配火星則凶，因「金星下火勢高強，蛟潭寺觀廟壇場；此星定是遭瘟火，打劫徒流走外鄉」、「火金相剋主瘟瘟，公訟投軍出遠鄉；但立社壇神廟吉，扦穴便敗主人亡」〔註303〕。

　　其次，觀左右前後，亦即青龍、白虎、朱雀、玄武各不同位置山狀況。以前山朱雀而言，如：

　　　　朱雀如杖橫，衛職奉公庭。朱雀突出嘴，口舌頻頻至。朱雀入雲霄，金榜占龍

〔註297〕《三台萬用正宗》，萬曆27年刊本，卷35〈地理門〉，頁7上，「九星總式歌」。

〔註298〕《五車拔錦》，萬曆25年序刊本，卷16〈塋宅門〉，頁16上，「論水法」；頁19上，「論仙跡祖墳」。

〔註299〕《萬寶全書》，萬曆42年序刊本，卷20〈塋宅門〉，頁11下，「五不葬圖」。

〔註300〕《五車拔錦》，萬曆25年序刊本，卷16〈塋宅門〉，頁21上，「論砂水不得方位」。

〔註301〕《三台萬用正宗》，萬曆27年刊本，卷35〈地理門〉，頁1上，「登山決疑賦」曰：「五星轉換要分明，大抵相生要不剋，莫叫相剋誤」。

〔註302〕《三台萬用正宗》，萬曆27年刊本，卷35〈地理門〉，頁2下，「金星變」；頁4下，「水星變」。又頁5下～6上，「五星妙斷」曰：金星「若逢水星□□□，富貴雙全人可羨」。

〔註303〕《三台萬用正宗》，萬曆27年刊本，卷35〈地理門〉，頁2下，「金星變」；頁5上，「火星變」。

頭。朱雀直橫長，必定損妻房。朱雀似人眠，癆疾世相傳。朱雀如堵垣，牢獄事牽連。朱雀如圓月，富貴人傳說。朱雀彎弓勢，銀帶羅衫位。朱雀如連珠，家門慶有餘。朱雀如瓜瓠，財帛來無數。朱雀疊疊高，世代出英雄〔註304〕。

圖4-2-3《三台萬用正宗》，萬曆27年刊本，卷35〈地理門〉，頁6下～7上。

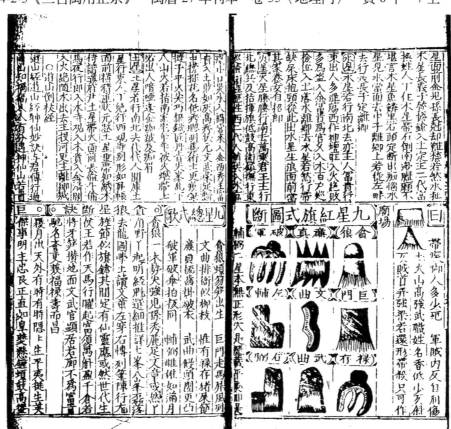

而左右的龍虎部分，亦有種種不同類型，如：

龍虎兩平正，富貴天然定。龍虎似樓船，典質放生錢。龍虎灣弓轉，發福錢糧長。龍虎兩分飛，父子各東西。龍虎似連珠，家門慶有餘。有龍無虎應（外山湊成不忌），在外死亡定。有龍若無虎，家中無宅母。有虎若無龍（外山湊成不忌），長子受孤窮。龍虎兩純和，才子必登科。龍虎皆直出，兒孫拋父母。龍虎兩尖射，兒孫遭樹打。龍長若虎短，買田并買產〔註305〕。

〔註304〕《五車拔錦》，萬曆25年序刊本，卷16〈塋宅門〉，頁23上～下，「新增朱雀斷法」。

〔註305〕《五車拔錦》，萬曆25年序刊本，卷16〈塋宅門〉，頁24上，「新增龍虎斷訣」。

其它還有觀後山玄武的〈新增玄武斷訣〉，及綜觀各砂的〈新增雜砂斷法〉、〈登山決疑賦〉、〈貴砂與歇砂斷〉、〈望龍斷貴〉、〈賓主論〉、〈左右論〉等內容解釋〔註306〕。同時，為使人們了解實際狀況並方便參考利用，民間日用類書中並刊出圖示，旁配簡易文字說明；如《五車拔錦》即列出三十六種不同圖示，而《三台萬用正宗》則有高達一百多幅圖例〔註307〕。

就觀水而言，墓穴四周除要有山圍繞，還須有水環抱，而水往往與龍關係密切。「大凡吉凶皆在水，須憑水勢去尋龍，送龍之水左右夾，真氣不散出英雄，夾到龍頭盡處是，龍盡水盡是真龍」〔註308〕。又「一起一伏斷了斷，到頭定有奇蹤；九灣九曲回復回，下手便尋水口。山外山稠疊補缺，嶂空水橫欄；弓員弩滿緊夾者，發不旋踵」〔註309〕。

觀水先看水口，水口分水流入處與水流出處，前者稱天門，後者稱地戶。水口處最好有護衛，若「迎水火星左捍門，長房一發旺兒孫；迎木火星右捍門，小房錢穀遍鄉村」〔註310〕；「水城口闊沒關攔，財來財去受艱難」〔註311〕。

其次，審水域及水的具體形狀與流向。就水域而言，此亦可依五行之法分金、木、土、水、火五種，其中，「木城打棒火燒死，水主顛邪淫亂胎，金返射來遭賊死，土返黃腫屋場災，火城交木吊喉死」〔註312〕；且彼此也有生剋吉凶之分〔註313〕。至於水的具體形狀及流向則種類甚多，如：

> 朝來之水入滔滔，曲折生蛇福更多。雙朝左右學堂水，文職兒孫著錦袍。一水朝來平慢至，太（大）為官職小田禾。水城一穴恰如弓，代代榮華產稅豐，

〔註306〕《五車拔錦》，萬曆25年序刊本，卷16〈塋宅門〉，頁22下～23上，「新增玄武斷訣」；頁25下～26上，「新增雜砂斷法」。《三台萬用正宗》，萬曆27年刊本，卷35〈地理門〉，頁1上～2下，「登山決疑賦」；頁2下～3上，「貴砂與歇砂斷」；頁3下～4上，「望龍斷貴」；頁13下～14上，「賓主論」；頁14上～下，「左右論」。

〔註307〕《五車拔錦》，萬曆25年序刊本，卷16〈塋宅門〉，頁26下～28下，「龍虎山砂吉凶斷訣」；《三台萬用正宗》，萬曆27年刊本，卷35〈地理門〉，頁11下～16下，「龍穴砂水形圖」。

〔註308〕《三台萬用正宗》，萬曆27年刊本，卷35〈地理門〉，頁15上，「水城論」。

〔註309〕《五車拔錦》，萬曆25年序刊本，卷16〈塋宅門〉，頁19上～下，「論後龍」。

〔註310〕《三台萬用正宗》，萬曆27年刊本，卷35〈地理門〉，頁1上，「登山決疑賦」。

〔註311〕《三台萬用正宗》，萬曆27年刊本，卷35〈地理門〉，頁2上，「登山決疑賦」。

〔註312〕《三台萬用正宗》，萬曆27年刊本，卷35〈地理門〉，頁16上，「水城論」。

〔註313〕《三台萬用正宗》，萬曆27年刊本，卷35〈地理門〉，頁11下，「水城五星吉凶論」曰：「有物必有理，有理必有形，百形必有星，有星則五形具焉。有五形則生剋，吉凶休咎存焉，吉凶休咎，理所自然，物之形勢，理有暗合，順之者吉，反之者凶，水之五星，禍福如響，故存砂以明其體，推水以察其用」。

子孫興旺人清秀，世世相傳祿萬鍾。一字之水前橫流，源頭平慢最難逢，此名號曰拋杖水，知州通判坐衙中。牙刀之水一邊彎，名曰毬棒抱墳關，急慢皆名官職印，遷之定是出朝官。大城朝入小城迎，此名推官進拜城，但滿平壺爲第一，不要如雷嚮擂聲。代代入朝推節使，嚮音少天主孤貧。返坑歙側直斜飛，射入明堂損絕兒〔註314〕。

選擇陰宅最玄妙，亦最困難者乃點穴〔註315〕。若說前述尋龍、察砂、觀水三者爲選陰宅之必要步驟，則點穴則爲上述步驟之最終目的，稍有閃失即可能前功盡棄，且無吉反生禍〔註316〕。

穴可分三種，氣上聚謂天穴，下聚是地穴，中聚爲人穴〔註317〕。吉穴多位於土地之上〔註318〕，其基本原則「要左右交固，堂覽無物，理合辨於周圍」，亦即穴兩旁有護衛，穴地平坦寬闊，且四周要有適當之山水環繞。凡穴地「第一寬平是爲貴，側裂傾摧返財身，急瀉崩騰非吉地」〔註319〕。穴口「入門缺而入風吹，朱門餓莩四水歸；而四獸聚白屋公卿」〔註320〕；穴兩旁「左右關攔不可開」；「左關右閉重重鎖，此中富貴萬年間」；若左右兩邊無關閉，實無需多看〔註321〕。穴地四周有山有水，乃可護胎藏氣〔註322〕。同時，「穴前忌見深坑，臂上怕行交路；人路直衝墳，疾病不離門。臂土路相交，擔枷送下牢；穿臂二條路，財散人災」〔註323〕，這些都須特別留心。當然，也有穴居水底或石間者，然此特殊良穴若非明師及道行高者指點甚難尋獲〔註324〕。

此外，還要注意方位與時間。就方位而言，如五星說的五種山形，各要合其方位及五行生剋乃吉，故「柔木之妙，無過於東方，北受生而西受剋；火之炎獨尊於

〔註314〕《三台萬用正宗》，萬曆27年刊本，卷35〈地理門〉，頁15下，「水城論」。
〔註315〕《三台萬用正宗》，萬曆27年刊本，卷35〈地理門〉，頁11上，「穴法論」。
〔註316〕《五車拔錦》，萬曆25年序刊本，卷16〈瑩宅門〉，頁21上，「論砂水不得方位」。
〔註317〕《五車拔錦》，萬曆25年序刊本，卷16〈瑩宅門〉，頁12上，「新增雪心賦摘要」。
〔註318〕《五車拔錦》，萬曆25年序刊本，卷16〈瑩宅門〉，頁19上，「論水口」曰：「土牛者，穴也，不宜水路」；頁16下，「論龍脈行度」，曰：「可惡者，泥水池邊尋穴」。
〔註319〕《五車拔錦》，萬曆25年序刊本，卷16〈瑩宅門〉，頁12下，「論地理宗旨」。
〔註320〕《五車拔錦》，萬曆25年序刊本，卷16〈瑩宅門〉，頁20下，「論水口」。
〔註321〕《三台萬用正宗》，萬曆27年刊本，卷35〈地理門〉，頁14下，「門戶論」。
〔註322〕《五車拔錦》，萬曆25年序刊本，卷16〈瑩宅門〉，頁17下，「論龍穴真假」。
〔註323〕《五車拔錦》，萬曆25年序刊本，卷16〈瑩宅門〉，頁19下，「論水口」。
〔註324〕《五車拔錦》，萬曆25年序刊本，卷16〈瑩宅門〉，頁17上，「論龍脈行度」曰：「亦有穴居水底，奇脈異蹤；更有穴在石間，博龍換骨；水底穴必須道眼，石間穴務得明師」。

南位，北受剋而西受殃」、「水在坎宮，鳳池身貴；金居兌位，烏府名高」〔註325〕。又「金行東南出大富，北去靈壇所更；若回頭面向西，官職有威儀」、「木星東去發財糧，行西出貴定離鄉；若行南北號刑名，定出聲音藝術人」、「火星膿膿行南去，萬乘君王主」、「土星若行南北去，代代人開庫」〔註326〕。又「火星若見出辛酉庚，宅水流坤禍患連，定主庚戌辛亥歲，木星飛火到均前。火星若出丙午丁，水流乾巽火殃侵」。而其它不同山形亦因方位不同有不同吉凶，如「天馬南方出，大貴府佐位；居北主簿縣丞看；居東縣令及州官」〔註327〕。

就時間而言，有云：「好地如巨舟，良期如利楫，巨舟能載物，利楫能行舟；陰生者，風水之吉也；發作者，年月之良也」〔註328〕；可見陰宅好壞與時間關係密切，而原則之一是要注意三合四衝之年。三合者，以地支而言是指寅午戌、巳酉丑之類，以天干而論則為乾甲乙、坤乙壬之類；四衝者，以地支而言是指子午卯酉、寅申巳亥之類，以天干而論則為甲庚丙壬、乙辛丁癸之類。如「午上有凶山凶水，主寅午戌及子午卯酉生人，應之災禍」〔註329〕。

當然，要尋得完全符合上述原則的陰宅實屬不易，故若稍有瑕疵，只要不礙大體亦可用之〔註330〕。

綜觀明清時期陰宅的選擇內容，可知其多屬注重形勢的江西派，而非強調方位的福建派；尤其是對山的形勢，不論是主龍或墓穴周圍諸砂，均特別強調，民間日用類書有關山方面的說明內容是最多的。

大致而言，有關風水的內容刊載，自明版至清版民間日用類書中均有，且除明代萬曆年間少數版本如《五車拔錦》、《文林聚寶萬卷星羅》及《萬用正宗分類學府全編》外，不論是明代或清代前期三十卷版本中均將風水內容區分為陽宅與陰宅兩個門類刊載，顯現風水內容之受民間重視。然不論是陰宅或陽宅內容，屬於系統理論之推演者均少，口訣式直斷吉凶的禁忌較多；而口訣式直斷吉凶者，又可分為文字說明及圖示兩種，相形之下，陰宅的口訣禁忌以文字說明為主，而陽宅則以圖示呈現較多。

〔註325〕《五車拔錦》，萬曆25年序刊本，卷16〈塋宅門〉，頁14上，「論氣脈分合」。
〔註326〕《三台萬用正宗》，萬曆27年刊本，卷35〈地理門〉，頁5下、6上、6下、7上，「五星妙斷」。
〔註327〕《三台萬用正宗》，萬曆27年刊本，卷35〈地理門〉，頁3下，「望龍斷貴」。
〔註328〕《五車拔錦》，萬曆25年序刊本，卷16〈塋宅門〉，頁18上，「論葬法」。
〔註329〕《五車拔錦》，萬曆25年序刊本，卷16〈塋宅門〉，頁19上，「論仙跡祖墳」。
〔註330〕《五車拔錦》，萬曆25年序刊本，卷16〈塋宅門〉，頁18上，「論葬法」曰：「山川有小節之疵，不減真龍之厚福」。

陽宅部分明代版本內容最爲豐富，不但建築物內外相關禁忌以圖文並列方式詳細說明，且有大量篇幅介紹陽宅建築之原理、原則。然清代前期三十卷版本內容則有縮減，只保留建築內外各部分的相關禁忌，缺造屋原理、原則的詳細解說；且禁忌內容僅餘井、灶、庭軒、房室、廳堂、樓、門戶部分，不若以往尚含廁、溝瀆、倉廒、牛欄、羊棧等內容之完整。而至清代後期二十卷版本已不見陽宅的記載。

陰宅部分亦以明代版本內容最多，不論是尋龍、察砂、觀水、點穴的原則，乃至方位、時間等禁忌，均有詳細說明，並附有多幅圖示，方便人們對照使用。其中，有關山的內容最豐富，不論是主龍、是旁砂，或砂中之青龍、白虎、朱雀、玄武等部分均羅列殆盡。然清代前期三十卷版本中，內容已縮減，且大部分是以往各式墓穴周圍圖示及簡易文字的說明，有關原理、原則的解釋只有五星、九星的山形介紹及〈新增雪心賦摘要〉、〈地理宗旨〉、〈山水本源〉三則有關龍、砂、穴、水的概略說明。而至清代後期二十卷版本中則更無陰宅內容。

概括而言，明清時期民間日用類書有關風水內容的發展趨勢，是由圖文並茂到文字部分的銳減，且主要以圖來說明；而分量則由多而少乃至無。

四、擇　日

明清時期民間對擇日行事甚爲重視，故民間日用類書一開頭即明言，此門類編纂目的在「俾用事之時，不必考諸他書，而一鑒斯，則吉凶瞭然在目，而趨避有方矣」〔註331〕！

此時民間流行的擇日方式主要分兩大類，一以日期爲準，說明各種不同日期的吉凶宜忌；一以事情爲綱，指出各類事情適於或應避諱的日期；以使人們選擇適當時日做事。

前者又可分爲數種，包括以十天干及十二地支合成的六十日一甲子爲週期加以劃分者，如：

> 甲子日　神在。出行有財食大吉，宜子丑寅卯時。申酉時截路空，戌亥時旬中空。
>
> 乙丑日　神在。趙相公計鳳日，寅卯時出行逢貴。孔子死。午未截路空，戌亥時旬中空。
>
> 丙寅日　霸王大敗，先凶後吉有口舌。宜丑未時。辰巳截路空。天聾。戌亥旬中空。

〔註331〕《萬書萃寶》，萬曆 24 年刊本，卷 21〈採要門〉，頁 1 上，「吉期採要」。

丁卯日　趙神出行有財，宜午時。神在。寅卯截路空。戌亥旬中空〔註332〕。

有以十二日值爲一循環者，如：

建日　宜泥飾舍宇、修置產室、解安宅舍、出行祭祀、入學冠帶、作事求人、上官謁貴、上表。忌起工動土、開倉、祭灶、新船下水、行船、裝載、競渡。

除日　宜祈福祭祀、納表進章、解安宅舍、出行牧養、交易立券、求才、治病服藥、有不便者可以除改及無冤衍、種蒔栽植、移徙、豎造、脩葺。

危日　宜祈祀、納表進章、納采、結婚姻、問名、捕魚畋獵、捕捉、安床、交易立券吉。忌登高履險、入山伐木、行船裝載〔註333〕。

有以二十八宿星爲一循環者，如：

角木蛟　角星造作主榮昌，外進田財及女娘，娶婦姻婚、生貴子，文童妙策獻君王。惟有埋葬不可周，三年之後主瘟瘟，起工修藉墳墓地，堂前立見主人亡。

亢金龍　亢星造作，長房當十日之中有禍殃，田地消磨宜失職，授軍定是虎狼傷。嫁娶姻婚用此日，兒孫新婦守空房。埋葬若此宿，當時災禍主重喪。

氐土貉　氐星造作主災凶，費盡田園倉庫空，埋葬不可用此日，懸繩吊頸禍重重。若是婚姻離別散，夜招浪子入房中，行船必定遭沈沒，更主聾啞子孫窮〔註334〕。

亦有如曆書般以月爲綱，配合十二日值及十天干十二地支合成的六十日一甲子，說明各日性質及宜忌情況，如：

正月　立春，宜向南行修造南方並吉，初一、十一、十二、十七、二十、廿四、廿五、廿九吉。

甲子　開　入學、冠笄、出行、動土、修築、祭祀、剃頭、牧養。

乙丑　閉　祭祀、求嗣、動土。

丁卯　除　修造、移徙、出行、冠笄、動土、祭祀、交易、安葬、嫁娶、修築。

〔註332〕《三台萬用正宗》，萬曆27年刊本，卷36〈剋擇門〉，頁1下，「六十花甲逐日吉凶局例」。

〔註333〕《萬用正宗分類學府全編》，萬曆35年刊本，卷19〈剋擇門〉，頁1下～2上，「十二日值行」。

〔註334〕《萬用正宗分類學府全編》，萬曆35年刊本，卷19〈剋擇門〉，頁3上～下，「二十八宿吉凶詩斷」。

戊辰　滿　詞訟、剃頭、開市、牧養。

庚午　定　冠笄、出行、豎造、上官。

辛未　執　求婚、下定、出行、動土、捕捉、祭祀、起工、進人口。

癸酉　危　祈福、冠笄、入學、移徙、分居、出行、安床、豎造、安葬、入宅、起工〔註335〕。

尚有以妖星、或星、禾刀、煞貢、直星、卜木、角巳、人專、立早等九星為循環，配上六十一甲子日為週期者，如甲子妖星、乙丑或星、丙寅禾刀、丁卯煞貢、戊辰直星、己巳卜木、庚午角巳、辛未人專、壬申立早、癸酉妖星等。而諸星代表之意義各不相同，如：

妖星　如直此星者，名曰玄武符入宅，凡遇起造、嫁娶、移徙、入宅、赴任、上官、開張舖店等事，不出一年內，人口災殃，禍惹官司，失盜，人口落水，四百日內有喉疾死之人家，宅退散之，應。蓋因此星來害主百事衰敗，主孝服，損長幼大凶之事；起造主當日衍木定，有口舌自東南方來。

或星　如值此星者，名曰朱雀符入宅，凡遇造作、嫁娶、移徙、上官、開張舖店、修造、埋葬等事，一年之內，主百事衰敗，六畜死傷，生子不肖，主婦淫亂醜事，官司火盜，被人欺騙等事，先主陰人，六十日內痾疾立見，喪服大凶，若當見口舌，陰人小口災凶，向後有災，此日只利安葬墳地，他作皆不用〔註336〕。

其它還有各種吉神（星）、凶神（星）或忌諱所形成之特殊日子，亦當加以注意，此包括紅紗日、十惡大敗空亡日、枯焦日、截路空亡日、冰消瓦解日、楊公忌一年留下十三大凶日、爭雄受死日、伏斷符死日、滅沒日、天地荒無日、天賊日、天地爭雄日、天瘟日、歸忌日、咸池日、亡贏日、陰錯日、陽錯日、天地亡敗日、天休廢日、長星日、短星日、四離日、四順日、四逆日、四不祥日、彭祖百忌日、毋倉日、金符經日〔註337〕、正四廢日、天聾日、破群日、離窠日、黑帝死日、天上大空亡日、地啞日、九醒日、九死日、四方耗日、赤口日、天地轉殺〔註338〕、周公八天吉凶日等〔註339〕。

〔註335〕《五車拔錦》，萬曆25年序刊本，卷17〈剋擇門〉，頁1下～2上。

〔註336〕《萬用正宗分類學府全編》，萬曆35年刊本，卷19〈剋擇門〉，頁4上～下。

〔註337〕《三台萬用正宗》，萬曆27年刊本，卷36〈剋擇門〉，頁11下～17上。

〔註338〕《龍頭一覽學海不求人》，明刊本，卷15〈蠋吉門〉，「諸凶神類」。

〔註339〕《萬用正宗分類學府全編》，萬曆35年刊本，卷19〈剋擇門〉，頁17上～18上，「周公八天吉凶之局」。

　　日期外，時辰亦不可忽略。以十天干十二地支合成的六十日一甲子而言，凡甲子日吉時爲子丑寅卯時，乙丑日爲子丑寅時，丙寅日爲子丑時，丁卯日爲子寅卯時，戊辰日爲丑卯辰時，己巳日爲子寅午時，庚午日爲丑卯申時，辛未日爲寅申時，壬申日爲子丑辰時，癸酉日爲子寅卯時〔註340〕。作事時當挑選這些吉時進行乃可順心如意。

　　至於以事情爲綱者，則涉及的事情種類包括：

修造遷移類　動土起工、斬草破土、造地基、起造、豎造宅舍、架屋、蓋屋、拆屋、泥壁、偷修、定磉扇架、脩造舟楫、作門、塞門、作廁、修廁、修廚、修櫃、修灶、作灶、作繅絲灶、安碓、造倉庫、起倉、修倉、入倉開庫、開倉、蓋倉、泥倉、五穀入倉、塞鼠穴、出糞、穿井、修井、開溝渠、開池、修池、作陂塘、築墻、造牛屋、造馬房、造豬欄、作羊棧、作雞鵝鴨棲窩、安床設帳、入宅掃火、移居入宅

四禮律法類　合婚結姻、結姻送禮、嫁娶、納婿、納奴婢、男冠女笄、會親請客、求嗣、小兒剔頭、小兒斷乳、小兒坐欄、女子纏足、穿耳、釋氏剃頭、安葬、元旦行香、過房養子、分居各爨、均分家財、公庭訴訟、安葬、除靈罷服、設齋、謝土、祈福、預修、祭祀、祭墳、天牛不守塚、祈禱、設醮、塑繪神像、繪眞行樂、穿牛鼻

買賣立契類　商賈興販、開庫店肆、開帳、合伴、求財出行、出財、納財、放債、收債、還債、行船裝載、新船下水、買田、立契交易、納六畜、買牛、買馬、買豬、買羊、取貓、買犬、買雞鵝鴨

製作生產類　造酒、造器皿、造桔橰、造床、爐冶鑄鈸、打首飾金痕、燒窯灶、打窯灶、造醋、造麴、造漿、腌藏瓜菜、作雞鵝鴨栖、抱雞鵝鴨卵、裁衣合帳、浴蠶、出蠶、安蠶架箔、經絡安機、起缸作染、習學技藝

耕種漁獵類　開荒、耕田、浸種、浸穀、撒穀、種田、下秧、耘田、種麻、種麥、種豆、種黍、種蕎、五穀試新、種芋、種菜、種瓜、種薑、種蔥、種蒜、種果（百物）、入山伐木、栽木、移接花木、栽竹、古德蛀蟲、教馬駒、約馬、伏馬習駒、教牛、畋獵、漁獵、結網、張捕、捕魚、除白蟻、收割蜂蜜

求學仕宦類　入學求師、應試赴舉、上官赴任

〔註340〕《龍頭一覽學海不求人》，明刊本，卷4〈剋擇門〉，頁21上，「日時吉例」。

其　　　它　求醫、服藥、六甲〔註341〕

　　每項事情適合進行的時間均不同，如動土起工吉日是甲子、癸酉、戊寅、己卯、庚辰、辛巳、甲申、丙戌、甲午、丙申、己亥、庚子、戊戌、甲辰、癸丑、戊午等日〔註342〕。服藥吉日是依服用者的五行生剋而定，故金命人用土日服，木命人用水日服，水命人用金日服，火命人用木日服，土命人用火日服；且各月亦有不同的服藥忌日，如「正五九月忌巳日，二六十月並起寅，三七十月兼忌亥，四八十二月忌申」〔註343〕。而小兒剃頭日的吉凶宜忌則是：

初一，受福；初二，官事；初三，歡悅；初四，富貴；初五，若剃胎髮一生面黑；初六，飲食；初七，人吉；初八，長命；初九，齋善；初十，祿職；十一，聰明；十二，事多；十三，若剃胎髮主少白；十四，得食；十五，大吉；十六，利益；十七，一生多病；十八，犯盜；十九，吉慶；二十，口舌；廿一，患難；廿二，齋食；廿三，大吉；廿四，爭訟；廿五，福財；廿六，祥瑞；廿七，病患；廿八，官事；廿九，吉祥；三十，若剃胎髮主兒亡。凡初生小兒女剃頭胎髮之日，依此圖中可得長生福壽，百病不生；若遇枯焦十惡大敗，冰消瓦解，受死，丙丁火日，并前件凶日，俱不可剃胎頭，不依此日，定主不利用事之家，切忌避之〔註344〕。

　　其中，看病、出行尤受重視，另立多項內容提醒人們注意；如〈四季看病輕重浔病日歌〉曰：

春逢戊巳夏庚辛，秋遇甲乙冬丙丁，四季若遇壬癸日，須是黃泉路上人。

入瘟家更要明瞭瘟鬼所在位置以免觸犯之，當時人們認為瘟鬼每日位置均不同，如：

初一在庭，初二在東壁下，初三在大門，初四在中門，初五在外，初六在東壁下，初七在西壁下，初八在南壁下，初九在外，初十在外，十一在西壁下，

〔註341〕本表據下列資料整理而成：《五車拔錦》，萬曆25年序刊本，卷17〈剋擇門〉，頁1上～13下，「剋擇要覽」；《三台萬用正宗》，萬曆27年刊本，卷36〈剋擇門〉，頁1下～6上、10上～17下，「諸家通用剋擇便覽」；《萬用正宗分類學府全編》，萬曆35年刊本，卷19〈剋擇門〉，頁11上～29下，「諸家檢定涓吉便覽」；《新刻鄴架新裁萬寶全書》，萬曆42年序刊本，卷26〈剋擇門〉，頁6上～18下，「採要使用吉日例」；《萬寶全書》，崇禎元年刊本，卷30〈剋擇門〉，頁1下～17上；《龍頭一覽學海不求人》，明刊本，卷4〈剋擇門〉。

〔註342〕《三台萬用正宗》，萬曆27年刊本，卷36〈剋擇門〉，頁1下，「動土施工吉日」。

〔註343〕《三台萬用正宗》，萬曆27年刊本，卷36〈剋擇門〉，頁12上，「服藥吉日」。

〔註344〕《三台萬用正宗》，萬曆27年刊本，卷36〈剋擇門〉，頁11上～下，「小兒剃頭吉日」。

十二在房中，十四在南方路上低客，十五在後門候客，十六在灶前，十七在病人床，十八在中庭，十九在灶前，廿在社官，廿一在果子樹下，廿二在堂前，廿三在堂中諸客六親，廿四在東方候客旅，二十五在路等師人，二十六在樹下，二十七在病人床邊，二十八在北方井邊，二十九在廟，三十日在病人床上〔註345〕。

而出行在當時亦屬大事一樁，稍有不慎，輕則破財傷身，重則甚或有生離死別之事，因此，選擇黃道吉日出門是必須的；民間日用類書中即言：

凡一切人等，出行之時，可選吉日良時，中仔細推詳，何方有財，出行吉利。昔有賢人問天老云：有人空手出去求財，卻得財回；又有人將財出去求財，本利俱無，何也？天老答曰：出行不選吉日，時中有犯天狗、地覆、凶神、惡煞之時，以此不利，又主官司口舌之危〔註346〕。

相應之內容，如六十甲子日，各日吉凶不一：

甲子是何陽日出行大吉，乙丑日出行大凶，丙寅是和合日遠行有財，丁卯是朱雀日出行大凶，戊辰是五非日出行大凶，己巳是陰日出行破才（財）大凶，庚午是華日百事大吉，辛未是天空日出行主大凶，壬申是離窠日出行大凶，癸酉是暗日大凶〔註347〕。

日期外，時辰及方位亦不可疏忽；出門切忌翻天覆地之時，當選擇十二大吉良時；翻天覆地之時係指：

正月午亥時，二月辰戌時，三月午酉時，四月午申時，五月丑卯時，六月丑午時，七月亥卯時，八月辰戌時，九月卯酉時，十月巳未時，十一月午辰時，十二月子午時〔註348〕。

十二大吉良時則為：

子時，東行吉，西酒肉，南吉，北凶。丑時，東不利，西吉，南凶，北得財。寅時，東行得財，西吉，南北得財。卯時，東行南行得財，西北不利。辰時，東吉，西吉，南得財，北不利。巳時，東不利，西吉，南得財，北不利。午時，東南西行俱不利，北得財。未時，東西行不利，南北得利。申時，東得

〔註345〕《萬用正宗分類學府全編》，萬曆35年刊本，卷19〈剋擇門〉，頁18上～下，「四季看病輕重浔病日歌」、「瘟鬼所在」。

〔註346〕《三台萬用正宗》，萬曆27年刊本，卷36〈剋擇門〉，頁11上～下，「邵康節選用秘書」。

〔註347〕《三台萬用正宗》，萬曆27年刊本，卷36〈剋擇門〉，頁8上～下，「六十花甲吉凶日」。

〔註348〕《三台萬用正宗》，萬曆27年刊本，卷36〈剋擇門〉，頁6上，「出行圖例」。

　　財，西不利，南吉，北凶。酉時，東行口舌，西得財，南北凶。戌時，東得
　　財，西吉，南不利，北酒食。亥時，東西行大吉，南北得財〔註349〕。

還須避開各月份不吉之時，如：「正月忌午酉時，二月忌辰戌時，三月忌午酉時，四
月忌午申時，五月忌丑卯時，六月忌子申時，七月忌酉戌時，八月忌卯辰時，九月
忌卯酉時，十月忌午酉時，十一月忌午辰時，十二月忌子午時」〔註350〕。

　　其它尚有〈出行吉日方位圖〉、〈天老出行吉日〉、〈論逐日吉時出行例方位法〉、
〈六合出行吉凶圖〉等內容以供參考〔註351〕；（圖4-2-4）此外，若時間倉促，可採
用〈事急不暇擇日當作縱橫法〉或〈奇門藏身之法〉以應急，前者的實際方法是：

　　正立門內，扣齒三十六通，以右手大拇指先畫四縱，後畫五橫，訖即咒曰：
　　四縱五橫，吾今出行，禹王衛道，蚩尤辟兵，賊盜不得起，虎狸不得行，遠
　　歸故鄉，當吾者死，背吾者亡，急急如九天玄女律令。咒畢便行，慎勿返顧，
　　每出行將咒念七遍，畫地，早以土塊壓之便行，勿返顧，自然大吉矣〔註352〕。

後者則是：

　　凡出門，丁字步，口念足躧。巳上禹罡，每以左足先步；凡出行算事先遁合
　　奇門，尋三奇吉門行就望，吉門出步，北罡舉咒，如值乙奇，就默念乙奇咒，
　　出一百二十步外，不可回頭顧望〔註353〕。

　　臨出門前，為確保平安，最好再書字符藏手中，莫讓人知，並唸神咒以護身，
如欲見長官書「天」字；出軍征敵書「強」字，可「戰兵得勝滅他亡」；深病之時書
「鬼」字；要遠行書「到」字，則「易回鄉」；入喪家書「罡」字，則「任君行坐亦
無傷」；自家行夜路書「魁」字，則「鬼神藏」；買賣之時書「利」字，「必獲財寶到
身傍」；遊水過河書「士」字，「任君浮戲亦無妨」；入山林曠野處書「師」字，「便
是戰中王」；求婚說事書「合」字，「必然和合得成雙」〔註354〕。

〔註349〕《三台萬用正宗》，萬曆27年刊本，卷36〈剋擇門〉，頁10上，「十二大吉良
　　　　　時」。
〔註350〕《龍頭一覽學海不求人》，明刊本，卷4〈剋擇門〉，頁27上～下，「出行十二月避
　　　　　忌之時」。
〔註351〕《三台萬用正宗》，萬曆27年刊本，卷36〈剋擇門〉，頁6下，「出行吉日方位圖」；
　　　　　頁8上，「天老出行吉日」；頁9下，「論逐日吉時出行例方位圖」。《龍頭一覽學海
　　　　　不求人》，明刊本，卷4〈剋擇門〉，頁8上，「六合出行吉凶圖」。
〔註352〕《三台萬用正宗》，萬曆27年刊本，卷36〈剋擇門〉，頁7下～8上，「事急不暇擇日
　　　　　當作縱橫法」。
〔註353〕《三台萬用正宗》，萬曆27年刊本，卷36〈剋擇門〉，頁7下，「奇門藏身之法圖」。
〔註354〕《三台萬用正宗》，萬曆27年刊本，卷36〈剋擇門〉，頁6下～7上，「出行禳鎮
　　　　　法」。

圖 4-2-4《三台萬用正宗》，萬曆 27 年刊本，卷 36〈剋擇門〉，頁 6 下～7 上。

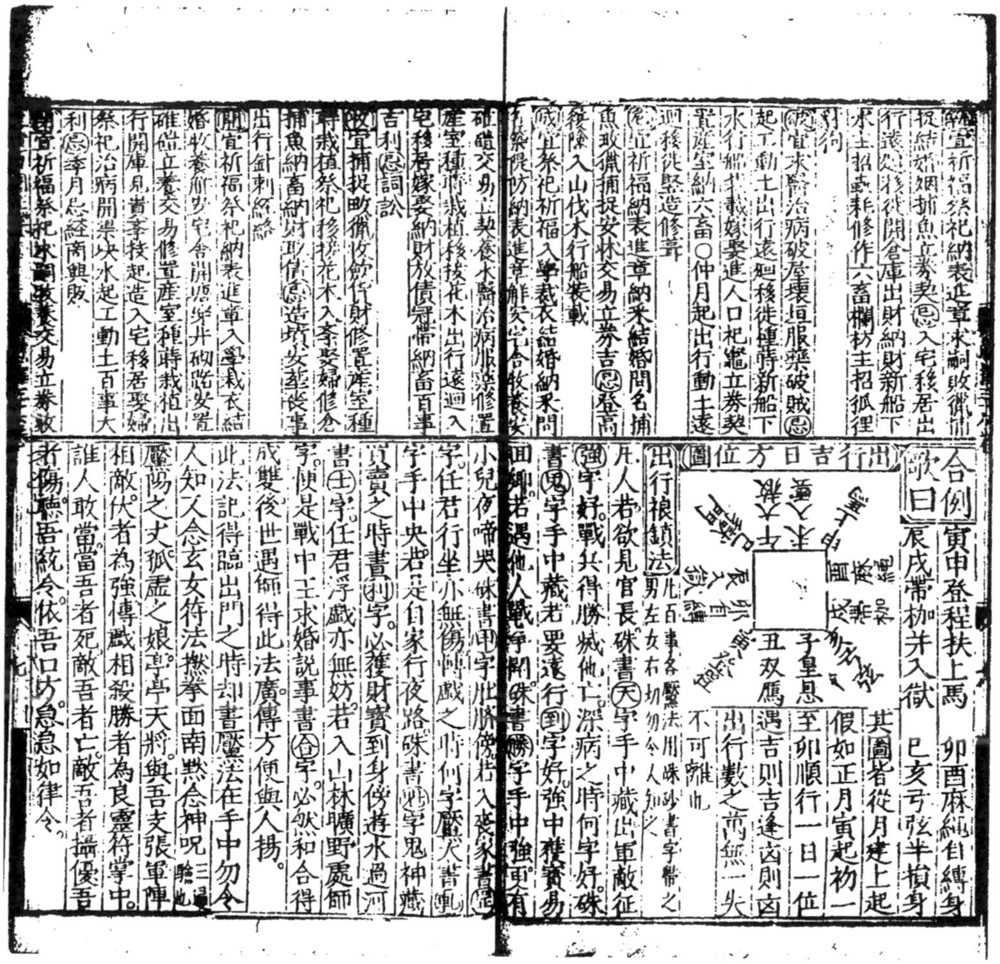

由上可知，明清時期人們生活中的每一事項幾乎都需要選擇吉日爲之；而其擇日方式及內容充滿陰陽五行與迷信思想於其間。

剋擇門發展至清代前期三十卷版本中，雖仍保有此一門類，但內容有減縮，以日期爲準的吉凶宜忌僅存〈六十花甲吉凶日〉、〈二十八宿吉凶〉，而無十二日值吉凶、妖星到立早九星的循環吉凶等內容刊載，其它吉神（星）、凶神（星）或忌諱所形成特殊日子的說明均不如以往詳細；對看病及出行兩大要事亦未特別著墨，僅保留〈十二時出行吉凶〉及〈事急不暇擇日當作縱橫法〉兩項；相對而言，保留較多的是以事情爲主的吉凶說明，亦即人們大多就各類事情的需要而選擇適當時日從事，此實與曆書之以日期爲準的吉凶宜忌有所不同。而到清代後期二十卷版本中則此一門類不復再見。

五、雜　占

　　明清時期民間流行的雜占可分三大類，一是以來占時間為準，透過一定推算過程，再將結果比對內容說明以明吉凶者，此包括袁天罡覆射課、諸葛孔明馬前課、戚都翁傳未卜先知課、劉海蟾先生靈課、李淳風六壬課及夾竹梅花六壬課；也有無需推算方法，只要對照發生時間及相應內容即可得知吉凶的靈龜逐盜失物法。二是經由祈神的固定儀式，產生特殊卦相或一定指示，再將此卦相對照內容說明以明吉凶，或遵照指示行動以得吉凶者；前者如八卦、九天玄女卦、關大王馬前靈筶，後者則有鬼谷子嚮卜法。三是以所見之各式景物、情境，或人體自身之種種變化，對照內容說明即可得知吉凶者；其中，屬各式景物、情境者如占燈花、見怪、逐時斷衣留法、逐時斷火逸法、諸禽吉凶法、邵康節先生觀梅數、占夢；而屬人體自身變化者則有逐時斷肉顫法、面熱法、眼跳法、耳熱法、耳鳴法、心驚法、涕噴法等。

　　袁天罡覆射課、諸葛孔明馬前課、戚都翁傳未卜先知課、劉海蟾先生靈課、李淳風六壬課及夾竹梅花六壬課等雖然均以來占時間為準，利用掌訣加以推算，然其推算方法有不同。如袁天罡覆射課中不同的月、日起算有不同規定，凡

> 正九丑上起初一，二八子上起初一，三七亥上起初一，四六戌上起初一，五月酉上起初一，十月十二寅上起初一，十一月卯上起初一。

月、日算出後再從日上起時，最後以時上位退一，配上天罡十將，即天罡、太乙、勝光、小吉、傳送、從魁、河魁、登明、神后、大吉，再核對各式斷訣便知吉凶好壞。如正月初三辰時有人來占，則就丑上起正月初一，初三為卯，以之為子時，辰時在未位，再往後退一位為午位，則以午位為天罡，依序分別是未位太乙、申位勝光、酉位小吉、戌位傳送、亥位從魁、子位河魁、丑位登明、寅位神后、卯位大吉。其中，登明屬木孟木，凡亥卯未三合求才，一五十日應；神后屬火仲火，凡寅午戌三合求才，二四八日應；大吉屬金季金，凡巳酉丑三合求才，三六九日應〔註355〕。再核對所求之事，如

> 占求財　天罡加孟求難淂，加仲求淂也須遲，加季之時求立淂，財向東來更莫疑。
>
> 占行人　天罡加孟身不動，加仲之時半路來，加季之時即便至，君行須記此三時。
>
> 占失物　天罡加孟永不失，加仲尋淂也遲遲，加季之時多失卻，賊人盜去不

〔註355〕《學海群玉》，萬曆 35 年序刊本，卷 21〈卜員門〉，頁 1 下～3 上，「袁天罡覆射時訣」。

須疑〔註356〕。

其它還有占官事、買賣、交易、買物、走失、人去否、人在家否、出行遇人、路上等行人、合伴、渡船、過水、手有無物、出行求才、出行吉凶、三路口去、解店宿泊、猜手中何物、猜碗有水無、杖倒未會倒、猜盃仰覆、物在水沈浮、物高低處所、往人家有酒、有酒馨香、天幾時晴、祈雨有無、天晴雨、病輕重、病人生死、捕獵、逃躲是非、生男女吉凶、婚姻、賭博輸贏、博奕立何方、客來否、鵲噪、鴉鳴、住屋吉凶、祀神、甑鳴、見蛇相會、蛇入屋、眼跳、耳熱等〔註357〕。

諸葛孔明馬前課則自不同的地支上起月，月上起日，日上起時，時止之位往前推四位即可斷之。如子年正月初二日丑時來占，則子位初一，丑位為初二；以丑位起子時，則丑時在寅位，自寅位起往前屬四即巳位，即以巳斷之〔註358〕，而比對結果是：

雙蛇聚會定為良，不論高低百事強，十二課中為第一，能通四季順陰陽。

〔解曰〕諸事吉，官事不成，失物見，行人至，求財有，六甲生女〔註359〕。

戚都翁傳未卜先知課是將月份以正寅、二卯、三辰、四巳、五午、六未、七申、八酉、九戌、十亥、十一子、十二丑起算，月上起日，日上加五星數，即辰星水、熒惑火、歲德木、太白金、鎮星土。如四月初二日巳時來占，則巳位起算，初二日在午位，就午位加五星順數，即午位辰星、未位熒惑、申位歲德、酉位太白、戌位鎮星，亥位又辰星，如此周而復始直算至巳位為熒惑，即以熒惑為斷。熒惑屬火，而十二時中亥子屬水、寅卯屬木、巳午屬火、申酉屬金、辰戌丑未屬土，故此為大旺，萬事大吉也。蓋此課以時為體，以星為用，看體用是否相生相剋或比和，凡體剋用諸事吉，用剋體諸事凶，體生用為泄氣不吉，用生體為有助大吉，體用比和則百事稱意〔註360〕；再依所占各類事看詩訣斷吉凶。如

占天時　占天晴雨有玄微，體用將為天地推，天剋地分須亢旱，地陽天位必淋漓，體來生用連陰晦，用如生體久紛霏，風調雨順何如取，比和天地報君知。

〔訣曰〕以體為地，以用為天，用剋體則晴，體剋用則雨，用生體久雨，體

〔註356〕《學海群玉》，萬曆35年序刊本，卷21〈卜員門〉，頁3上，「類分時斷詩訣」。
〔註357〕《學海群玉》，萬曆35年序刊本，卷21〈卜員門〉，頁3下～6下，「類分時斷詩訣」。
〔註358〕《學海群玉》，萬曆35年序刊本，卷21〈卜員門〉，頁7下～8上，「諸葛孔明馬前時課」。
〔註359〕《學海群玉》，萬曆35年序刊本，卷21〈卜員門〉，頁8下～9上，「巳時斷」。
〔註360〕《學海群玉》，萬曆35年序刊本，卷21〈卜員門〉，頁9下～11上，「新增戚都翁傳未卜先知時課」。

生用連陰，比和則雨暘時若。

占婚姻　占婚體用忌相刑，我剋他分亦易成，體受用生因娶發，體如生用為婚傾，日主是媒宜我剋，若還生我定為榮，比和體用比和日，笑看同諧秦晉盟。

〔訣曰〕以體為我家，以用為他家，以日干為媒主，以日支為從媒〔註361〕。其它還有日常生活中常用到的求利、交易、行人、失物、疾病、詞訟等部分〔註362〕。

劉海蟾先生靈課是將來占時間依時、日、月三項，配合十天干十二地支所屬之位排列，得一干二支三者，再對照各不同內容說明了解吉凶〔註363〕。如甲子子者屬上上卦：

天時地利兩相諧，進望求謀喜氣開，甲午之方無邊好，人財用物一時來，應有望可舒懷，取之有道莫疑猜，所占利益諸般順，出入經營得意來。此卦占財在東南火水地，旺求幹則物必遂，托人一舉而兩得之〔註364〕。

而丁巳寅則屬下下卦：

不見無端是故交，誰知笑裡卻藏刀，分明說破成爭競，些小便宜只可饒，辱忽至禍難逃，財破耗失命中招，但能謹慎寬容恕，免致賫穿第二遭。占交朋友妒忌，無端之禍暗中窺，竊財物失脫破財〔註365〕。

李淳風六壬課與夾竹梅花六壬課均以來占時間配合大安、留連、速喜、赤口、小吉、空亡六項起算，自大安開始為正月，月上起日，日上起時；如三月五日辰時來占，則三月在速喜位，由此推日至五日為大安位，再自此起時，辰時位小吉，故以小吉斷之〔註366〕；最後參照小吉項的解說為：

人來喜時屬木，六合主事，五十一起小吉，小吉最吉，昌路上好商量，陰人來報喜，失物在坤方，行人立便至，交關最是強，凡事皆和合，病者告玄蒼〔註367〕。

而夾竹梅花六壬課的小吉項解說則是：

〔註361〕《學海群玉》，萬曆35年序刊本，卷21〈卜員門〉，頁11上～下。
〔註362〕《學海群玉》，萬曆35年序刊本，卷21〈卜員門〉，頁11下～13上；曰：「右體用斷訣至為玄妙，但人事紛紜，固不止此數條而已，姑存此十事切於日用者，□□以類推之，則無餘蘊耳」。
〔註363〕《龍頭一覽學海不求人》，明刊本，卷5〈玉洞金書門〉，頁1下，「起手訣干后」曰：「就於所求時位起甲乙丙丁戊己庚辛壬癸數，至所占位便見一干二支」。
〔註364〕《龍頭一覽學海不求人》，明刊本，卷5〈玉洞金書門〉，頁1下～2上，「甲子子」。
〔註365〕《龍頭一覽學海不求人》，明刊本，卷5〈玉洞金書門〉，頁13下，「丁巳寅」。
〔註366〕《學海群玉》，萬曆35年序刊本，卷21〈卜員門〉，頁7上，「李淳風六壬課」。
〔註367〕《學海群玉》，萬曆35年序刊本，卷21〈卜員門〉，頁7下。

小吉時屬木，木動亥卯未，行人實不來，病者無大災，官事寬寬散，功名足稱懷，六甲是男子，求謀不易討，婚姻必定好，家墳平算排，六畜多蕃息，宅舍保和諧。又曰，小吉終須吉，你緊他不緊，作事去尋他，終久得安穩〔註368〕。其它如大安、留連、速喜、赤口、空亡均有不同解說內容。

　　至於靈龜逐盜失物法則較爲簡易，但只占失物一種而已。算法是配合靈龜之圖，圖中將靈龜分成前左足、後左足、前右足、後右足、左脅、右脅，及頭、尾共八部分，每部分各有不同的失物日期，如初一、九、十七、廿五日在頭，初二、十、十八、廿六日在前右足，初三、十一、十九、廿七日在右脅，初四、十二、廿、廿八日在後右足，初五、十三、廿一、廿九日在尾，初六、十四、廿二、三十日在後左足，初七、十五、廿三在左脅，初八、十六、廿四日在前左足〔註369〕。再對照失物日期看說明內容即可占得結果；（圖 4-2-5）如：

　　　　值頭失物者，西南去五里十三里，或在石鐵之處。值左脅失物者，去家五里十里，章澤之中求之。值右脅失物，西南去四里三十里，田野之中求之。值前左足失物者，東去三里二十里，水□中求之。值前右足失物，南去二里二十里，水邊求之。值後左足失物者，東北去二里十四里，水中求之。值後右足失物者，西北去十六里求之。值尾失物者，去家三里十五里求之〔註370〕。

　　八卦源自《周易》，運用時須先具備基本概念，如八卦正象係乾三連，乾爲天；坤六斷，坤爲地；震仰盂，震爲雷；艮覆碗，艮爲山；離中虛，離爲火；坎中滿，坎爲水；兌上缺，兌爲澤；巽下短，巽爲風〔註371〕。其中，乾兌屬金、震巽屬木、坎屬水、離屬火、坤艮屬土〔註372〕；而八象互配可形成六十四卦〔註373〕。此外，六神中青龍屬木、朱雀屬火、勾陳屬土、騰蛇屬陰、白虎屬金、玄武屬水，以及其它相關的天干地支及其五行所屬，和五行的相生、相剋、比和等內容亦是不可或缺的基礎概念〔註374〕。

〔註368〕《三台萬用正宗》，萬曆 27 年刊本，卷 32〈數課門〉，頁 15 下，「又夾竹梅花六壬課斷法」。

〔註369〕《學海群玉》，萬曆 35 年序刊本，卷 21〈卜員門〉，頁 18 上～下，「新增靈龜逐盜失物法」、「靈龜之圖」。

〔註370〕《學海群玉》，萬曆 35 年序刊本，卷 21〈卜員門〉，頁 18 下～19 上。

〔註371〕《五車拔錦》，萬曆 25 年序刊本，卷 20〈卜筮門〉，頁 1 上，「八卦正象」。

〔註372〕《五車拔錦》，萬曆 25 年序刊本，卷 20〈卜筮門〉，頁 1 上～下，「八卦所屬」。

〔註373〕《五車拔錦》，萬曆 25 年序刊本，卷 20〈卜筮門〉，頁 1 下～2 上，「八八六十四卦」。

〔註374〕《五車拔錦》，萬曆 25 年序刊本，卷 20〈卜筮門〉，頁 3 上～下，「六神」、「十二支所屬」、「五行相生」、「五行相剋」、「五行比和」；頁 4 下～5 上，「十干合」、「十二

實際起卦前要先祈神，祝文如下：

> 虔扣六丁神，文王卦有靈，吉凶含萬象，切莫順人情。夫卦者，與天地合其
> 德，與日月合其明，與四時合其序，與鬼神合其吉凶。皇天無私，卦靈有感，
> 謹夢頭香，虔誠拜請八卦祖師伏羲、文王、周公、大禹、孔子，五大聖人鬼
> 谷先生、袁天罡先生、李淳風先生、陳希夷先生、邵康節先生，前傳後教，
> 演易宗師，再伸關請卦中六丁六甲神將，千里眼、順風耳縮天縮地，神將報
> 卦，童子擲卦，童郎值日，傳言玉女，奏事功曹，本境五土，祀典明神，本
> 屬府縣，成（城）隍大王，本家門中，宗祖隨來，香火福神，虛空過往，一
> 切神祗，仰望列聖，下赴香筵，鑒金筮卜，今據大明國某道某府某縣，求卦
> 信人某，上不占天，下不占地，敬占目下某事，吉凶休咎，難以預知，敬就
> 聖賢門下八八六十四卦內求一卦，三百八十四爻內求六爻；爻莫亂動，卦莫
> 亂移，莫順人情，莫順鬼意；吉則吉神上卦，凶則凶神上卦；吉則用神出現，
> 凶則用神空亡；吉則吉神發動，凶則吉神伏藏；伏望諸位聖賢仔細點勘，占
> 云人有誠心，卦有靈信，爻通天地，卦通鬼神，諸位先生，靈彰報應〔註375〕。

接著卜卦及爻；明清時期卦及爻的卜法不像以往以蓍草數計之〔註376〕，而是
以擲錢幣及算筆劃數為準。前者係以三枚錢幣握手中，心想欲占之事誠心求神後擲
出，凡二正一背是陽、二背一正是陰、三正為陰、三背為陽；每擲一次為一爻，六
爻即成一卦。又二正一背及二背一正屬少陽、少陰，均不變動，而三正及三背為老
陰、老陽，均會變動。後者則以所寫二字的筆劃數計算，算卦以八除之，凡除盡者
為坤卦，而不滿八者，以數作卦；其中，乾一兌二離三震四巽五坎六艮七坤八。又
算變動與否，亦以筆劃數為準，以六除之，凡為六除盡者即為爻動〔註377〕。

最後則是配合卦象、爻象及所占事情的種類，對照不同吉神、凶神變化及各式
解說以明瞭吉凶好壞〔註378〕。大致而言，當時主要占卜的事情有天時、風水、科舉、
出仕、朝廷、身命、婚姻、六甲、家宅、疾病、行人、出行、趨謁、求財、謀事、
詞訟、移徙、賊盜、遺失、逃亡、田禾、六畜等類〔註379〕。

支合」。

〔註375〕《五車拔錦》，萬曆25年序刊本，卷20〈卜筮門〉，頁1上～2上，「求卦祝文」。

〔註376〕有關蓍草的計算方式及其依據參見鄭小江編，《中國神祕術大觀》，頁116～120。

〔註377〕《五車拔錦》，萬曆25年序刊本，卷20〈卜筮門〉，頁2下～3上，「擲錢要訣歌」、
　　　　「字畫拆卦數」。

〔註378〕《三台萬用正宗》，萬曆27年刊本，卷31〈卜筮門〉，頁9上～22下，「祕傳斷易
　　　　神機」。《五車拔錦》，萬曆25年序刊本，卷20〈卜筮門〉，頁5下～7下，「吉神
　　　　類」；頁7下～10上，「凶神類」。

〔註379〕《五車拔錦》，萬曆25年序刊本，卷20〈卜筮門〉，頁21下～42下，「分門卜筮

圖 4-2-5《學海群玉》，萬曆 35 年序刊本，卷 21〈卜員門〉，頁 18 下～19 上。

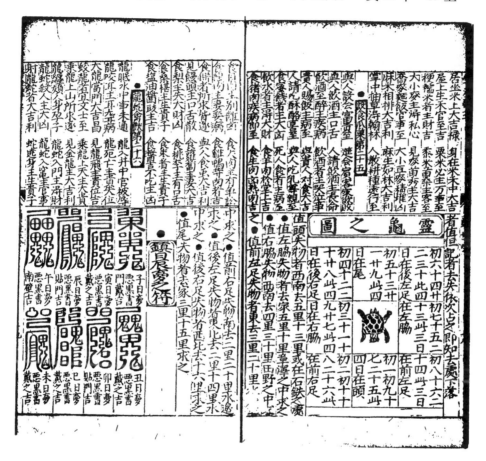

九天玄女卦與關大王馬前靈筶均以茅草呈現不同卦象，對照各卦象說明即得結果；而兩者亦須事前配合焚香祈神儀式，且各有不同祈神文，如前者為：

> 爐香叩請伏羲、黃帝、九天玄女仙娘、周公、孔子、大聖人鬼谷先生、孫臏先生、邵康節先生、袁天罡先生、李淳風先生、朱晦庵先生，卦中無邊聖中。今據大明國某道某府某縣某姓，敬問某事，八卦之內，願求一卦，知凶報凶，是吉報吉，莫順人意，千卦有準，萬卦有靈，吉凶報應，取茅結成卦，然後送神，召來神祇，各回本位，弟子再召，請伏望降臨，叩齒三通〔註380〕。

而相應卦象有騰蛇弟客卦式、雙鳳歸林卦式、龍船過浪卦式、六合卦、子房過仙卦式、斷橋卦、八仙聚會卦式、雙鴈入雲卦式等等；各卦配合所問各事均有不同解說，如騰蛇弟客卦式為：

────────────────

斷訣」。

〔註380〕《學海群玉》，萬曆 35 年序刊本，卷 21〈卜員門〉，頁 13 下，「九天玄女卦」。

乾卦屬金，巳酉丑日見。占求財，一五七日浮上手。占田蠶，熟倍收。占六甲，生女，有願未還，主虛驚。占官事，宜和散。占謀望，成就。占行人，主有三人爲伴，有財。占失物，在不落空亡西方尋。占六畜，血財不上卦，土地不安破損。占賊盜，東北方來有二人，三五日見。占病，要退西方土殺，并家先灶司不安，有田願未還，西方有誤，向北方送射，七日退吉，西北方傷亡；又東南神廟有犯，用退喪車殺神。占家宅，香火浮力，有塔願未還神，香火浮力，是別人家的要安奉，有損財，宜送吉〔註381〕。

而關大王馬前靈筶祈神文則是：

一炷明香透上蒼，單請蒲州關大王，關王不要紙和香，專判人間禍吉祥。某姓君子馬前經過，敬求一卦，凶發白虎，吉判青龍，延纏者騰蛇，勾陳邊報，卦頭雖小，落地千斤。馬跨南山赤兔關，清風掩月透雲間，五十四州都天地，至今立廟玉泉山。雲散亂，黑須漂，刀出削，鬼神愁，有日將本姓周蒼，刀須快落人頭，孔明臺上用計謀，殺氣沖開牛斗上，硼刀劈破虎牢關，眼管十萬里，一赴九千潭。頭載青巾志氣高，身穿一領絳紅袍，腰繫八寶絲蠻帶，面似硃砂紅粉貌。出戰英雄誰敢當，今日馬前求一卦，九轉三爻斷吉凶〔註382〕。

接著，以茅草卦象對照圖示尋求解說，如有卦象云：「一卦本不明，是非最纏延，原是三家事，後來連六親」；或云：「雷震打散明月，君子作事用機，若問求財買賣，卻似水中捉月，此卦平平」；也有云：「此卦是斷橋，鐵船浪裏搖，火滅無蹤影，老鼠遇著貓」、「一卦好求財，穿紅赴金階，金殿新進士，家有十分財」〔註383〕。

卜筶亦有用上書金、木、土、水、火的五支竹籤，以三落地爻爲準，凡內有相剋主不利，相生大吉；三爻要明確乃可斷之，若爻有不正則須重覆丟之〔註384〕，再配上所占事情則可知吉凶，如屬木的青龍斷是：

占本命主財喜好，占家宅得力添喜，占文書發動就見，占官司勝貴人扶，占功名高中甲第，占求財十分東南財，占婚姻成就可好，占六甲生男吉，占走失奴婢難尋，占栽種十分，占交易成有財吉，占病漸好，占行人遇貴人，占

〔註381〕《學海群玉》，萬曆35年序刊本，卷21〈卜員門〉，頁13下～14上，「騰蛇弟客卦式」。

〔註382〕《萬用正宗分類學府全編》，萬曆35年刊本，卷22〈卜課門〉，頁1下，「祝文」。

〔註383〕《萬用正宗分類學府全編》，萬曆35年刊本，卷22〈卜課門〉，頁2上、2下～3上、3上，「筶式」。

〔註384〕《萬用正宗分類學府全編》，萬曆35年刊本，卷22〈卜課門〉，頁1下～2上，「斷法」。

行人至，占失物急尋見，占風水出貴子，占六畜血財好〔註385〕。

屬火的朱雀斷則為：

占本身事多，占家宅小口有災，占風水平穩，占官司損財，占出行口舌多，占求財主口舌分財，占功名成就，占六甲生男就見，占婚姻難成，占病則安，占失物在西南方，占走盜有僕人報信，占六畜血財少，占交易難成，占文書就見，占栽種不利，占行人有信息〔註386〕。

鬼谷子嚮卜法係利用掌五祀之首的灶來占卜。其方法是，凡有疑慮即洒掃葵室，滌釜注水令滿，以木杓一個，安頓灶上，又將明燈一盞，置於灶腹內，一盞安於灶上，再放一鏡於灶門東邊，以桂香、果品、淨茶三盞，叩齒祝曰：

自寫奏章一紙，某人問某事，某年某月某日，某人敢爇信香，昭告於司命灶君之神，切聞福基，既咎豈無徵事之先兆，維神司命以今，某伏爲某事，中心營營，罔知攸指，敬於靜夜，移薪息爇，滌釜注泉，求趨嚮卜之途，恭候指迷之柄，情之所屬，神實鑒之，某不勝聽命之至。

祝畢，以手撥鍋水令旋，以杓置於水中，任其隨水自轉，定後以杓所指方向，抱鏡出門，不許回頭，顧視密聽傍人言語，言吉則吉，語凶則凶。若杓指之處無路或有阻，宜再占之〔註387〕。

占燈花則是認為燈乃「一家照鑒之主」，故凡「開花結蕊，吐焰噴光，可知人事之吉凶」；然觀時須先注意天時之晴雨，仔細審視才會應驗；又燈花不可吹滅，吹滅反招災〔註388〕。大致而言，不同樣式的燈花有其不同意義，如：

燈有花，至更不滅，來日主有喜；至天明不滅不落，主喜事五日不絕。燈開花向卯上，必爲大人處淂書，若七夜如此，則君子加官進祿，富商者萬倍利息。燈二次吹不滅，更結花，主來日有喜，但存之，即獲大吉。燈焰忽外作分兩矩，主有天恩，爵印綬遷官吉慶，富人即有天官委令，貴人接引。燈花連珠□□□，少行有財。燈子中心結花似炒豆，四向無花，主有酒食，孕則生子〔註389〕。

〔註385〕《萬用正宗分類學府全編》，萬曆 35 年刊本，卷 22〈卜課門〉，頁 2 上～下，「青龍斷法」。

〔註386〕《萬用正宗分類學府全編》，萬曆 35 年刊本，卷 22〈卜課門〉，頁 2 下，「朱雀斷法」。

〔註387〕《學海群玉》，萬曆 35 年序刊本，卷 21〈卜員門〉，頁 17 上～下，「鬼谷子嚮卜法」。

〔註388〕《學海群玉》，萬曆 35 年序刊本，卷 21〈卜員門〉，頁 17 下，「新增燈花占」。

〔註389〕《學海群玉》，萬曆 35 年序刊本，卷 21〈卜員門〉，頁 17 下～18 上，「新增燈花

　　見怪種類頗爲複雜，大致可分爲逐日諸怪第一、屋宅船車諸怪第二、床帳衣冠鞋履怪第三、灶釜甑家具怪第四、牛馬六畜第五、鼠鳴井唧物第六、禽鳥雞鴨飛鳴第七、蛇蟲污衣蜂蛛第八、魚鱉蟹龜第九、身體聲音第十、鬼怪拖風第十一、血光污染物色第十二、竹林花果蠶怪第十三。

　　逐日諸怪又可分以十二干支日計、十二建除日計、八循環日計者三種。十二天干日計者如：

　　　　子日見怪，乃人神司命爲妖，主父母衰患，九十日至，凶。蛇怪，主官事口舌。狐狸怪，主有死亡。鼠雀怪，有行人信至。甑鳴，主欠家神願。母雞啼，主春蠶旺。犬怪，家有不明事。鵲屎沃衣，主孝服。六畜怪，牛馬興旺。豬狗怪，防失大財。蟲鳥鼠怪，主得財。鼠咬衣服，主得財，吉。

　　　　丑日見怪，是北陰神爲妖，主血光口舌，八十日內至，凶。蛇怪，主客喪憂心。狐狸怪，主有舊願。鼠雀怪，家有死亡。甑鳴怪，主退大財。母雞啼，主男女興旺。犬怪，欠神願不明。雞屎污衣，家有死亡。鼠咬衣，主女人口舌。百蟲怪，主小口有災〔註390〕。

十二建除日計者如：

　　　　建日見行人至，除日見防母，滿日防子孫，平日見家興旺，定日得九財，執日主退人口，破日怪自不成，危日防產母，成日見吉，收日見得財帛，開日防主凶，閉日憂行人〔註391〕。

而以朱雀、虎頭、虎脅、虎足、玄武、龍頭、龍腰、龍足八循環日計者如：

　　　　朱雀日，初四、初九、十七、廿五見怪者，主口舌，防失火事。

　　　　虎頭日，初二、初十、十八、廿六見怪者，主悲泣，喪服凶事。

　　　　虎脅日，初三、十一、十九、廿七見怪者，主得橫財，大吉利。

　　　　虎足日，初一、十二、二十、廿八見怪者，主遠行人不還，凶〔註392〕。

甚至有日下的逐時見五色怪之斷吉凶者，如：

　　　　子時黑色凶，丑時班色凶，寅時班色凶，卯時青色凶，辰時白色凶，巳時青色凶，午時裝色凶，未時白色凶，申時青色凶，酉時赤色凶，戌時白色凶，亥時黃色凶〔註393〕。

占」。

〔註390〕《三台萬用正宗》，萬曆27年刊本，卷33〈夢珍門〉，頁14下～15上。

〔註391〕《三台萬用正宗》，萬曆27年刊本，卷33〈夢珍門〉，頁14上，「十二支逐日見怪式」。

〔註392〕《三台萬用正宗》，萬曆27年刊本，卷33〈夢珍門〉，頁14上～下。

〔註393〕《三台萬用正宗》，萬曆27年刊本，卷33〈夢珍門〉，頁14上，「推逐時見五色怪

針對見諸怪而代表之吉凶好壞，民間的觀念是「凡人家見怪，好惡莫說」，因古人以為「見怪莫怪，其怪自害」；且往往以朱筆書符，配上祝禱儀式，即叩齒三通，含淨水一口，向東方噀之咒曰：

咄，赫赫陽陽，日出東方，吾勒此符，普掃不祥；口吐三昧之火，服飛門邑之光，捉怪使天蓬力士，破疾用穢跡金剛，降伏妖怪，化為吉祥，急急如律令勒〔註394〕。

將符貼於見怪處，或男左女右佩帶之以去災避禍〔註395〕。當時鎮怪符的種類，除通用於一般情況的佩符、妖怪符及鎮宅師符外，還可分鎮灶釜怪、器具怪、禽鳥怪、鵝鴨怪、床帳怪、衣冠怪、牛馬怪、六畜怪等不同的符〔註396〕。

逐時斷衣留法與逐時斷火逸法則是依不同時辰發生衣留及火逸情況以斷吉凶。如火逸情況發生於子時「主有外心煩惱憂事」，丑時「主外人至有外心」，寅時「主大吉，平安有財」，卯時「主得財，萬事遂意」等〔註397〕。

諸禽吉凶法是以各種禽鳥鳴聲、方向、時辰或動作斷吉凶，此包括鴉鵲鳴、谷鳥鳴、雞哭架、雀鬥席、鵲或燕子作窩等。其意義各有不同，如鴉鳴若發生於正南方，則「寅卯時主大吉，辰巳時主旺相，午時主亦公事，未申時送物來，酉時主故人來」；若在西南方，則「寅卯時主大吉，辰巳時主相爭，午時主不測事，未申時主有雨，酉時主有相召」〔註398〕。而谷鳥鳴是「早晨飛叫酒食該，坐落臨宅喜信來，日暮若是連叫叫，不是官憂定損才」；雞哭架則「憂喪火，雌似雄鳴暗事生，小雞四足連雙翅，百日憂災死者平」〔註399〕。若諸鳥落宅門前屬災凶〔註400〕；小雀相鬥筵席間，則席上賓客皆煩惱〔註401〕；而老鵲入宅作窩或燕子泥巢家宅，均屬不吉〔註402〕。

圖」。

〔註394〕《五車拔錦》，萬曆25年序刊本，卷32〈法病門〉，頁12上～下，「傳授鎮諸怪符法」。

〔註395〕《三台萬用正宗》，萬曆27年刊本，卷32〈夢珍門〉，頁13下，「都符」。

〔註396〕《萬用正宗分類學府全編》，萬曆35年刊本，卷27〈法病門〉，頁13下～14上。

〔註397〕《三台萬用正宗》，萬曆27年刊本，卷33〈夢珍門〉，頁17下，「逐時斷火逸法」。

〔註398〕《萬用正宗分類學府全編》，萬曆35年刊本，卷11〈卜員門〉，頁22上，「占鴉經圖」。

〔註399〕《萬用正宗分類學府全編》，萬曆35年刊本，卷11〈卜員門〉，頁22下～23上，「谷鳥鳴」、「雞哭架」。

〔註400〕《萬用正宗分類學府全編》，萬曆35年刊本，卷11〈卜員門〉，頁23上，「諸鳥落宅」曰：「諸般禽鳥落宅門，眾開喧呼不定聲，百日主人臨此地，災凶憂惚豈留停」。

〔註401〕《萬用正宗分類學府全編》，萬曆35年刊本，卷11〈卜員門〉，頁23上，「小雀鬥席」曰：「小雀相鬥樂筵間，席上賓朋俱惱煩，不鬥席中添外客，落人身上禍危難」。

〔註402〕《萬用正宗分類學府全編》，萬曆35年刊本，卷11〈卜員門〉，頁23上，「老鵲入

　　邵康節先生觀梅數乃觀周遭各種現象以斷吉凶，此可分觀天文之應、察地理之應、近取諸身之應、遠取諸物之應、草木之應、禽獸之應、雜物之應、拆字之應等。如觀天象者，凡「雲開見日，事必光輝；煙霧障空，物當失色；忽顛風飄蕩遇震雷，主虛驚；月忽當空，加增光彩，雨乍濕衣，可蒙恩澤」。察地理者，「重山爲阻隔之險，重水爲漫潤之深；水須事通，土積而事滯」。草木之應如「芝蘭爲物瑞，松柏爲壽之堅；遇松檜爲歲久年深，見菌菰則朝生暮死；疾病忌此枝葉飄零，當敗謝根苗，續接主牽連；奇葩端是虛花，佳果斷逢結果」。還有雜物之應如「酒盃忽破，樂極生悲；醫師偶逢，難中有救；藤蘿之類可倚勢，虎豹之象有施威；耕田鋤地者，事進必翻；剖竹破竿者，事勢必順」〔註403〕。

　　占夢則是利用夢境以斷吉凶，明清時期人們對此頗爲相信，民間日用類書中甚至舉出古人種種占夢應驗之實例以爲佐證，並令今人參考，如《萬用正宗分類學府全編》即列出二十七則不同故事〔註404〕，《三台萬用正宗》更刊有一百多則分屬十七大項的占夢故事〔註405〕。

　　大致而言，明清時期的占夢內容可分天文、地理、道路橋市、佛道鬼神、身體、夫妻產孕、呼召觀見、哀樂病死、沐浴廁穢、殺鬥罵辱、捕禁刑罰、水火盜賊、宮室屋宇、門戶井灶、冠帶衣服、床帳供器、船車遊行、刀劍儀節、文武器械、珍珠財帛、鏡環釵釧、墓塚棺槨、花木果品、田桑五穀、設食瓜果、龍蛇禽獸、牛馬六畜、龜鱉魚蟲二十八項〔註406〕，每項各有其不同狀況及吉凶意義，如哀樂病死項云：

　　　　哭泣者主畋獵事，露牙哭者主爭訟事，床上哭泣主夫凶，放聲大哭歌樂生，街中流淚大不安，身穿孝服官位至，弔問他人生貴子，家中歡樂病除去，家中喜笑百事吉，堂上歌樂主喪事，拍手歌樂主災殃，自歌舞者口舌至，吹笙者主有改移，打校聲主眾人助，病人載車主死亡，病人服藥主病痊，自身病者吉，死人去者凶，死人笑者主病除，抱死人哭者凶，見人死者主長命，死

　　　　宅作窩」曰：「鵲鵲巢宅自損來，左防兄弟右妻該，前後尊友維房老，堂上財疏有大災」；頁23上～下，「燕子宅窩」曰：「燕子泥巢穩，十窩已下興，若疊十窩上，家業漸凋零」。

〔註403〕　《學海群玉》，萬曆35年序刊本，卷22〈卜筮門〉，頁33下，「觀天文之應」：頁34上，「察地理之應」；頁35上，「草木之應」；頁35下，「雜物之應」。

〔註404〕　《萬用正宗分類學府全編》，萬曆35年刊本，卷11〈卜員門〉，頁1下～6上。

〔註405〕　《三台萬用正宗》，萬曆27年刊本，卷33〈夢珍門〉，頁1上～12下，「夢珍聚寶故事」；此十七項分別爲：帝王、宰輔、官職、狀元、解元、舉人、生子、婚姻、名望、神異、身體、死喪、財物、謀篡、脫難、夢寐、果報。

〔註406〕　《文林聚寶萬卷星羅》，萬曆28年序刊本，卷38〈夢解門〉，頁1上～13下。又《萬寶全書》，崇禎元年刊本，卷22〈夢解門〉，頁8上～下，另列有田園五穀類。

人復生罵人吉，子死者主喜吉，人云死者主淂壽〔註407〕。
也有以不同作夢時間占吉凶好壞者，如：

> 甲子他人有遠行，丙子東家主失財，戊子有家有官職，庚子自家有酒食，壬子東家有口舌。乙丑自家大吉利，丁丑南家中役使，巳丑自家酒食事，辛丑西家酒食吉，癸丑北家大吉利。丙寅東家事訟吉，甲寅他家送果來，戊寅西家有酒肉，庚寅有寶帛訟事，壬寅他人相思事。丁卯西家使官事，乙卯西家欲財吉，巳卯主得財大吉，辛卯東家有口舌，癸卯北家飲貴客〔註408〕。

由上述各項可知，生活中之各種事物、各式情況均已含蓋夢境裡形成占卜依據。而一旦作到不吉之夢，民間亦有解救之方，即透過唸符畫咒以去災得福。其方法是早起書符一道，口含滿水，左手持刀，叩齒七下，向東噀曰：

> 赫赫陽陽，日出東方，此符斷劫惡夢，辟除不祥，急急如律令〔註409〕。

書符內容因不同時間所作惡夢而有不同，使用方式亦有差異；如寅日夢惡須佩載之，卯日夢惡貼門上，申日夢惡依男左女右方向書於壁，戌日夢惡貼西壁，亥日夢惡則安灶中〔註410〕。

至於以身體變化占吉凶者則包括肉顫法、面熱法、眼跳法、耳熱法、耳鳴法、心驚法、涕噴法等；均視此些身體變化發生於何時辰，再對照說明以明吉凶。以逐時斷肉顫法爲例，各時辰配對內容如下：

> 子主親人來，大吉。丑主喜慶，本身吉。寅主凶事遠，大吉。卯主得財帛，大吉。辰主有惡事，大凶。巳主客人來，大吉。午主憂事，占身吉。未主吉事，占身吉。申主口舌詞訟，凶。酉主失財災厄，凶。戌主有貴人來至。亥主人吉利〔註411〕。

而逐時斷耳鳴法還分左、右耳之不同，如：

> 子，主左女思，右主天時。丑，左主口舌，右主爭訟。寅，左主失物，右主人至。卯，左主女思，右有客至。辰，左右皆有，遠客至。巳，左主凶，右

〔註407〕《文林聚寶萬卷星羅》，萬曆28年序刊本，卷38〈夢解門〉，頁5上～下，「哀樂病死第八」。

〔註408〕《三台萬用正宗》，萬曆27年刊本，卷33〈夢珍門〉，頁18上～下，「六甲占夢第二十九」。

〔註409〕《三台萬用正宗》，萬曆27年刊本，卷33〈夢珍門〉，頁12下～13上，「禳夢符咒」。

〔註410〕《三台萬用正宗》，萬曆27年刊本，卷33〈夢珍門〉，頁13上～下，「鎮日辰夢之符」。

〔註411〕《三台萬用正宗》，萬曆27年刊本，卷33〈夢珍門〉，頁18上～下，「逐時斷肉顫法」。

　　大吉。午，左右主遠親信來。未，左右主遠人至。申，左行人至，右大吉。
酉，左主失財，右大吉。戌，左右人送物食來。亥，左吉主酒食〔註412〕。

　　大致而言，明清時期民間日用類書中所載之雜占種類甚多，尤其是明代，不論
是具一定推算過程的袁天罡覆射課、諸葛孔明馬前課、戚都翁傳未卜先知課、劉海
蟾先生靈課、李淳風六壬課及夾竹梅花六壬課，或無需推算，對照情況即可得知吉
凶的靈龜逐盜失物法；經一定祈神儀式的八卦、九天玄女卦、關大王馬前靈筶、鬼
谷子嚮卜法；以及各式觀景物、情境，察身體變化的占燈花、見怪、占夢、逐時斷
衣留法與火逸法、諸禽吉凶法，逐時斷肉顫法、面熱法、眼跳法、耳熱法、耳鳴法、
心驚法、涕噴法等，均分布在各不同門類中，予以清楚而詳細地說明，且附上種種
圖示方便人們對照使用。然發展至清代前期三十卷版本中內容已刪除許多；僅保留
具一定推算過程，對照結果而得吉凶的袁天罡覆射課、諸葛孔明馬前課；經由祈神
儀式，得特殊卦相或指示，照此卦相或指示而得吉凶的八卦、鬼谷子嚮卜法；及觀
察景物、情境以明吉凶的占燈花、見怪、占夢。其中，八卦、見怪及占夢的內容最
多，解說亦較詳細。而至清代後期二十卷版本，則內容更大幅縮減到僅餘觀物察變，
對照說明文字即可立即得知吉凶好壞的占燈花、見怪及占夢三種，且分屬袪病門及
夢解門兩項，而無專門的占課、卜筮等門類之設立。

　　綜觀明清時期民間日用類書所載的玄理術數內容可概分爲命理、相法、風水、
擇日及雜占五大類，各大類中尚包括許多不同小項，其種類之多、內容之繁，可見
這些涉及陰陽五行、神祕超自然力量在民間生活中所扮演的角色，及其對民間生活
影響的層面。其中，風水與擇日僅見於明代版本及清代前期三十卷版本民間日用類
書，清代後期二十卷版本民間日用類書已刪去此二門類。所以如此，應與其不合民
間需求有關。蓋風水門的內容實過於複雜、艱澀，即使附上種種圖示，亦不易使人
了解，故發展至最後，內容終由減少而完全刪除；剋擇門雖爲民間普遍重視，卻與
曆書功能重疊，由於曆書係以當年的日曆爲準，明列各日吉凶好壞，及各類事情的
宜忌說明，並非如民間日用類書剋擇門般的通論性論述，且民間日用類書剋擇門的
內容亦往往須與曆書配合應用，所以，此一門類終爲曆書所取代，無需再設。明清
時期始終保有專門門類的玄理術數項目僅命理、相法及雜占中的解夢三種；然其內
容亦有簡化現象，刪除的是較具理論性、不易明瞭，或較複雜、繁瑣的部分，如命
理門中的四柱推命法，雜占中的袁天罡覆射課、諸葛孔明馬前課、戚都翁傳未卜先
知課、劉海蟾先生靈課、李淳風六壬課、夾竹梅花六壬課、八卦、九天玄女卦、關

〔註412〕《三台萬用正宗》，萬曆 27 年刊本，卷 33〈夢珍門〉，頁 18 上，「逐時斷耳鳴法」。

大王馬前靈筶、鬼谷子嚮卜法等；甚至較簡易的觀物察變，對照文字說明即可立刻得知吉凶好壞之諸禽吉凶法，及逐時斷衣留法、火逸法、肉顫法、面熱法、眼跳法、耳熱法、耳鳴法、心驚法、涕噴法亦均不見。保留的是最簡單、方便且制式的算沖天數、秤銀兩數、小兒關煞圖及占燈花、見怪、解夢而已。相法門則是玄理術數中從明版民間日用類書開始即較不具學理性質的一種，然其雖一直持續到清代前期三十卷版本及清代後期二十卷版本中，但內容亦已大幅縮減，保留最多的僅五官面相法部分。

第三節　養生保健與醫療衛生

一、保　養

　　爲使身體常保健康，平日保養甚於治療，而明清時期民間養生內容可分飲食禁忌與生活規範兩大部分。

　　飲食禁忌方面列有值得注意之食物，包括：

1、飲料類　　酒、茶、湯水
2、調味類　　鹽、醋、醬豉、糖蜜
3、醃漬類　　脯腊、酢鮺
4、禽類　　（總禽）鴛鴦、鷓鴣、鷹、雀、鶉、鳩、鴉、雉、竹雞、雞、鵝
5、獸類　　（總獸）羊、牛、馬、驢、鹿、麂、獐、豬、犬、虎、兔
6、魚類　　鯉魚、鯽魚、鱸魚、白魚、青魚、黃魚、鱘魚、鯊魚、比目魚、鱖魚、黃顙魚、石首魚、河豚魚、鮀魚、鰍魚、鱔魚、鰻鱺魚、鮎魚、鮑魚、（蛇）
7、甲殼類　　龜、鱉、蟹、螃蜞、牡蠣、蛤蜊、螺、蚌、蟶、蜆、蝦
8、菜蔬類　　（總菜）蒜、韭、薤、薑、姜、紫芥、芥菜、茄子、菘菜、若蓮、蘿蔔、蔓青、莧菜、菠薐、瓠子、蕨、葫荽、茱萸、蔥〔註413〕

由上表可知，有禁忌的食物最主要是葷食性食物如各種飛禽走獸及海產，事實上，對以農立國的傳統中國民間而言，葷食並非主食大宗，且基於勞動獸力的保持，亦

〔註413〕《萬用正宗分類學府全編》，萬曆 35 年刊本，卷 28〈養生門〉，頁 7 下～8 上，「飲食要決」；《萬寶全書》，崇禎年間刊本，卷 34〈養生門〉，頁 846～876，「食鑑本草」；《萬寶全書》，乾隆 23 年序刊本，卷 4〈養生門〉，頁 4 下～5 下，「食鑑本草」。

－180－

不主張多食葷，故有勸人勿食牛肉之詩云：

> 我勸世人勿食牛肉，服耕效勞反遭殺戮，爾食何來忍為烹醐。吁嗟，此牛莫
> 云是畜，六道輪迴，互相報伏，焉知夙生非爾眷屬。豈曰無知，臨死觳觫口
> 不能言，淚珠流落，皮解體分，猶張兩目，目眶徒張，看爾反覆，能保他年
> 不變為犢。念我滋味，貪饞恣慾，只愛口甜，不思中毒，有菜充肌，得蔬已
> 足適口，物多何食牛肉！鑒哉，甚明，勿食是福〔註414〕。

此明白表示，就現實面而言，牛乃農村社會重要勞動力，且農村社會菜蔬類食物足
夠使用，而牛的感性、加上佛教輪迴觀念影響，實無吃食牛肉之必要。此外，刺激
性飲料如酒及茶，醃漬食物如脯腊及鮓鮺，口味過重之調味料，以及五辛類的菜蔬
如蒜、蔥、薤等均當特別注意。

　　事實上，這些食物非絕對不能食用，如刺激性飲料的酒，雖多食會傷脾、傷胃，
且易上癮，而一旦上癮則引發的疾病更多；然因其味甘苦辛，故可殺百邪惡氣〔註
415〕，且禦霜露之毒〔註416〕。而茶多飲令人難眠，但可除煩去膩、「令人有力悅志」
〔註417〕。口味甚重的調味料如醋，多食損胃，然可益氣，產婦食之最佳；亦可「理
諸藥，消毒熱」，而「尤能辟寒」〔註418〕。鹽多食傷肺，且令人失色膚黑，但以之
嗽口揩齒、洗眼則可去垢、益目〔註419〕。而醬豉可辟瘟疫、麵毒，且春夏天氣不和
時可用以開胃〔註420〕。

　　至於葷食類的飛禽走獸或海產，以及五辛類菜蔬亦有相當益處；如鷹腊與豆黃
和服、雀與乾姜末蜜丸服均令人肥白。鵑和生姜煮食止泄痢。班鳩、鱖魚及石首魚
多食均可益氣，還分別可助陰助陽、令人肥健及開胃〔註421〕。烏雞最暖可補血，產
婦可食〔註422〕。青羊肝與蚌食之均可明目〔註423〕。黃顙魚與螺均可醒酒〔註424〕。

〔註414〕《萬寶全書》，崇禎年間刊本，卷34〈養生門〉，頁845～846，「戒食牛肉」。亦有
　　　　勸人莫殺生食肉之文，參見《五車拔錦》，萬曆25年序刊本，卷27〈養生門〉，頁
　　　　13上～14上，「戒殺生要言」。
〔註415〕《萬寶全書》，崇禎年間刊本，卷34〈養生門〉，頁846，「酒」。
〔註416〕《萬寶全書》，崇禎年間刊本，卷34〈養生門〉，頁868，「養生約言」。
〔註417〕《萬寶全書》，崇禎年間刊本，卷34〈養生門〉，頁850，「茶」。
〔註418〕《萬寶全書》，崇禎年間刊本，卷34〈養生門〉，頁852，「醋」。
〔註419〕《萬寶全書》，崇禎年間刊本，卷34〈養生門〉，頁851～852，「鹽」。
〔註420〕《萬寶全書》，崇禎年間刊本，卷34〈養生門〉，頁853，「醬豉」。
〔註421〕《萬寶全書》，崇禎年間刊本，卷34〈養生門〉，頁856，「鷹」、「雀」、「鵑」；頁
　　　　869，「鱖魚」；頁870，「石首魚」。
〔註422〕《萬寶全書》，崇禎年間刊本，卷34〈養生門〉，頁859，「雞」。
〔註423〕《萬寶全書》，崇禎年間刊本，卷34〈養生門〉，頁860，「羊」；頁873，「蚌」。
〔註424〕《萬寶全書》，崇禎年間刊本，卷34〈養生門〉，頁869，「黃顙魚」；頁873，

鰻魚煮羹，食之能治癆疾，而鰻魚乾燒之能治蚊蟲、蛀蟲，置其骨於衣箱中可斷白蟻、諸蟲咬衣服〔註425〕。牡蠣火上炙，勿去殼，食之極美，令人細肌膚、美顏色〔註426〕。蟶主胸中煩悶，邪熱止消，但要在飯後食之。蔥味辛能通利肺壅〔註427〕。韭味酸可補肝治百病，亦能克肝氣〔註428〕。薤味苦可補心治百病，若白色更佳，雖有辛氣不葷，入五臟學道，長服之可通神，安魂魄益力〔註429〕。生姜可開胃、去痰、下氣、止嘔、除風邪與寒熱〔註430〕。

某些飲食禁忌以今日視之頗符合養生之道，亦有其科學基礎，如食熱物時勿飲冷水；盛夏冒暑不可盡飲冷，且勿與甜膩油食相犯；山泉甚冷，飲之往往令人病〔註431〕。沙糖多食損齒〔註432〕。魚醬、肉醬等醃漬類食物多食易落髮〔註433〕。各種家獸、野獸不論是自死或病死，均不可食，尤其是死無傷處者〔註434〕。羊、牛、豬等肉類亦不可多食、久食，患病者尤其要少食〔註435〕。魚須熟食，且食要小心，恐骨梗；炙煮時忌煙熏目〔註436〕。而一旦被蛇咬，切忌用口呵，恐毒氣入口害人〔註437〕。

當然，其中亦不乏迷信內容，如食鴛鴦肉使夫妻相愛〔註438〕；申子日勿食一切肉類〔註439〕；而所有外形特殊者，不論是鳥六指、雞六指、玄雞白頭、雞五色、獸赤足、羊一角、白馬玄頭、白馬黑蹄或青蹄、白豕白蹄青爪、野豬青蹄、魚目有睫、

「螺」。
〔註425〕《萬寶全書》，崇禎年間刊本，卷34〈養生門〉，頁870～871，「鰻魚」。
〔註426〕《萬寶全書》，崇禎年間刊本，卷34〈養生門〉，頁873，「牡蠣」。
〔註427〕《萬寶全書》，崇禎年間刊本，卷34〈養生門〉，頁873～874，「蟶」、「蔥」。
〔註428〕《萬寶全書》，崇禎年間刊本，卷34〈養生門〉，頁875，「韭」。
〔註429〕《萬寶全書》，崇禎年間刊本，卷34〈養生門〉，頁875～876，「薤」。
〔註430〕《萬用正宗分類學府全編》，萬曆35年刊本，卷28〈養生門〉，頁7下，「蘿蔔」；《萬寶全書》，崇禎年間刊本，卷34〈養生門〉，頁876，「姜」。
〔註431〕《萬寶全書》，崇禎年間刊本，卷34〈養生門〉，頁850～851，「湯水」。
〔註432〕《萬寶全書》，崇禎年間刊本，卷34〈養生門〉，頁853，「糖蜜」。
〔註433〕《萬寶全書》，崇禎年間刊本，卷34〈養生門〉，頁855，「酢醃」。
〔註434〕《萬寶全書》，崇禎年間刊本，卷34〈養生門〉，頁859，「總獸」；頁862～863，「馬」、「驢」；《萬用正宗分類學府全編》，萬曆35年刊本，卷28〈養生門〉，頁5上，「孫真人枕上記」。
〔註435〕《萬寶全書》，崇禎年間刊本，卷34〈養生門〉，頁860～861，「羊」、「牛」；頁864，「豬」；頁872，「鱉」。
〔註436〕《萬寶全書》，崇禎年間刊本，卷34〈養生門〉，頁867，「魚」、「鯉魚」。此外，《萬用正宗分類學府全編》，萬曆35年刊本，卷28〈養生門〉，頁6上，「孫真人養生雜訣」亦言一切肉須煮爛、食生肉傷胃。
〔註437〕《萬寶全書》，崇禎年間刊本，卷34〈養生門〉，頁871，「蛇」。
〔註438〕《萬寶全書》，崇禎年間刊本，卷34〈養生門〉，頁856，「鴛鴦」。
〔註439〕《萬寶全書》，崇禎年間刊本，卷34〈養生門〉，頁859，「總獸」。

魚目白、魚頭正白如連珠至脊上、魚無鰓、魚赤鱗、鮎魚赤目、蟹目赤，以及鱉肚下成王字、卜字或五字、赤足、獨目、目白等均不可食，食之非疾即死，或傷人、或殺人〔註440〕。同時，食父母或自己本命肉，令人「壽不長」或「魂魄飛揚」〔註441〕。

　　飲食禁忌除對個別食物種類外，還有許多飲食原則。其中，最重要的是飲食適度，不論是適量或適味；〈衛生歌〉有云：

　　　　日食須當去油膩，太飽傷神飢傷胃；大渴傷血多傷氣，饑餐渴飲莫太過。免
　　　　致彭亨損心肝，醉後強飲飽強食，未有此身不生疾。人資飲食以養生，去其
　　　　甚者將安逸〔註442〕。

〈真人養生銘〉亦曰：「酸味傷於筋，苦味傷於骨，甘多不益肉，辛多敗正氣，鹹多促人壽，不淂偏耽嗜」〔註443〕。而〈養生約言〉中言：「善養生者，先渴而飲，飲不過多；先饑而食，食不過飽」、「戒滿意之食，省爽口之味」、「五味淡薄，令人神爽，氣清少病」、「大饑不大食，大渴不大飲，恐血氣不常，卒然不救」〔註444〕，均是再三提醒人們飲食須節制有度。

　　而自然環境隨四時變化有異，飲食亦當配合調整；如

　　　　春月少酸宜食甘，冬月宜苦不宜鹹；夏用增新聊減苦，秋辛可省但加酸；
　　　　季月少鹹甘略戒，自然五臟保平安；若能全減身康健，滋味過多無病難。

在夏季尤難調理，天熱易食冰涼，然生冷宜少餐，否則「秋來成瘧痢」〔註445〕。而人體臟腑器官層層相連，若有不當即患病，故對各臟器與食物關係亦須明瞭；〈衛生五事〉云：

　　　　極力勞形，兼恭氣逆，當風縱酒，食嗜酸辛，肝為之病矣；飲食生冷，溫涼
　　　　失度，久坐久臥，大飽大饑，脾為之疾矣；呼叫過常，辨事陪答，胃犯寒暄，
　　　　恣食鹹苦，肺為之病矣；久坐濕地，強力入水，縱慾勞形，三田漏溢，腎為
　　　　之病矣。五病既作，故未老而羸，未羸而病，病至則重，甚則必斃。鳴呼！
　　　　是皆弗思而自取之也，衛生之事，須謹此五者，可致終身無苦〔註446〕。

〔註440〕《萬寶全書》，崇禎年間刊本，卷34〈養生門〉，頁855、858、859、860、862、
　　　　　864、866、871、872、871～872。
〔註441〕《萬用正宗分類學府全編》，萬曆35年刊本，卷28〈養生門〉，頁6上，「孫真人養
　　　　　生雜訣」。
〔註442〕《萬用正宗分類學府全編》，萬曆35年刊本，卷28〈養生門〉，頁2上，「衛生歌」。
〔註443〕《萬寶全書》，崇禎年間刊本，卷34〈養生門〉，頁846，「真人養生銘」。
〔註444〕《萬寶全書》，崇禎年間刊本，卷34〈養生門〉，頁865、867，「養生約言」。
〔註445〕《萬用正宗分類學府全編》，萬曆35年刊本，卷28〈養生門〉，頁1下，「衛生
　　　　　歌」。
〔註446〕《萬用正宗分類學府全編》，萬曆35年刊本，卷28〈養生門〉，頁2下～3上，

又「心之神，發乎目，則爲之視；腎之精，發乎耳，則爲之聽；肝之魂，發乎鼻，則爲之嗅；膽之魂，發乎口，則爲之言」〔註447〕，故「耳鳴直須保腎，目病必須治肝，節飲自然脾健」〔註448〕。

此外，飲食要心平氣和、細嚼慢嚥，飯後須略事休息、運動，以幫助消化，都是值得注意之事〔註449〕。

養生方式除飲食禁忌外，還有生活規範，即日常生活中本身行爲及外在環境應注意之事。就前者而言，維持個人情緒穩定是最重要的，由於人身三寶乃精、氣、神，「精者，神之本；氣者，神之主；形者，氣之宅」〔註450〕，其中，「精生氣，氣生神，神自靈也；故精絕則氣絕，氣絕則命絕」〔註451〕；而「怒甚偏傷氣，思多太損神，神疲心亦疲，氣弱病相縈」〔註452〕，且「心若太費，費則竭；形若太勞，勞則歇；神若太傷，傷則虛；氣若太損，損則絕」〔註453〕，故養生之道在「喜樂有常嗔怒少，悲哀無執思慮除，因事莫驚去煩惱」〔註454〕；而善養生者常「少思、少慾、少念、少事、少語、少笑、少愁、少樂、少喜、少怒、少好、少惡」〔註455〕，因「多思則神殆，多念則志散，多慾則志昏，多事則勞形，多語則氣乏，多笑則傷臟，多愁則心懾，多樂則語溢，多喜則忘錯，昏亂多怒則百脈不定，多好則專迷不理，多惡則憔悴無歡」〔註456〕。

「衛生五事」。

〔註447〕《萬寶全書》，崇禎年間刊本，卷34〈養生門〉，頁855，「心腎肝膽」。

〔註448〕《萬寶全書》，崇禎年間刊本，卷34〈養生門〉，頁852，「眞常子養生歌」。

〔註449〕《萬寶全書》，崇禎年間刊本，卷34〈養生門〉，頁867～868，「養生約言」曰：「怒後不可便食，食後不可發怒」、「飯後要徐徐行數十步，以手壓面，摩肋，摩腹，仰面呵四五口，能去飲食之毒」、「凡飲食不宜速，須緩，善脾胃」。

〔註450〕《萬用正宗分類學府全編》，萬曆35年刊本，卷28〈養生門〉，頁4下，「精氣形」。

〔註451〕《萬用正宗分類學府全編》，萬曆35年刊本，卷28〈養生門〉，頁4上，「三寶」。

〔註452〕《萬用正宗分類學府全編》，萬曆35年刊本，卷28〈養生門〉，頁3下，「孫眞人養生銘」。《萬寶全書》，崇禎年間刊本，卷34〈養生門〉，頁845，「眞人養生銘」曰：「思慮最傷神，喜怒最傷炁」。

〔註453〕《萬寶全書》，崇禎年間刊本，卷34〈養生門〉，頁847，「衛生歌」。

〔註454〕《萬用正宗分類學府全編》，萬曆35年刊本，卷28〈養生門〉，頁1下，「衛生歌」。

〔註455〕《萬用正宗分類學府全編》，萬曆35年刊本，卷28〈養生門〉，頁5下，「孫眞人養生雜訣」。《萬寶全書》，崇禎年間刊本，卷34〈養生門〉，頁852，「眞常子養生歌」曰：「少思必定神安」。

〔註456〕《萬寶全書》，崇禎年間刊本，卷34〈養生門〉，頁853，「孫眞人二十（十二）多」。又頁864，「攝生要語」曰：「寡思慮以養神，寡嗜慾以養精，寡言語以養氣」；頁869，「養生約言」曰：「口中言少，心頭事少，肚裏食少，自然睡少，依此四少，神仙訣了」。

同時，作息規律亦是養生之重要項目；〈攝生要語〉云：

> 天地之元氣，歲有升降，自冬至後漸升，至於九天，夏至後漸降，至於九泉。
> 人身元氣，亦有升降，子時生於腎中，自腎脈漸漸上升泥丸，此即天地一陽
> 初動，感而遂通，乃復卦也。子時自泥丸下降於心，戌亥歸於伏中，此即天
> 地六陰，窮及百蟲閉關，草木歸根，寂然不動，乃坤卦也。

自然界如此動靜循環不已〔註457〕，而生活於其間者，若能順時而行，運氣之和，自
然康健〔註458〕；故「春夏宜起早，秋冬宜晏眠，晏忌日出後，早忌雞鳴前」〔註459〕，
切莫「寢息失時」〔註460〕；亦勿久視、久坐、久立、久行；因「久視傷心損血，久
坐傷脾損肉，久立傷腎損骨，久行傷肝損筋」〔註461〕。而適度的體力勞動也是不可
或缺的〔註462〕。

外在環境方面，需要注意個人的身體清潔及居家衛生。個人身體清潔，從定期
的刷牙、叩齒、梳髮、剪甲、濯身（足）〔註463〕，乃至排泄，均可益身〔註464〕；
且隨四時氣候變化更換衣服，調節身體狀況，維持全身舒暢，才不致生病，如〈衛
生歌〉及〈孫眞人養生雜訣〉所云：

> 春寒莫放綿衣薄，夏月汗多須換著；秋冬衣冷漸加添，莫待病生纏服藥。
> 溫衣及汗衣皆不可久著，令人發瘡。春天不可薄衣，令人傷寒、霍亂〔註465〕。

而民間日用類書中亦刊有各式潔淨身體、美化身體，乃至保持身體與環境芳香之法，

〔註457〕 《萬寶全書》，崇禎年間刊本，卷34〈養生門〉，頁862，「攝生要語」。

〔註458〕 《萬寶全書》，崇禎年間刊本，卷34〈養生門〉，頁863，「攝生要語」；頁866，「養
生約言」。

〔註459〕 《萬寶全書》，崇禎年間刊本，卷34〈養生門〉，頁868，「養生約言」。

〔註460〕 《萬用正宗分類學府全編》，萬曆35年刊本，卷28〈養生門〉，頁4上，「抱朴子十
五傷」。

〔註461〕 《萬寶全書》，崇禎年間刊本，卷34〈養生門〉，頁864，「攝生要語」。

〔註462〕 《萬寶全書》，崇禎年間刊本，卷34〈養生門〉，頁845，「眞人養生銘」曰：「人欲
勞於形，百病不能成」。

〔註463〕 《萬寶全書》，崇禎年間刊本，卷34〈養生門〉，頁848，「衛生歌」曰：「髮宜多梳
氣宜鍊，齒宜頻叩，津宜嚥」；頁845，「眞人養生銘」曰：「寅丑日剪甲，頭髮梳
百度，饑則立小便，飽則坐施溺」、「遇夜濯足臥」；頁852，「眞常子養生歌」曰：
「夜漱卻勝朝漱」；頁865，「攝生要語」曰：「髮多梳令人明目」；頁868，「養生約
言」曰：「臨睡，用石膏、花椒或青鹽爲末擦齒，用好茶漱之，叩齒數遍，則一日
飲食之毒不留齒間，則無齒疾」。

〔註464〕 《萬寶全書》，崇禎年間刊本，卷34〈養生門〉，頁860～861，「孫眞人養生雜訣」
曰：「忍尿不便，膝冷或疾。忍大便不便，成氣痔。大小便不可努力成病，任其自
去」。

〔註465〕 《萬寶全書》，崇禎年間刊本，卷34〈養生門〉，頁848，「衛生歌」；頁861，「孫眞
人養生雜訣」。

以供人們參考使用。如洗澡及香身用的內府香肥皂方、德州香肥皂方、淨身方、洗澡方、合香方、香身荳蔻丸、秘傳和粉方、常用和粉方、利汗和粉方、透肌香身五香片；清面並使面容亮麗用的金國宮中洗面八白散方、洗面妙方、去靨塗面方、去諸斑方、香肥皂方、大眞紅玉膏、夜容膏；剃染鬚髮及使芳香用的還童丹、治鬚鬢斑白染黑方、勒馬黑鬚方、華山陳希夷先生擦牙烏髮固齒仙方、擦牙烏鬚補腎明目白牙散方、剃鬚髮不用刀方、黑髮射香油方、香髮木屑油、金主綠雲油、梳頭髮不落方、洗頭方散、洗髮香潤方；淨牙治牙用的固牙散方、華山陳希夷先生擦牙烏髮固齒仙方、擦牙烏鬚補腎明目白牙散方、治牙疼方、白牙散方、擦牙散方；潔衣香衣用的造衣香方、洗衣香方、衣香方；治虱用的治頭上虱方、治身上虱方、治陰上生虱方、燻衣除虱方、治羊皮襖生虱方、治木虱方、燻衣除虱；除蚊蠅用的治蚊蟲方、防蠅方；還有使環境芳香用的靈龜吐氣仙香方、金龜吐火香等〔註466〕。

　　此外，住屋之防風亦當重視，蓋「腦內入風人不壽」，尤其是酒醉食飽臥風中，更易傷身〔註467〕；古人以爲忽得偏風，四肢不遂者，均因風侵所致，故須愼防之〔註468〕。

　　綜觀明清時期民間養生知識的特點在於科學與迷信兼之的飲食習慣，節制規律的生活方式，尤其重視人身與環境的整合，人爲與自然的調適。然此種養生知識，不論是飲食禁忌、作息規範、生活環境調適，及其條列式、解說式的內容，僅見於明版民間日用類書，至清代前期三十二卷版本中，則多條列式的禁忌與規範，少解說式內容，且內容均有簡化，如飲食禁忌中只有八大類三十幾項內容，不若以往八大類有八十多項內容的詳細解說；而發展至清代前期三十卷版本及清代後期二十卷版本中，更無養生門的設立或其它相關內容的刊載。

二、健　身

　　預防疾病，維持身體健康，並增強體力，除消極性地注意飲食禁忌、作息規範

〔註466〕《三台萬用正宗》，萬曆27年刊本，卷6〈師儒門〉，頁10上～17下，「經驗效應方」；《五車拔錦》，萬曆25年序刊本，卷30〈風月門〉，頁11下～13上，「附閨裝事宜」；《萬用正宗分類學府全編》，萬曆35年刊本，卷23〈風月門〉，頁13下～14下。

〔註467〕《萬寶全書》，崇禎年間刊本，卷34〈養生門〉，頁849～850，「衛生歌」。

〔註468〕《萬寶全書》，崇禎年間刊本，卷34〈養生門〉，頁861，「孫眞人養生雜訣」。又頁857，「調攝」曰：「臥處不可……，亦不可當風，必犯頭風等疾；背受風則嗽，惟胸無禁；善調攝者，強盛者，不可當風及露下久臥」；頁858，「孫眞人椀上記」曰：「坐臥莫當風」。

及生活環境調適外，還有積極性地運氣脩身與武術健身。

　　運氣脩身即一般所稱之練氣功，係透過運氣方式使全身血脈暢通，筋骨活絡，以增強體能。明清時期民間流行的氣功可分二十四氣導引術、陳希夷導引術、運氣卻病法、返本還源功夫、漢華陀五禽法等。

　　二十四氣導引術、陳希夷導引術、運氣卻病法、返本還源功夫乃因不同時間、以不同姿勢導引身體各部位之氣運行。如二十四氣導引術有名爲「雙關湧泉」者係：

> 坐定，兩腿舒直，兩腳並齊，如八字樣，將腳如之，十指如一收一伸一縮，不拘數遍，覺湧泉穴內，稍熱或覺氣動而止，則九陰之下，一陽生起，引足厥陰肝，經轉行兩腳背，穿三里過蟠膝，所謂走足而胸走手；若不先從此穴先導，則九陰之下，陽脈無由而升，是以失其所生根源之地，安得氣血調和，筋骨強健，處世無疾而能保〔註469〕。

其它還有旋風獅子、過雙蟠膝、獲擂山川、擦提尾閭、運回斗柄、雙摩腎堂、雙行轆轤、撼搖天柱、猛虎翻睛、童子倦拜、夜丫擂鼓、獅子攀椿、泥裏搖椿、鼓舞橐籥、仙人背劍、左右射鵰、頑猿拽鋸、洞龍托瓜、金剛大跌、漱攪吐納、扣齒鼓鐘、運行日月、垂簾塞兌共二十四式〔註470〕。

　　陳希夷導引術方法爲：

> 閉目瞑心坐，握固靜思神，叩齒三十六，兩手抱崑崙，左右鳴天鼓，二十四度聞；微擺撼天柱，赤龍攪水渾；漱津三十六，腎水滿口勻，一口分三嚥，龍行虎自奔；閉氣搓手熱，背摩後精門，盡此一口氣，想火燒臍輪；左右轆轤轉，兩腳放舒伸；叉手雙虛托，低頭攀足頻；以候逆水上，再漱再吞津；如此三度畢，神水九次吞，嚥下汩汩響，百脈自調勻；河車搬運訖，發火遍燒身，邪魔不敢近，夢寐不能昏，寒暑不能入，災病不能迍。

此法於「每日子後午前各行一次，或晝夜共行三次，久而自知蠲除疾疫，漸覺身輕」〔註471〕。由於全程主要分爲八個階段練習，故又稱八段錦〔註472〕。

　　運氣卻病法有使人老而不衰的「水潮除後患」，方法是：

> 平明睡醒時，即其端坐，凝坤息慮，舌抵上顎，閉口調息，津淡自生，漸至滿口，分作三次，以意送下，久久行之，則五臟之邪火不炎，四肢之氣血流

〔註469〕《三台萬用正宗》，萬曆27年刊本，卷23〈脩眞門〉，頁8上～下，「雙關湧泉」。
〔註470〕《三台萬用正宗》，萬曆27年刊本，卷23〈脩眞門〉，頁8上～18下，「導引二十四氣秘訣」。
〔註471〕《三台萬用正宗》，萬曆27年刊本，卷25〈養生門〉，頁10下～11下，「陳希夷導引法」。
〔註472〕《五車拔錦》，萬曆25年序刊本，卷33〈脩眞門〉，頁16上～17上，「八段錦圖」。

暢，諸疾不生，永除後患，老而不衰〔註473〕。

有治齒疾的「叩齒牙無疾」，方法是：

> 晨睡醒時，叩齒三十六通，以舌攪牙齦之上，不論遍數，津液滿口，方可嚥下；
> 每作三次乃止，及丸小解之時，閉口緊叩其齒，解畢方開，永無齒疾〔註474〕。

其它還有火起得長安、夢失封金櫃、形衰守玉關、謹守消積聚、兜裏治傷寒、升觀鬢不斑、□睛除眼翳、掩耳去頭旋、托蹬應輕骨、搓塗自美顏、閉摩通滯氣、凝□□丹田、滋食能多補、無心得大還共十六式〔註475〕。

返本還源功夫則依「降伏身心、寂然不動、流戊就巳、眞水上昇、巽風採藥、周天火候、沐浴、脫胎、抱一」等步驟達到「形神俱妙」之境界〔註476〕。

漢華陀五禽法是以爲人體搖動則穀氣易滑，血脈流通，病不得生，猶如「戶樞不蠹，流水不腐，以其常動故也」〔註477〕；因此，主張師法虎、熊、鹿、猿、鳥五禽搖動以調氣。其法如虎勢乃：

> 閉氣低頭，捻拳如虎張威，兩手如握千劬重物，輕輕起來，切莫放氣，平身吞氣入腹，使氣注上而腹下覺，腹中如雷鳴，行五七次，氣脈調和，精神爽美，百病消除。

而熊勢則爲：

> 先側身面視下拳，轉閉氣如□，左右擺舞，兩腳前后立定，使氣注□於兩脅，骨節皆響，行提三五次，舒筋和脈，勻氣活腰〔註478〕。

此外，配合運氣脩身還有丹藥的服食。爲方便人們明瞭，民間日用類書列有金丹門以供參考。其內容包括對丹藥主要成分鉛、汞的了解〔註479〕，鍊丹藥鍋爐、陰池、陽池的構造與使用〔註480〕，火候掌控，鍊丹藥各步驟等〔註481〕，均有清楚說

〔註473〕《三台萬用正宗》，萬曆27年刊本，卷23〈脩眞門〉，頁1下，「水潮除後患」。

〔註474〕《三台萬用正宗》，萬曆27年刊本，卷23〈脩眞門〉，頁4上，「叩齒牙無疾」。

〔註475〕《三台萬用正宗》，萬曆27年刊本，卷23〈脩眞門〉，頁1下～8上，「卻病一秤金秘」。

〔註476〕《三台萬用正宗》，萬曆27年刊本，卷23〈脩眞門〉，頁5下～8下，「返本還源功夫總目圖像」。

〔註477〕《五車拔錦》，萬曆25年序刊本，卷33〈脩眞門〉，頁15上，「漢華陀五禽法」。

〔註478〕《五車拔錦》，萬曆25年序刊本，卷33〈脩眞門〉，頁15上～16上，「第一虎勢」、「第二熊勢」。

〔註479〕《三台萬用正宗》，萬曆27年刊本，卷24〈金丹門〉，頁2上～3上，「鉛汞金丹起首秘訣」。

〔註480〕《三台萬用正宗》，萬曆27年刊本，卷24〈金丹門〉，頁5下～7上，「陰池陽池爐式秘訣」；頁11下～12上，「神爐圖式」。

〔註481〕《三台萬用正宗》，萬曆27年刊本，卷24〈金丹門〉，頁7上～11上，「養砂雌雄

明，並以圖文並茂方式呈現。

　　武術健身則是另一種保健身體、增強體力的方法。明清時期縉紳宦族或耽於逸樂疏於習武〔註482〕，然民間練武風氣則頗爲普遍，蓋其功用除可健身，亦備不時之需〔註483〕，甚或增進兵力〔註484〕。

　　明清時期武術種類甚多，一般可分射藝、拳術、棍（棒）法、鎗法、鈀法、槌法、刀法等。其中，射藝淵源最早，而拳術最普遍。

　　射藝源於西周封建制度下貴族的教育，然漢代已普遍於民間，此後沿續至明清〔註485〕。明清時期民間日用類書之介紹射藝，始於對弓式、箭式及基本射法之了解，故〈步射總法〉首先介紹：

> 左肩與胯對垛之中，兩腳先取四方，立後，次轉左腳，大指垛中，此爲丁字，不成八字，不就左手，開虎口微鬆，下二指轉托，則上弰可隨手，直指的下鞘可抵髀骨下，此爲靡其弰，右手摘弦，盡勢翻向手後，要肩膊與腕下般，平直仰掌，盤指不得開露，此爲壓射仰腕之法〔註486〕。

　　至於各步驟之細節則有不同要領，如持弓時，「左手垂下，微曲大指羈弝，第二第三指著力把弓箭，餘指斜籠下弰指。左腳面曲，右手當心，右臂貼脅，以大指第二第三指於節上，四指弦裏排弰箭與手齊」。舉弝時，「轉身微曲注目視，左手輪指坐腕把弓箭，如懷中吐月之勢，續以左手第二指與第三指靠心斜入，撥弦，令弓上侍著右肩，然後舉左腳三移其步」。取箭時則「以左手三指函（承）丁（下）緊抵箭，四指五指鉤落上籠，先舉右腳隨步，合右手二指按箭，三指斜擗箭，四指五指向裏斜，鉤左手二指三羈鏃」〔註487〕。其它還有牽弦、開弓、遣箭等項目〔註488〕，

得配訣法秘旨」。

〔註482〕《萬用正宗分類學府全編》，萬曆35年刊本，卷20〈武備門〉，頁1上，「拳勢捷法」。

〔註483〕《三台萬用正宗》，萬曆27年刊本，卷14〈武備門〉，頁1上～下，「演武捷要序」。

〔註484〕《萬寶全書》，萬曆42年序刊本，卷19〈武備門〉，「武備總說」：故民間日用類書在此門類中亦有刊若干兵法內容者，如〈陣序法〉、〈戰策機關法〉、〈大旗所製法〉等，參見《三台萬用正宗》，萬曆27年刊本，卷14〈武備門〉，頁1上～11下。

〔註485〕黃偉、盧鷹，《中國古代體育習俗》（西安：陝西人民出版社，1994.6），頁14～16、60、249～251。

〔註486〕《萬書萃寶》，萬曆24年刊本，卷20〈武備門〉，頁7下，「步射總法」。

〔註487〕《萬書萃寶》，萬曆24年刊本，卷20〈武備門〉，頁8上～下，「持弓審固」、「舉弝摟弦」、「排羽取箭」。

〔註488〕《萬書萃寶》，萬曆24年刊本，卷20〈武備門〉，頁8下～9下，「當心入筈」、「鋪膊牽強」、「斂身開弓」、「用力遣箭」。

並附有弓式、箭式、持弓審固、用力遣箭之圖〔註489〕。

拳術種類甚多，從宋代的宋太祖三十二勢長拳到當時的溫家七十二行拳均有流傳〔註490〕；而主要拳法有童子拜觀音拳、夜丫聚海拳、出馬一枝鎗拳、四門斗裡拳、浪裡淘沙拳、擒鎗拳、小神拳、邵武（陵）拳等〔註491〕；重要招勢共有三十五式，包括：

封逼勢、低四品勢、觀音側身肘、單鞭臨葉勢、王侯三北勢、盤肘勢、招陽勢、中勒馬勢、追風勢、四封勢、鬼拜燈勢、招陽懸腳金雞勢、鷹曬翼勢、猛虎靠山勢、撩衣單鞭勢、到上看勢、生馬勢、四目勢、木魚勢、斜身耀（躍）步勢、招討勢、腳手用四品追勢、畫虎勢、腳蹬腳勢、四品對四品勢、獅子大開口勢、招陽式、懶扎衣勢、高探馬勢、井欄勢、雀地龍勢、出馬勢、猛虎靠崖、抽身疊摺、白龜現背〔註492〕

每勢均有其要領及圖示，如封逼勢是「手用蹬肘號火焰傳心，腳用走馬捷足運」、盤肘勢是「手用斜披進脅下一拳，腳用移步」、中勒馬勢是「手用攛拳，腳用挪步」、四封勢是「手用肘進小打，腳用獵外蓮，手用呂洪打，腳用倒馬」，而鬼拜燈勢則是「手用小打，腳用跟步」〔註493〕。

拳術還有臨危解法，即遇到緊急狀況時的防身術，亦屬練拳的重要內容，種類甚多，如遭人揪髮時的應變方式有五，即正斜墜、雙飛鷹、破步連心肘、雙刺、鯉魚撞，詳細內容是：

正斜墜　他右手來揪住我頭髮，我用左腳尖對住他腳尖，用右手復住他右手，用左腳望前拿去，把他撲地跌去。

雙飛鷹　他右手來揪住我頭髮，我用右手捥住他右手，用左腳雙捥住他腳，用左手於後面起拿住他頭髮，一扯，他即仰面跌去。

破步連心肘　他右手來揪住我頭髮，我用右手覆住他手，用左腳捥住他雙腳，用肘打他心頭，就起左拳背，打他的面上，他即仰面跌去。

雙　刺　他右手來揪住我頭髮，我用隻手扯住他腰腹衣服，用左腳捥住他右

〔註489〕《萬書萃寶》，萬曆24年刊本，卷20〈武備門〉，頁7上、7下、10上。

〔註490〕《三台萬用正宗》，萬曆27年刊本，卷14〈武備門〉，頁1下～3下，「拳經要訣」、「宋太祖三十二長拳勢歌」。

〔註491〕《萬用正宗分類學府全編》，萬曆35年刊本，卷20〈武備門〉，頁4上～6上，「要家心傳要訣引拳法」至「小神拳」；頁1下～2上，「邵武拳勢歌」。

〔註492〕《三台萬用正宗》，萬曆27年刊本，卷14〈武備門〉，頁1上～8下。

〔註493〕《三台萬用正宗》，萬曆27年刊本，卷14〈武備門〉，頁1上、2上、2下、3上、3下。

　　　　　　腳，用隻手從他右腳上一捺，他即仰面跌去。

　鯉魚撞　他右手來揪住我頭髮，我用右手覆住他右手，用左腳捥住他雙腳，

　　　　　　用右手插入他臕裏，拿住他左腳彎，我就把頭皆一，打他仰面跌去

　　　　〔註494〕。

又遭人揪胸應變之方有六，即大捨身、鷹拿兔、單手拿、單脫靴、雙摸膝、泰山壓

馬；其它還有遭人抱腰（分前腰、後腰）、拿衣領（分前衣領、後衣領）、拿肘、拿

袖等各突發狀況時之應變拳術〔註495〕；而重要招勢有：

　　二女爭夫跌法、到上橋跌法、小鬼跌金剛法、浪子脫靴跌法、太山壓頂跌法、獅

　　子滾毬跌法、金雞跌法、耀（躍）步跌法、順子授井跌法、上揪咽喉下揪腰裂、

　　樵夫捆柴跌法、纏絲拿跌法、□邊蓮脫法、色步跌法、上揪胸下揪腰勢、滾地火

　　龍勢、雞子飛天勢、流星趕月勢、懶摺衣勢、倒上橋勢、三人拿住解勢〔註496〕。

每勢亦有相應之解釋文、詩訣及圖示以明要領，方便採用。如上揪胸下揪腰勢乃：

　　他用右手來揪住我胸前衣服，以左手來摳我褲頭；我用右手打，從他左手上

　　過，按其他膝，又將自身墜下；我又將左手拿他腳後跟，兩手齊按下，他即

　　仰面跌去〔註497〕。

又如懶摺衣勢是：

　　他用雙手揪住我衣服，我用右腳捥住，用左腳後跟，又用左手帶住他腰上衣

　　服，用右手把他喉下一推，他即仰面跌去〔註498〕。

而若遇三人來襲則以三人拿住解勢對抗，其法是：

　　他一個來拿住我頭髮，兩個揪住胸，我先把揪頭髮的小肚著一腳，跌翻去後，

　　用右手拿住他右邊手下，衣服帶入來，卻把左邊的用單手拿一翻，就背拳打

　　他眉心驚，右邊的卻就進步，把他一胲一托，即就解〔註499〕。

〔註494〕《三台萬用正宗》，萬曆27年刊本，卷14〈武備門〉，頁12上～下，「揪頭髮記」。

〔註495〕《三台萬用正宗》，萬曆27年刊本，卷14〈武備門〉，頁13下～15下，「抱腰記」、
　　　　「抱後腰記」、「拿衣領記」、「揪後衣領記」、「揪領揪腰記」、「拿肘記」、「拿袖記」。

〔註496〕《三台萬用正宗》，萬曆27年刊本，卷14〈武備門〉，頁11下～15下；《萬用正宗
　　　　分類學府全編》，萬曆35年刊本，卷20〈武備門〉，頁6下～10下，「要家臨危解
　　　　法」。

〔註497〕《萬用正宗分類學府全編》，萬曆35年刊本，卷20〈武備門〉，頁6下，「揪胸腰解
　　　　訣」。

〔註498〕《萬用正宗分類學府全編》，萬曆35年刊本，卷20〈武備門〉，頁8上～下，「懶摺
　　　　衣解法」。

〔註499〕《萬用正宗分類學府全編》，萬曆35年刊本，卷20〈武備門〉，頁9上～下，「三人
　　　　拿住解法」。

　　棍（棒）法是另一項頗受民間喜愛之武藝，〈棍法歌〉中言其起於宋時的山東〔註500〕；明清時期民間重要招勢有：

猴猻抱樹勢、仙人背劍勢、飛棒勢、掃地風勢、三點水勢、直符送書勢、青蛇纏竹棒、大開門法、野豬靠槽、出水龍勢、入山虎勢、猴打蜂棒法、倒地棍法、虎三跳法、攔腰棒、到梯竹勢、關索取水棒、蓋天竹棍、起手棍〔註501〕

　　至於其它鎗、鈀、槌、刀法等亦有流行〔註502〕，也有不同招勢，如鎗法有草裹蛇鎗勢、青龍架瓜勢、上步鎗勢、中□鎗勢等；而鈀法則有虎爪扭鈀勢、扭絲鈀勢、□火手鈀勢等〔註503〕。

　　大致而言，武術健身之種類雖多，然因拳術方便且用途廣，故較其它諸法普遍，民間日用類書關於拳術內容的刊載亦較它者為多。

　　綜觀明清時期有關增強體力的兩種方式——運氣脩身與武術健身，在民間日用類書均有專門門類介紹說明，可見其受民間之重視。然此種列出專門門類教導民眾運氣脩身的脩眞門與金丹門僅止於明版民間日用類書，而武術健身的武備門只見於明代版本及清代前期三十二卷版本中；到清代前期三十卷版本及清代後期二十卷版本時已無專門門類刊載運氣脩身及武術健身之內容。其中，運氣脩身內容完全不見，而武術健身部分則併入談笑門中，故所占篇幅有限，內容亦大為縮減，沒有武藝淵源及古人前例之介紹，欠缺射藝、棍（棒）、鎗、鈀、槌、刀法的詳細解說，保留的主要是拳術若干實際練習招勢之圖示說明，且其內容僅為臨危時的緊急應變招式而已。

三、醫　療

　　雖有保養、健身之事前預防措施，仍不免有生病可能，而一旦患病，即須加以治療。明清時期民間關於治療疾病的知識有總論與分科兩部分。

　　總論部分主要是診斷與用藥兩大項。診斷乃了解病況之手段，若未能仔細診斷，即不能確實掌握病況，更無法施以有效治療。為使診斷精確，首要了解人體各器官位置、屬性與特點〔註504〕，再以眼觀及診脈方法找出病因；眼觀是看病人身體

〔註500〕《三台萬用正宗》，萬曆27年刊本，卷14〈武備門〉，頁6上，「棍法歌」。
〔註501〕《三台萬用正宗》，萬曆27年刊本，卷14〈武備門〉，頁7上～9上。
〔註502〕《萬寶全書》，崇禎年間刊本，卷14〈笑談門〉，頁342～345，「舞槌歌」、「舞刀歌」、「舞鎗歌」。
〔註503〕《三台萬用正宗》，萬曆27年刊本，卷14〈武備門〉，頁9上～12上，「鎗法」、「鈀法」。
〔註504〕《萬寶全書》，崇禎年間刊本，卷25〈醫學門〉，頁584～585，「診候入式歌」；《萬用正宗分類學府全編》，萬曆35年刊本，卷33〈醫學門〉，頁28下～29上，「脾胃

各部位之顏色、冷熱、疼痛與否，及汗、尿等排泄物的情形〔註505〕；而診脈尤爲重要，因其呈現的是人體內部完整的運作。因此，對診脈的相關知識特別豐富；除對寸、關、尺各部位及五臟脈動的基本了解外〔註506〕，屬陽的七表脈、屬陰的八裏脈、特殊的九道怪脈、十死脈，乃至春、夏、秋、冬四時五行脈狀等均要知曉〔註507〕。

　　診斷後的對症下藥亦頗爲重要，有云「濟世之道，莫先於醫療」，而「病之功，莫先於藥」〔註508〕。用藥首先要對各種藥之特性、藥效、適用狀況加以了解，再分門別類地呈列供人使用；對此，明清時期的民間用藥分類是頗爲詳細的。除一般以藥性、藥效〔註509〕、及藥方爲綱外〔註510〕，還有視不同臟器特質〔註511〕、因個人體質〔註512〕、視不同症狀〔註513〕、因不同疾病種類〔註514〕、不同氣候而加以區分的用藥分類〔註515〕。而各式用藥宜忌亦詳加說明〔註516〕。

　　至於實際醫療分科方面，則有婦（產）科、兒科、內科及眼科。其中，前二者因涉及生命延續，家族發展，最受民間重視，故民間日用類書有專門類目設立，提

論」。

〔註505〕《萬用正宗分類學府全編》，萬曆35年刊本，卷33〈醫學門〉，頁5上～下，「察病臨症雙句賦」；《萬寶全書》，崇禎年間刊本，卷25〈醫學門〉，頁594～595，「察色辨生死歌」。

〔註506〕《萬用正宗分類學府全編》，萬曆35年刊本，卷33〈醫學門〉，頁2上～4上，「寸奇浮沉遲數歌」、「關部脈浮沉遲數歌」、「尺部脈浮沉遲歌」、「五臟脈訣切要歌」。

〔註507〕《萬寶全書》，崇禎年間刊本，卷25〈醫學門〉，頁583～596，「七表脈屬陽」、「八裏脈屬陰」、「九道怪脈歌」、「十死脈歌」、「四時五行剋脈歌」。

〔註508〕《萬寶全書》，崇禎年間刊本，卷25〈醫學門〉，頁601，「藥性賦」。

〔註509〕《萬用正宗分類學府全編》，萬曆35年刊本，卷33〈醫學門〉，頁6上，「諸藥瀉諸經之火」。《萬寶全書》，崇禎年間刊本，卷25〈醫學門〉，頁601～603，「藥性賦」；頁603～606，「新增用藥捷徑賦」。《萬寶全書》，萬曆42年序刊本，卷13〈醫林門〉，「諸品藥性」。

〔註510〕《萬用正宗分類學府全編》，萬曆35年刊本，卷33〈醫學門〉，頁13下～23上，「類集雜方詩括」。

〔註511〕《萬用正宗分類學府全編》，萬曆35年刊本，卷33〈醫學門〉，頁6上～下，「諸藥補瀉五臟之虛實」。

〔註512〕《萬寶全書》，崇禎年間刊本，卷25〈醫學門〉，頁608，「用藥口訣」。

〔註513〕《萬用正宗分類學府全編》，萬曆35年刊本，卷33〈醫學門〉，頁7上～8下，「用藥凡例」。

〔註514〕《萬寶全書》，萬曆42年序刊本，卷13〈醫林門〉，頁1上～2上。

〔註515〕《萬用正宗分類學府全編》，萬曆35年刊本，卷33〈醫學門〉，頁8下～18下，「春季用藥活套」、「夏季用藥活套」、「秋季用藥活套」、「冬季用藥活套」；頁25下，「四季加減用藥」。

〔註516〕《萬用正宗分類學府全編》，萬曆35年刊本，卷33〈醫學門〉，頁4下～6上，「十八反」、「十九畏」、「膨脹忌服」、「妊脈忌服」、「藥性升降浮補瀉」。

供相關知識。

　　書中首先指出，由於男女生理構造迥異，女子因此擔負傳宗接代大任，然女子之感性、情緒化實過於男子，致婦科一門被視為重要且頗為複雜的醫療項目〔註517〕。而一般說來，有無子嗣除因命中註定，須以修德、行善來彌補外〔註518〕，主要關鍵仍在生理因素，故對成胎理論及受孕方法之了解才是最重要的。

　　有關成胎理論方面，〈直指真源論〉中云：

　　　　結胎者，男女精血也。男屬陽而象乾，乾道資始；女屬陰而象坤，坤道資生。陽主動，故能施與，陰主靜，故能承受。夫動靜相參，陰陽相會，必有其時，乃成胎孕〔註519〕。

〈求子論治〉中亦云：

　　　　天地者，萬物之父母也；陰陽者，血氣之男女也。夫有夫婦，則有父子；婚姻之後，則有生育。生育者，人倫之本也。且男女之合，二情交暢；陰血先至，陽精後衝，血開裹精，陰外陽內，陰含陽胎，而男形成矣。陽精先至，陰血後參，精裹血外，陰內陽含胎，而女形成矣〔註520〕。

此明白說出陰陽相合乃成胎基礎。

　　陰陽相合雖為成胎基礎，但不保證一定成胎，還須注意強弱實虛問題，只有實陽與弱陰乃可成胎〔註521〕，而此涉及身體調養與受孕時機。

　　調養身體使達最佳生育狀況，男女雙方均當注意，且重點不一，大抵「男子調其氣，女子調其血氣」〔註522〕；而因胚胎孕於母體，故女子之調養尤為重要，特別是調經〔註523〕，為此，民間流行配合不同人之不同情況而有之各式調經藥，甚至助孕方，如加減四物湯、當歸散、杜牛膝散、資血湯、溫經湯、千金不易湯、下聖湯、四物湯、芎歸湯（佛手散）、百子附歸丸、神效黑附丸、琥珀調經丸、濟陰丸、雛鳳丸、煮附丸、益母草丸、治婦人無子方、加味養榮丸、壬子丸等〔註524〕。

〔註517〕《萬寶全書》，崇禎年間刊本，卷8〈種子門〉，頁213～214，「濟生產寶論」。

〔註518〕《三台萬用正宗》，萬曆27年刊本，卷28〈胎產門〉，頁9上～下，「嗣續論」；《萬寶全書》，萬曆42年序刊本，卷31〈祈嗣篇〉，頁1下～15上，「祈嗣真銓」。

〔註519〕《五車拔錦》，萬曆25年序刊本，卷19〈保嬰門〉，頁1上，「直子真源論」。

〔註520〕《三台萬用正宗》，萬曆27年刊本，卷28〈胎產門〉，頁8上，「求子論治」。

〔註521〕《五車拔錦》，萬曆25年序刊本，卷19〈保嬰門〉，頁7下，「實陽能入陰虛圖說」；《萬寶全書》，崇禎年間刊本，卷8〈種子門〉，頁203，「論虛實」。

〔註522〕《三台萬用正宗》，萬曆27年刊本，卷28〈胎產門〉，頁5下，「產寶病源論」。

〔註523〕《三台萬用正宗》，萬曆27年刊本，卷18〈胎產門〉，頁6下～7上，「月經不調論」；《萬寶全書》，崇禎年間刊本，卷8〈種子門〉，頁208，「月候不調」。

〔註524〕《五車拔錦》，萬曆25年序刊本，卷19〈保嬰門〉，頁13下～15上。《三台萬用正

　　至於受孕時機則有時間、地點的差別。時間上，最佳時機在女子月候剛止之日〔註525〕，且「經盡一日交會者成男，二日交會者成女，三日成男，四日成女，五日成男，六日成女」；「大抵前三日新血未盛，精勝其血，血開裏精，必成男胎；後三日新血漸長，血勝其精，精開裏血，多成女胎」〔註526〕，六日以後則不成胎〔註527〕，故「欲求子全，在經盡三日以裏交合」〔註528〕。然須避開晦朔弦望、虹霓地動、日月薄蝕、天地晦冥、大風驟雨、大霧、大寒、大暑等特殊天象之日，且不能在神廟寺觀之中、井灶園廁之所、或墳墓尸柩之傍，否則「此胎非止百倍損於父母，及生子或盲聾瘖啞，頑愚懶狂，癃疲多疾、不仁不義、不孝不壽」〔註529〕。事實上，類似之受孕避忌，以免招致不祥，在民間頗多，如有占男女訣詩曰：

> 雙歲是雙單是單，乾坤爻位兩相安，中間正位玄機事，產女生男在此間。

而其解曰：

> 上爻爲父，下爻爲母，中間正位爲下種之月。假如父母年俱是單，若單月下種，是得乾卦爲男。父母年俱是雙，若月下種，是得坤卦爲女，餘皆傚此。……若節氣交度之際，慎不可交接下種，犯之恐成半陰半陽，其胎夭折也，慎之慎之〔註530〕。

又有訣曰：

> 七七四十九，問娘何月有，除卻母生年，再加一十九，是男逢單位，是女必成雙。是男若是女，三五入黃泉。今有一婦人，年二十八歲，三月受娠，筭是男喜了。

其解曰：

> 先下四十九子在位，然後加上三月受娠，三退七還一十，共數五十二，內除去母生年二十八歲，止剩得二十四，再加上一十九，共是四十五，是單，故

宗》，萬曆27年刊本，卷28〈胎產門〉，頁4下、8下、13下～15下。《萬寶全書》，崇禎年間刊本，卷8〈種子門〉，頁209～211；卷25〈醫學門〉，頁596～598。此外，另有藥方內容而無藥名者，見《三台萬用正宗》，萬曆27年刊本，卷28〈胎產門〉，頁3上～下，「調經」。

〔註525〕《萬寶全書》，崇禎年間刊本，卷8〈種子門〉，頁201，「求嗣真詮」曰：「三十時辰兩日半，二十八九君須筭，落紅將盡是佳期，經水過時徒霍亂，霍亂之時枉用功，樹頭樹尾覓殘紅，解浔開花能結子，何愁丹桂不成叢」。

〔註526〕《五車拔錦》，萬曆25年序刊本，卷19〈保嬰門〉，頁8上，「實陽能入陰虛圖說」。

〔註527〕《萬寶全書》，崇禎年間刊本，卷8〈種子門〉，頁208，「求男女法」。

〔註528〕《五車拔錦》，萬曆25年序刊本，卷19〈保嬰門〉，頁1下，「直指真源論」。

〔註529〕《萬寶全書》，崇禎年間刊本，卷8〈種子門〉，頁207～208，「宜避忌日」。

〔註530〕《萬寶全書》，崇禎年間刊本，卷8〈種子門〉，頁203～204，「占男女訣」。

生男喜。……此法最准不誤，但要受孕月分明白，及母年歲准甚驗。驗若算淂是男喜而生是女，或算淂是女喜而生男，其兒不過三五歲，而入黃泉也〔註531〕。

凡此種種皆強調為特定目的所作之努力，尤其是生男胎；民間甚至相信有法子將女胎轉為男胎者，一是「受妊之後，用弓弦一條絳囊，盛帶婦人左臂近肩，垂繫腰下，滿百日去之」，另一是「雄黃一兩絳囊，盛帶左邊斧一把，置產婦床頭，仍置刃床下，勿令人知」〔註532〕，其迷信及重男觀念愈發可見。

婦女一旦懷孕，調養工作仍要持續，否則有流產危險。保持心情穩定是最基本而重要之事，因「血氣安和，則胎孕長養」，且須「內遠七情，外薄五味，大冷大熱之物，皆在所禁；苟無胎痛胎動，漏血瀉利，及風寒外邪，不可輕服湯藥，亦不淂交合」〔註533〕。並列出孕婦忌用藥材有南星、半夏、乾姜、肉桂、滑石、硝黃及其它大寒大熱燥之藥〔註534〕。

懷孕期間長達數月，各月份之胎兒成長與母體變化均不相同；除隨時把脈掌握身體狀況，穩定情緒外〔註535〕，還要配合個人身體不同變化，適時以藥方調養；如罩胎散、安胎和氣散、安胎飲、集驗方、人參橘皮湯、活胎和氣散、瘦胎飲、保生湯、集驗青竹茹湯、知母補胎飲、束胎丸、枳殼丸、和氣平胃散、達生散、活生如聖散、救生散、活水無憂產、神寢丸等〔註536〕。至於其它妊娠倒仆損傷等事亦要注意〔註537〕。

臨產階段曾有人喻之為跨鬼門關，可見其危險程度。對於臨產時各種突發狀況

〔註531〕《萬寶全書》，崇禎年間刊本，卷8〈種子門〉，頁205～206；相同訣法亦見於《三台萬用正宗》，萬曆27年刊本，卷28〈胎產門〉，頁4下，「不育女專生男」。

〔註532〕《五車拔錦》，萬曆25年序刊本，卷19〈保嬰門〉，頁15上，「轉女為男法」。

〔註533〕《五車拔錦》，萬曆25年序刊本，卷19〈保嬰門〉，頁1下，「直指真源論」；又《三台萬用正宗》，萬曆27年刊本，卷28〈胎產門〉，頁15下，指出妊婦生活有五忌，一勿飲燒酒、一勿睡熱炕、一勿食煎炒灸煿之物、一勿食蔥韭蒜薤胡椒茱萸、一勿星月下仰□及當風洗浴坐臥。

〔註534〕《五車拔錦》，萬曆25年序刊本，卷18〈醫學門〉，頁12上，「婦人」。

〔註535〕《萬用正宗分類學府全編》，萬曆35年刊本，卷33〈醫學門〉，頁13下，「妊娠脈歌」；此外，對懷孕期間婦人情緒不穩之因有所解釋，參見《三台萬用正宗》，萬曆27年刊本，卷28〈胎產門〉，頁1上～2上，「妊娠脈訣歌」；頁8下～9上，「惡阻論治」。《萬寶全書》，崇禎年間刊本，卷8〈種子門〉，頁213～214，「子煩證類」。

〔註536〕《三台萬用正宗》，萬曆27年刊本，卷28〈胎產門〉，頁4下～6下、11下～16上；另有藥方內容而無藥名者，見頁3下，「安胎」。

〔註537〕《三台萬用正宗》，萬曆27年刊本，卷28〈胎產門〉，頁2上～下，「妊娠倒仆損傷歌」、「妊婦傷寒歌」。

及其解救方，民間亦已有許多經驗，如以催生神應散治妊婦十月足而無陣痛、連日未產或欲產不產者；以催生如聖散、豬肝蜜酒法治妊婦肚痛，胎水早行，嬰兒不下，並可利用牛膝湯滑利水道，令兒易產；以催生不遇傳仙方、催生丹、如聖膏、三合濟生湯等方治妊婦難產；或以奪命丹治妊婦血冷凝澀，胎衣不下；其它如胎死腹中或母子俱危等情況亦有相應藥方救治〔註538〕。

　　產後保養涉及母體恢復與婦人是否有足夠體力哺育嬰孩，亦為婦（產）科之重要部分。對此，〈治產後一十八證〉以一問一答方式解決民間需求，其內容包括：產後血暈，起止不得，眼見黑花如何？產後口乾心悶如何？產後寒熱似瘧如何？產後四肢浮腫如何？產後血邪如鬼神顛狂，言語無度如何？產後失音不語如何？產後瀉痢痛如何？產後百節酸疼如何？產後小腸尿血似雞肝如何？產後崩中如何？產後胸膈氣滿，嘔逆不定如何？產後咳嗽，寒熱不定如何？產後喉中似蟬聲如何？產後面黃舌乾，鼻中流血，遍身色點繞頂生斑如何？產後便澀，腰疼似角弓如何〔註539〕？由上可知產後可能發生之狀況均涵蓋在內，民眾只要對照內容翻閱檢索即可。

　　新生兒之誕降，帶來的不僅是喜悅，亦有一分養育責任；如何照顧使之順利成長，是兒科的主要內容，而民間日用類書中對此亦多著墨。

　　〈保嬰秘訣〉提出初生至三歲左右應注意之事：

> 一小兒初生，宜先濃煎甘草黃蓮湯，急用軟絹或絲綿，包指蘸染，摳出口中惡血，倘或不及，即以藥湯灌之，待吐出惡沫，方與乳吃，令出痘亦稀少。
> 一初生二三月，宜綁縛令臥，勿豎頭抱出，免致驚癇。
> 一初生四五月，止以乳吃，六月以後，方與稀粥哺之，周歲以前，切不可吃葷腥并生冷之物，令兒多疾；二三歲後，臟腑稍壯，纔與葷腥〔註540〕。

此乃新生兒之基本照護，使其體質能逐漸適應陌生環境。

　　由於外面成長環境不若母體清潔，新生兒本身免疫能力亦因其成長而日益降低，最後不免感染致病，在其話語表達力有限情況下，觀形、察色、診脈以辨因、醫治之工作，實較成人困難且須更仔細。

　　大致而言，小兒患病，先視察身體各部位冷熱、顏色以明病因，如傷寒會使雙

〔註538〕《五車拔錦》，萬曆25年序刊本，卷19〈保嬰門〉，頁15上～16下：《三台萬用正宗》，萬曆27年刊本，卷28〈胎產門〉，頁3下～4上、6下～8上：《萬寶全書》，崇禎年間刊本，卷8〈種子門〉，頁213。

〔註539〕《三台萬用正宗》，萬曆27年刊本，卷28〈胎產門〉，頁10上～13下，「治產後一十八證」。

〔註540〕《五車拔錦》，萬曆25年序刊本，卷19〈保嬰門〉，頁1上～下，「保嬰秘訣」。

足冷、耳冷應是風熱症、上熱下冷是傷食病〔註541〕，而肝之爲病則面色青、心之爲病則面赤、脾之爲病則面黃、肺之爲病則面白、腎之爲病則面黑〔註542〕；同時，面部不同位置亦表體內不同器官，可視其位置以明體內器官狀況，如「下頦屬腎水，左腮屬肝木，額上屬心火，鼻準屬脾土，右腮屬肺金」〔註543〕。三歲以下小兒，還可以虎口三關顏色辨其病況〔註544〕，三歲以上則可用一指按寸、關、尺三部診脈察因〔註545〕。

小兒病種類甚多，然急慢驚風、麻疹及痘疹三者應爲民間最普遍之小兒病；尤其是痘疹，屬瘡類中最難治者，數日間即令人喪命〔註546〕，故民間日用類書對之說明甚詳，除醫理探究病因，還有各種觀症法及藥方。

在醫理方面，〈痘疹生發總論〉以爲此病「因淫火之毒，藏於命門，遇歲火大過，熱毒流行之年，則痘必應時而生」，「而發動之機，必有所由，或因傷風、傷寒、中寒、中暑，或因傷食嘔吐，或因勞役，或因跌蹼驚恐，此諸動屬火，與天運相感而發故也。至於傳變（遍）鄉邑，亦一氣感通之理也」〔註547〕。而痘疹之名乃「熱運於肌而紅班生」，「紅班生血皰，皰起如痘在肌皮之上，故以痘名焉」〔註548〕。由於此症一旦發起每日變化關係重大，故其變化狀況及原委，民間日用類書均有圖例及文字說明以方便人們了解，如發起首日情形是：

> 夫痘初起之際，……多因情之所感，傷于風寒飲食，故寒邪感於外，而熱毒蒸於內，是以痘疹遂發焉。蓋此無非是熱，與傷寒相似，手足寒冷，自然壯熱，可與清解，使血氣流行，邪毒不侵，寬肌標散，內清外解。初熱見點，須忌風寒生冷等物，穢惡之氣，勿令變化輕重之發也。

旁則有圖例並以大字書曰「論痘吉凶一日初，能知生死之症候」〔註549〕。又發起次

〔註541〕《萬寶全書》，崇禎年間刊本，卷25〈醫學門〉，頁599，「入門審候歌」。

〔註542〕《萬寶全書》，崇禎年間刊本，卷25〈醫學門〉，頁598，「小兒神色總論」。

〔註543〕《五車拔錦》，萬曆25年序刊本，卷19〈保嬰門〉，頁2上，「面部觀形察色圖」。

〔註544〕《萬寶全書》，崇禎年間刊本，卷25〈醫學門〉，頁599～600，「虎口三關指掌圖訣」曰：「虎口有三關，風氣命相參，青紅驚急病，黃黑水相淺，紫色生驚搐，紅青熱在肝，關中存五色，節節見紋班（斑），未見三關節，相逢可賀安，過了三關節，神仙不可攀」。

〔註545〕《五車拔錦》，萬曆25年序刊本，卷19〈保嬰門〉，頁3上。

〔註546〕《三台萬用正宗》，萬曆27年刊本，卷27〈護幼門〉，頁1上，「痘疹生發總論」。

〔註547〕《三台萬用正宗》，萬曆27年刊本，卷27〈護幼門〉，頁1上～下，「痘疹生發總論」。

〔註548〕《三台萬用正宗》，萬曆27年刊本，卷27〈護幼門〉，頁4下，「痘瘡始末日期定論」。

〔註549〕《三台萬用正宗》，萬曆27年刊本，卷27〈護幼門〉，頁7下，「論一日輕重變

日情形是：

> 夫痘，其毒益熱，先宜清面平之，不然，則熱毒已熾，而吉凶悔吝，二三日
> 間爲驗識矣。出如麻者，如蚊蚤所咬者，吐瀉發驚鼻黑壯腹，頭痛腰痛，皆
> 熱毒之所致。麻蚊蚤咬者清解之，如吐瀉清和之，驚者解毒，清痰血者清熱
> 涼血，腹痛者和之。

旁亦有圖例及大字書曰「吉凶孩提二日，氣血正屬昏家」〔註550〕；此持續介紹到第十二日。（圖 4-3-1）此外，痘疹症狀也有分發熱三日、放標三日、起脹三日、貫膿三日、收靨三日五階段，每三日之內又有順、逆、險三症，每症原由各不相同〔註551〕，如痘瘡始出之時，順症可不治自癒，因「氣得其正，血得其行，其毒不得妄行肆虐」；逆症乃「氣滯血澀，致毒妄參，陽位如蠶種，紫黑乾枯」，此絕死無救；險症則是「毒雖盛大，而氣血未離，俟其交會之後，治之自愈，謹防氣泄血散，將無救也」〔註552〕。而痘疹起發之時，順症「爲氣血豐厚，毒受制也」，故可不治自癒；逆症則是「氣雖旺而血不歸附」，一旦發爲水泡，乃爲「血衰毒氣下陷而外剝」，此絕死無救；險症亦因「氣雖旺而血不歸附」，然施以保元藥方，則血歸附氣位，病可癒〔註553〕。其它各式情況甚多，均有不同的解說〔註554〕。

在觀症方面，除觀痘之大小、外形、色澤、多寡外，還要注意小兒身體的其它症狀，如體色變化、四肢冷熱、呼吸起伏，乃至咳嗽、嘔吐、發驚、譫語等，如：

> 痘疹始出之症，與傷寒無異，面煩腮赤，目聳赤，呵欠煩悶，乍涼乍熱，咳
> 嗽嚏噴，足稍冷，或耳後有紅筋赤縷，則爲痘疹〔註555〕。

而一旦發痘，

> 一日二日初發之時，頭面稀少，大小不一，等如水珠，明淨者爲佳；若一齊
> 併出，稠密無縫者重。

化」。

〔註550〕《三台萬用正宗》，萬曆 27 年刊本，卷 27〈護幼門〉，頁 8 上，「論二日輕重變化」。

〔註551〕《三台萬用正宗》，萬曆 27 年刊本，卷 27〈護幼門〉，頁 12 下～13 上，「順逆險三症」。

〔註552〕《三台萬用正宗》，萬曆 27 年刊本，卷 27〈護幼門〉，頁 13 上～下，「痘瘡始出之圖」。

〔註553〕《三台萬用正宗》，萬曆 27 年刊本，卷 27〈護幼門〉，頁 15 上～下，「痘疹起發之圖」。

〔註554〕《三台萬用正宗》，萬曆 27 年刊本，卷 27〈護幼門〉，頁 13 下～15 上、15 下～20上，「痘瘡圓混之圖」至「痘瘡臃毒之圖」部分。

〔註555〕《三台萬用正宗》，萬曆 27 年刊本，卷 27〈護幼門〉，頁 3 下，「初覺」。

三日四日根窠紅光澤，明淨者輕；若頂陷灰色，或乾紅紫泡，瀉渴者重。

六日七日肥紅光澤，氣化漿行者輕；若身溫氣促，瀉渴腹脹，或神去色枯，庠塌者重。

八日九日光淨飽滿，蒼蠟色者佳；若寒戰咬牙，悶亂腹脹，外剝倒靨者重。

十日十一日瘡痂欲結而愈者，若潰爛成片者重〔註556〕。

凡此種種均不可輕忽，否則無法對症下藥，或差之毫釐失之千里，後果不堪設想。

至於用藥部分，有以症狀為綱，應不同狀況施以不同藥方〔註557〕；有以藥性為主，說明各藥性之不同藥效〔註558〕；有單方、有活套，有藥方、有服法，其種類之多，分項之細，可知此症之受民間重視及其發展程度。

內科、眼科在民間日用類書中雖未設有專門門類，然其相關知識亦有刊載，如說明眼病之因在於：

好淫慾，耗散元陽，五臟不和，上盛下虛，血不能流轉，致令熱氣上攻，眼目赤腫疼痛，隱澀難開，翳瘼遮睛，怕日羞明，或然表虛，或受風寒，外受風邪，難合其氣，毒風在內，須頭發作無時，經年日久致眼翻睛，不然內瘴，或飲酒過多，常食熱物，皆為損眼之根源〔註559〕。

實際治療時則須透過仔細辨證乃可對證下藥〔註560〕。而其它內科疾病則各有所因，須視不同狀況予以不同藥方治之〔註561〕。

由上述醫療內容可知，明清時期民間醫療知識是頗為豐富的，不論是醫理、醫方、藥方，或總論、分科，均有詳細而充分的說明；特別是分科中的婦（產）科及兒科內容，前者可謂將婦人自受孕前、懷孕期間、臨產時刻到生產之後的每一階段，所應注意、提防之各種固定狀況或突發情形均羅列殆盡；後者則是對一個新生命自初生時所需之看護，至順利成長期間必要的照顧與關懷，都詳細考慮，可見民間對

〔註556〕《三台萬用正宗》，萬曆27年刊本，卷27〈護幼門〉，頁6下～7上。

〔註557〕《五車拔錦》，萬曆25年序刊本，卷19〈保嬰門〉，頁10上～13上，「痘疹發熱三朝証治門」至「附方」。

〔註558〕《五車拔錦》，萬曆25年序刊本，卷19〈保嬰門〉，頁8上～10上，「論痘疹藥性法」。

〔註559〕《五車拔錦》，萬曆25年序刊本，卷18〈醫學門〉，頁21上～下，「孫真人論」；另有關於眼病病因之說明，見頁21下～22上，「軒轅黃帝問眼病因」。

〔註560〕《萬用正宗分類學府全編》，萬曆35年刊本，卷33〈醫學門〉，頁24上～25下，「看眼論訣」、「用藥宜補訣」、「凡療自論症虛實訣」；《萬寶全書》，萬曆42年序刊本，卷13〈醫林門〉，「眼科便覽」。

〔註561〕《五車拔錦》，萬曆25年序刊本，卷18〈醫學門〉，頁25下～26下、28上～32下，「陰陽寒熱論」、「風論」、「傷寒治法捷徑」、「氣論」。

子嗣傳承之重視。當然，其中雖有科學依據，亦不乏迷信色彩，惟不論何者實顯現出民間生活之多樣化及民眾思想之侷限性。

圖 4-3-1《三台萬用正宗》，萬曆 27 年刊本，卷 27〈護幼門〉，頁 11 下～12 上。

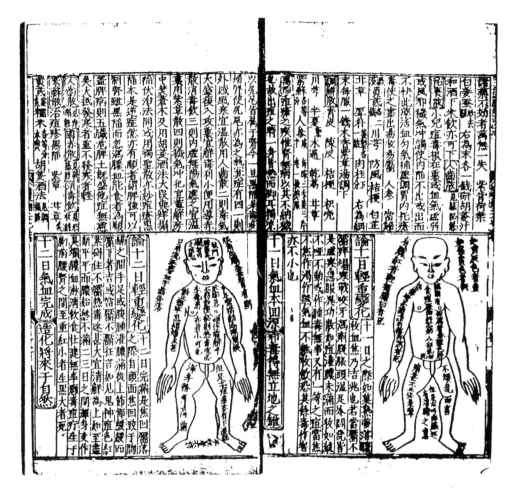

　　大致說來，民間日用類書有關醫療內容的刊載，自明代至清代有不同變化。在明版民間日用類書不論是總論或分科，醫理闡釋、病由分析或藥方運用，由理論而實際均詳細說明。到清代前期三十卷版本中，內容明顯減少，眼科、內科已不見；其它分科的理論部分也有縮減，如婦（產）科內容主要是受孕生子方式、占男女訣、十月懷胎過程中母體及嬰兒變化情況，及若干相應藥方，略去成胎基礎理論、孕婦懷胎時須保持情緒穩定之因；兒科則保留診斷時的觀形察色、把脈，及痘疹在發熱、報痘、起脹、貫膿、結靨五階段各部分的外形變化與相應後果，對痘疹源起、每日變化成因均未著墨。而實際應用部分亦較以往簡略，如婦（產）科方面，只注重受

孕前及懷胎十月中之調養，忽視臨產時各種可能突發狀況之緊急應對，及產後婦人的調養。此種理論及實際部分內容的縮減，到清代後期二十卷版本更爲明顯，由於只有種子門而無專門醫學門的設立，故有關診斷時所需之身體各臟腑器官的了解、診脈相關的理論及用藥原則等均不存在。

四、袪　病

　　民間生病醫療方式除上述之一般醫療法外，還有民俗醫療法。明清時期民間民俗醫療法主要視病人患病時間與病人生辰八字以明病況、病因及病人是否可治等情形。

　　在病人患病時間方面可以每月各日計、天干日計、地支日計、六十甲子日計、建除日計及八卦日計。

　　每月各日計係將每月自初一日至三十日，各日患病者之病況、病因、後續發展、治病符及使用方式順序列出，供人對照使用。如初一日是：

> 得病者主發熱，頭痛，惡心，四大沈重；有犯土地，勾引瘟司五道大神；香火不安，師主勾引東方土地口煞，白虎入宅，遠年願力包神，日輕夜重作福六七日，退吉，加則凶也。

而用符方式是病者吞一道、門上貼一道。初二日是：

> 病者寒熱往來，四肢不安；觸犯南方廟神，口牙咒咀，五通土地，粧死生亡，有願不明，主四大沈重，不思飲食，作福保之，初五六日，退之吉，留連重重，禳解吉。

用符方式是病者吞一道、貼三道〔註562〕。每日各有不同情況及因應之符，而用符方式亦有不同，除上述病者吞食及貼門上外，尚有貼床壁、貼病者房門、病者帶身上或頭上等；而各方式的用符數量自一至三道亦不等。

　　天干日計係以十個天干日分成甲乙、丙丁、戊己、庚辛、壬癸五組，將每組患病日使病者生病之鬼名、病況及治病方式順序列出，供人對照使用。如甲乙日使病者患病之鬼乃紀天保，病況是頭疼，醫治方式是「以青錢紙呼名，求之吉」。丙丁日使病者患病之鬼乃田良，病況是吐逆，醫治方式是「以赤色紙呼名，求之吉」〔註563〕。

〔註562〕《萬用正宗分類學府全編》，萬曆35年刊本，卷27〈法病門〉，頁3上～下，「張天師法病書明斷符」。

〔註563〕《萬用正宗分類學府全編》，萬曆35年刊本，卷27〈法病門〉，頁11上，「逐日天干淂病吉凶」。亦可參見《三台萬用正宗》，萬曆27年刊本，卷41〈法病門〉，頁14下，「論十天干得病法」，有圖示。

地支日計係以十二個地支日爲綱，列出每一地支日在何時辰犯病乃死症，其病況、病因及後續發展情形順序列出，供人方便使用。如

> 子日丑時淂病主死，非此時不死；頭痛拘急，四肢沈重；五道神爲過（禍），忌未日，過申日，自痊。

> 丑日寅時淂病主死，非此時不死；主胸脅疼，大便不通，寒熱心痛；是先客傷井，五道神爲禍，辰午日合痊，男困忌酉。

> 寅日卯時淂病主死，非此時不死；主手疼寒熱，進退不安；是水河神，并樹下神爲禍，有願未還，忌申日，過至酉日，即痊〔註564〕。

六十甲子日計係將天干日與地支日合併成六十日，以天干日爲綱分成十組，每組各日病者之病況結果順序排列，以方便使用。如

> 甲子病重，丙子難治，戊子主死，庚子小可，壬子留連。乙丑主死，丁丑難治，己丑留連，辛丑進退，癸丑不如。甲寅主重，丙寅主死，戊寅沈重，庚寅難治，壬寅進退。乙卯小可，丁卯無事，辛卯難治，己卯沈重，癸卯大困。甲辰留連，丙辰小可，戊辰主死，庚辰無事，壬辰難治〔註565〕。

建除日計係以每月日支與月支相同者合爲建、除、滿、平、定、執、破、危、成、收、開、閉十二日，將每日病者病況順序列出，供人方便使用。如：

建日	淂病男輕女重	除日	淂病男輕女重
滿日	淂病男女有困	平日	淂病男女不妨
定日	淂病男女俱重	執日	淂病男輕女重
硬（破）日	淂病男困女重	危日	淂病男女俱重〔註566〕

八卦日計係將生病日分成乾、坎、艮、震、巽、離、坤、兌八種，將各種患病日之病況、病因及治病方式順序列出，方便人對照使用。如

> 乾日病者主頭痛，五臟不和，四肢沈重，嘔吐，是天神家親血光，女鬼伏尸古墓，家神有願未還，土神不安，淨願刀兵先亡，香火不安，灶神東方，龍

〔註564〕《萬用正宗分類學府全編》，萬曆35年刊本，卷27〈法病門〉，頁11下，「逐日地支淂病吉凶」；亦可參見《三台萬用正宗》，萬曆27年刊本，卷41〈法病門〉，頁15上～17上，「論十二支得病法」，文字略有不同，且有圖示。

〔註565〕《萬用正宗分類學府全編》，萬曆35年刊本，卷27〈法病門〉，頁1上～下，「五子日淂病吉凶斷」、「五丑日淂病吉凶」、「五寅日淂病吉凶」、「五卯日淂病吉凶」、「五辰日淂病吉凶」。

〔註566〕《萬用正宗分類學府全編》，萬曆35年刊本，卷27〈法病門〉，頁13上～下，「十二支淂病法」。

口不通，主沈重之災，可用錢紙五分，請師人送吉。

乾卦西北上天神，與地神兩眼更兼熱，患人悶病疼，有人纏死，鬼男子是家親，破財多作怪，惡鬼來敲門，安者病者好焚香送出門〔註567〕。

　　除以患病時間為準對照外，也有以病者的生辰八字對照者；如依病者的生肖（年、月）加以判定，此有二種，較簡易者係列出此生肖者忌生病之月份，提醒人注意小心；如

子生人	忌十一月淂病	丑生人	忌六月十二月淂病
寅生人	忌正月七月淂病	卯生人	忌二月八月淂病
辰生人	忌三月九月淂病	巳生人	忌四月十月淂病
午生人	忌五月十月淂病	未生人	忌五月十二月淂病
申生人	忌正月七月淂病	酉生人	忌二月八月淂病
戌生人	忌三月九月淂病	亥生人	忌四月十一月淂病〔註568〕

較複雜者係將不同年、月出生者各分十二種，每種均有圖示、釋文，上書此年、月出生之人犯何神、沖何方位、如何化解。如

丑生人，犯者欠天地位下，淨願東方，掘坑修造，犯上神南巳午未，犯連親先亡墓塚，先祖勾引南方在死鬼，司命不安家，下土地師，主有犯及井呂二姓，血光為禍，王（主）七十日災，送吉。

寅生人，犯者欠願不明，南方飛土先亡墳墓，土犯龍口，不通東方土地神，主十日災，送之則吉。

又

二月生人，二月犯者東北方，土，犯鐵器為禍，欠願不明，子丑方廟神送之，則吉。

三月生人，犯者是古墓廟神，灶神鍋（禍），主破損不明，寺院廟內之物，修豬牢門戶埋柱，有犯本命道場，土犯〔註569〕。

　　也有依病者生日判定、依病者五行屬性判定等〔註570〕。更特別的是依病者年

〔註567〕《三台萬用正宗》，萬曆27年刊本，卷41〈法病門〉，頁7上～下，「張天師論八卦得病法」。

〔註568〕《萬用正宗分類學府全編》，萬曆35年刊本，卷27〈法病門〉，頁12下～13上，「十二命人淂病」。

〔註569〕《三台萬用正宗》，萬曆27年刊本，卷41〈法病門〉，頁7上～下、10上～下，「十二命生人犯土神法」。

〔註570〕《三台萬用正宗》，萬曆27年刊本，卷41〈法病門〉，頁12下～14下，「三十日犯上神得病法」、「論五行於十二月分犯土法」。

齡及生病時間判定其病況輕重若何；方法是將病者年齡加上生病月、日，乘三除九，視剩餘數定病況，如是三則輕，六則重，九難醫；實例如下：

> 假如病人四十七歲三月初九日淂病，問症如何？
>
> 答曰虛也。法曰，先置病人四十七歲加三月初九日淂病，共淂五十九，以三因變，出淂一百七十七數，卻以九除之，先除九十，次除八十一，剩下六數，可不重也。若是初八淂病，剩三，是輕數。初十，剩九，即難醫也〔註571〕。

還有以圖判定者，即以圖示，在圖中方圈外得病者，「至三五七日便好；若在圈內者，主九死一生，難好也，遲作福穰災保之」〔註572〕。（圖4-3-2）

民俗醫療最重要的治病方法即施符唸咒，為方便社會大眾利用，民間日用類書列有書咒、唸咒法及參考範例〔註573〕，如治瘧疾時，口唸：

> 恭聞道無不在，目擊隨通，神無不靈，心齊即至；仰則昭昭在上，敬則洞洞其中，禱而遂通，求無不應，今據某縣某鄉某里某社信士某，淂沾瘧疾在身，服藥無效，某依先師口訣，咒束書符，伏乞神通靈彰感應。
>
> （書符）
>
> 杳杳冥冥天地同生，呼喚立至，聞召速臨，焚符關召，值日值時功曹使者，急急降臨。

行此法要清晨早起，避開婦人，空腹不食，面東朝日，用咒棗三枚，每枚默咒七遍，咒曰：「吾打東南來，路逢一池水，水裏一條龍，九頭十八尾，我問吃甚的，專吃瘧疾鬼」，咒畢，燒符令病人食之〔註574〕。其它還有治頭疼、腸痛、腹痛、背痛、腰痛、面痛、手痛、小腿痛、胯痛、腎痛、口痛、眼痛、耳痛、太陽瘡、瘟鬼、火眼、小兒神煞、小兒夜啼，乃至避邪、安胎、催生、死葬，甚至安蠶、造酒都可用〔註575〕；可見民間應用此種方法去病祈福之普遍。

民俗治療法在民間日用類書自明代版本持續至清代版本，且始終保有專門類目介紹，只是內容稍有減少，刪除的是書符、唸咒方法及各式符咒範例，而保留大部

〔註571〕《萬用正宗分類學府全編》，萬曆35年刊本，卷27〈法病門〉，頁13下～14上，「算病生死法」；其它實例參見《三台萬用正宗》，萬曆27年刊本，卷22〈筭法門〉，頁13上～14上，「筭病死生訣」。

〔註572〕《三台萬用正宗》，萬曆27年刊本，卷41〈法病門〉，頁13上，「得病吉凶失財圖」。

〔註573〕《三台萬用正宗》，萬曆27年刊本，卷41〈法病門〉，頁1上～2下，「書符秘旨」、「敕符一□」。

〔註574〕《萬寶全書》，崇禎年間刊本，卷33〈祛病門〉，頁834～836，「新增孫真人治邪瘧神符」。

〔註575〕《三台萬用正宗》，萬曆27年刊本，卷41〈法病門〉，頁2下～6下。

分判定病情方法的條列式呈現，如以生病時間推算的每月各日計法、天干計法、地支計法、建除日計法，以病人生辰八字推算的地支計法等，變化幅度並不大。

（書符）4-3-2《三台萬用正宗》，萬曆 27 年刊本，卷 41〈法病門〉，頁 12 下～13 上。

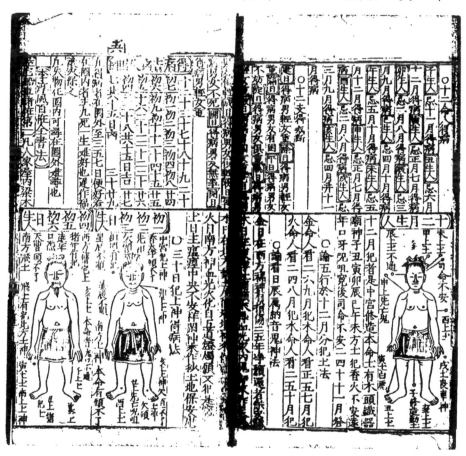

綜觀明清時期民間日用類書有關身體健康的內容可分保養、健身、醫療及袪病四部分；即將人體自事前的預防，不論是較消極性地保養、較積極性地健身，及患病後的診治，包括屬正規方法的醫療、偏民俗性質的袪病等內容均涵蓋在內。而其特點在於：強調人為與自然的整合，人體內部與外在環境的調適；有科學部分亦不乏迷信色彩；含較深層的理論解說部分，也有簡易地實際應用之條列式對照內容。然其發展情況自明代至清代則頗有差異；大致而言，保養及醫療部分僅止於明版及清代前期三十卷版本，而健身部分中的運氣脩身只見於明代版本，所以如此，應與其內容過於繁瑣、艱難有關，尤其是醫療部分不僅是各式醫方、藥方或各式病症的相應情況及解決方法而已，還涉及醫學理論、五臟六腑各種器官，乃至穴脈等頗為

複雜的醫學知識之掌握，此實非一般小民百姓所能接受，故民間日用類書終將此些內容刪除。相形之下，健身部分的武術強身較無學理基礎，係單純地參照各招式鍛鍊身體，故可自明代版本持續發展至清代前期三十卷版本及清代後期二十卷版本中，惟其內容亦大幅縮減，保留的是最簡易及具實用性的臨危解法，蓋此法不僅可健身亦可解危，頗符合民間一舉數用，方便實際之需求。祛病內容不僅自明代到清代各種版本均有，且以專門門類存在，不似武術強身部分最後歸併於其它門類中保有，又其內容大致完整保存，刪除部分並不多；蓋祛病門內容均屬條列式的文字說明，人們僅將發生情形對照各式文字解說，即可選擇適當方式採用以解決問題，無深奧學理推演部分，實符合民間之需求且便於應用，故能始終保存，持續至清代後期版本中，而此一門類的持續發展亦可見民間對民俗治療法的看重。